自由意志与普遍规范
黑格尔法哲学研究

Free Will and Universal Norms
A Study to Hegel's Philosophy of Right

李育书 著

图书在版编目(CIP)数据

自由意志与普遍规范：黑格尔法哲学研究/李育书著.—北京：北京大学出版社，2019.3
　(国家社科基金后期资助项目)
　ISBN 978-7-301-30434-1

　Ⅰ.①自… Ⅱ.①李… Ⅲ.①黑格尔(Hegel,Georg Wehelm 1770-1831)—法哲学—研究 Ⅳ.①B516.35②D903

中国版本图书馆 CIP 数据核字(2019)第 073669 号

书　　　名	自由意志与普遍规范：黑格尔法哲学研究 ZIYOU YIZHI YU PUBIAN GUIFAN：HEIGEER FAZHEXUE YANJIU
著作责任者	李育书　著
责 任 编 辑	吴　敏
标 准 书 号	ISBN 978-7-301-30434-1
出 版 发 行	北京大学出版社
地　　　址	北京市海淀区成府路 205 号　100871
网　　　址	http://www.pup.cn　新浪微博:@北京大学出版社
电 子 信 箱	pkuwsz@126.com
电　　　话	邮购部 010-62752015　发行部 010-62750672 编辑部 010-62757065
印 刷 者	涿州市星河印刷有限公司
经 销 者	新华书店 965 毫米×1300 毫米　16 开本　15.25 印张　266 千字 2019 年 3 月第 1 版　2019 年 3 月第 1 次印刷
定　　　价	42.00 元

未经许可，不得以任何方式复制或抄袭本书之部分或全部内容。
版权所有，侵权必究
举报电话：010-62752024　电子信箱：fd@pup.pku.edu.cn
图书如有印装质量问题，请与出版部联系，电话：010-62756370

国家社科基金后期资助项目
出版说明

　　后期资助项目是国家社科基金设立的一类重要项目,旨在鼓励广大社科研究者潜心治学,支持基础研究多出优秀成果。它是经过严格评审,从接近完成的科研成果中遴选立项的。为扩大后期资助项目的影响,更好地推动学术发展,促进成果转化,全国哲学社会科学工作办公室按照"统一设计、统一标识、统一版式、形成系列"的总体要求,组织出版国家社科基金后期资助项目成果。

全国哲学社会科学工作办公室

目 录

黑格尔法哲学研究再聚焦：自然法与伦理法（代序） ………… 邓安庆/1

导 论 …………………………………………………………… 1
- 一 黑格尔从未远去 …………………………………………… 1
- 二 意志与规范问题的研究现状 ……………………………… 5
- 三 研究思路与全书框架 ……………………………………… 9

第一章 作为法哲学基础的意志 ………………………………… 12

第一节 黑格尔的时代与任务 …………………………………… 12
- 一 自由的时代 ………………………………………………… 12
- 二 自由的否定 ………………………………………………… 14
- 三 对自由作出理论说明 ……………………………………… 17
- 四 探索自由的现实路径 ……………………………………… 18

第二节 意志概念的理论准备 …………………………………… 19
- 一 意志概念的一般规定 ……………………………………… 19
- 二 意志概念的自由内涵 ……………………………………… 20
- 三 意志概念的规范内涵 ……………………………………… 21
- 四 意志概念的理性内涵 ……………………………………… 22
- 五 对意志普遍性的进一步探索 ……………………………… 23
- 六 意志概念的小结 …………………………………………… 24

第三节 黑格尔的主要工作 ……………………………………… 24
- 一 黑格尔的理论任务 ………………………………………… 25
- 二 意志的理论与实践维度 …………………………………… 26
- 三 意志概念发展的三个环节 ………………………………… 26
- 四 意志的几组概念辨析 ……………………………………… 28
- 五 完整理解意志概念 ………………………………………… 31
- 六 黑格尔的贡献与"秘诀" ………………………………… 32

第四节　法的基础是意志 …… 34
- 一　黑格尔对历史法的批判 …… 34
- 二　黑格尔对实证法的批判 …… 37
- 三　黑格尔对自然法的批判 …… 39
- 四　黑格尔对自然法的改造 …… 42
- 五　从意志与法的关系角度理解黑格尔的批判 …… 43

第二章　意志的发展暨普遍规范的形成 …… 46

第一节　精神发展的历程 …… 46
- 一　黑格尔哲学体系 …… 46
- 二　精神哲学的内容 …… 48
- 三　主观精神向客观精神的过渡 …… 49

第二节　普遍意志与抽象法 …… 50
- 一　抽象意志与单纯人格 …… 50
- 二　意志的外化与定在 …… 51
- 三　对罗马法的理论化 …… 53

第三节　特殊意志与道德 …… 57
- 一　故意与责任 …… 58
- 二　意图和福利 …… 58
- 三　善和良心 …… 59
- 四　主观性道德的诸种形式 …… 60

第四节　单一意志与伦理 …… 61
- 一　家庭 …… 61
- 二　市民社会 …… 62
- 三　国家 …… 65
- 四　意志发展历程的小结 …… 67

第五节　对单个意志的扬弃 …… 68
- 一　单个意志与社会规范 …… 68
- 二　家庭与市民社会对单个意志的扬弃 …… 69
- 三　单个意志基础上的政治学说 …… 71
- 四　单个意志基础上的抽象观念 …… 76
- 五　通往普遍规范的路向 …… 78

第三章　国家是普遍规范的实现 …… 80

第一节　国家制度与普遍规范 …… 80
- 一　从"为承认而斗争"说起 …… 80

二　两种承认模式 …………………………………………… 81
　　三　制度承认与国家制度 …………………………………… 85
　　四　国家制度对于普遍规范的意义 ………………………… 87
　　五　制度承认的理论位置 …………………………………… 89
第二节　国家与市民社会 ………………………………………… 90
　　一　公法的国家与私法的国家 ……………………………… 90
　　二　市民社会与契约论国家 ………………………………… 92
　　三　市民社会对普遍规范的贡献 …………………………… 93
　　四　正确处理国家与市民社会的关系 ……………………… 95
　　五　区分国家与市民社会的意义 …………………………… 97
第三节　黑格尔的国家制度 ……………………………………… 98
　　一　国家的基本建制 ………………………………………… 98
　　二　君主与国家人格 ………………………………………… 100
　　三　官员与行政权 …………………………………………… 105
　　四　等级与立法权 …………………………………………… 106
　　五　公民参与政治的其他方式 ……………………………… 108
　　六　对黑格尔国家制度的评价 ……………………………… 109
第四节　黑格尔对国家的独特定位 ……………………………… 111
　　一　国家有机体 ……………………………………………… 111
　　二　伦理共同体 ……………………………………………… 114
　　三　伦理共同体的精神内容 ………………………………… 117
　　四　黑格尔国家独特定位的意义 …………………………… 119
　　五　黑格尔国家定位的逻辑说明 …………………………… 122

第四章　普遍规范的内容与特征 ………………………………… 124
第一节　政治异化与政治规范 …………………………………… 124
　　一　现代政治的主要困境 …………………………………… 124
　　二　卢梭的道德政治方案 …………………………………… 127
　　三　市民社会的政治参与 …………………………………… 128
　　四　国家阶段的总体方案 …………………………………… 129
　　五　对黑格尔政治方案的评价 ……………………………… 133
第二节　权利本位与社会正义 …………………………………… 134
　　一　现代经济后果 …………………………………………… 135
　　二　应对贫困问题的现代探索 ……………………………… 136
　　三　应对贫困问题的初步方案 ……………………………… 137

四　化解贫困问题的根本方案 …………………………………… 138
　　五　黑格尔社会正义方案的影响 ………………………………… 142
第三节　主观道德与价值秩序 …………………………………………… 143
　　一　神圣价值的没落 ……………………………………………… 143
　　二　主观性的虚无 ………………………………………………… 145
　　三　价值规范的寻求 ……………………………………………… 147
　　四　国家的精神职能 ……………………………………………… 150
　　五　价值危机的哲学方案 ………………………………………… 152
　　六　普遍规范内容的小结 ………………………………………… 153
第四节　普遍规范的主要特征 …………………………………………… 155
　　一　普遍规范的意志基础 ………………………………………… 155
　　二　普遍规范的主体性特征 ……………………………………… 156
　　三　普遍规范的伦理性特征 ……………………………………… 158
　　四　普遍规范的逻辑学根据 ……………………………………… 161

第五章　普遍规范的历史地位 …………………………………………… 165
第一节　对普遍规范的质疑 ……………………………………………… 165
　　一　对普遍规范之逻辑结构的质疑 ……………………………… 165
　　二　对普遍规范之历史内容的质疑 ……………………………… 168
　　三　对普遍规范之特殊性环节的质疑 …………………………… 170
　　四　对普遍规范之伦理性特征的质疑 …………………………… 173
第二节　当代政治哲学对普遍规范的探索 ……………………………… 175
　　一　罗尔斯的"重叠共识" ………………………………………… 175
　　二　哈贝马斯的"交往理性" ……………………………………… 178
　　三　社群主义的"历史文化共同体" ……………………………… 181
　　四　当代政治哲学寻求普遍规范优势与特点 …………………… 183
　　五　黑格尔寻求普遍规范的优势与特点 ………………………… 185
　　六　黑格尔与当代路径的比较 …………………………………… 188
第三节　普遍规范的历史地位 …………………………………………… 190
　　一　作为现代性方案的黑格尔法哲学 …………………………… 190
　　二　逻辑与方法的历史贡献 ……………………………………… 191
　　三　政治学说的历史贡献 ………………………………………… 195
　　四　黑格尔的多副面孔评判 ……………………………………… 198
　　五　黑格尔法哲学的历史坐标 …………………………………… 201

结　语 ·· 204
　　一　黑格尔的遗产 ································ 204
　　二　黑格尔法哲学与中国问题的契合 ············· 206
　　三　进一步发挥黑格尔法哲学的影响 ············· 207

参考文献 ·· 210
后　记 ·· 217

黑格尔法哲学研究再聚焦：
自然法与伦理法（代序）

一

在中国，黑格尔哲学研究进入21世纪之后，出现了一系列可喜的新变化：国际上知名的黑格尔专家们的新成果源源不断地从各种西语、东语介绍和翻译出版①；《黑格尔著作集》②和《黑格尔全集》③在张世英先生和梁志学先生主持下，分别在人民出版社和商务印书馆陆续出版新的原著，除此之外，

---

① 据笔者不完全收集，主要有以下研究黑格尔的重要著作翻译为中文出版：科耶夫：《法权现象学纲要》，邱立波译，华东师范大学出版社2011年版；科耶夫：《黑格尔导读》，姜志辉译，译林出版社2005年版；施奈德尔巴赫：《黑格尔之后的历史哲学：历史主义问题》，励洁丹译，浙江大学出版社2014年版；维尔纳·马克思：《黑格尔的〈精神现象学〉——"序言"和"导论"中对其理念的规定》，谢永康译，人民出版社2014年版；查尔斯·泰勒：《黑格尔》，张国清、朱进东译，译林出版社2002年版；特里·平卡德：《黑格尔传》，朱进东、朱天幸译，商务印书馆2015年版；洛苏尔多：《黑格尔与现代人的自由》，丁三东等译，吉林出版集团2008年版；贺伯特·博德：《黑格尔〈精神现象学〉讲座：穿越意识哲学的自然和历史》，戴晖译，商务印书馆2016年版；科维纲：《现实与理性——黑格尔与客观精神》，张大卫译，华夏出版社2018年版；彼得·辛德：《黑格尔》，张卜天译，译林出版社2009年版；松村一人：《黑格尔的逻辑学》，九州出版社2012年版；霍尔盖特：《黑格尔导论：自由，真理，历史》，商务印书馆2013年版；皮平：《黑格尔的观念论：自意识的满足》，陈虎平译，华夏出版社2006年版；洛维特：《从黑格尔到尼采》，李秋零译，生活·读书·新知三联书店2006年版；马丁·海德格尔、英格丽特·舒式勒：《黑格尔》，赵卫国译，南京大学出版社2018年版；马丁·海德格尔著，古兰特编：《黑格尔的精神现象学》，赵卫国译，南京大学出版社2018年版；阿维纳瑞：《黑格尔的现代国家理论》，朱学平、王兴赛译，知识产权出版社2016年；阿伦·伍德：《黑格尔的伦理思想》，黄涛译，知识产权出版社2016年版；京不特：《黑格尔或基尔克郭尔》，金城出版社2013年版。

② 人民出版社目前已经出版了：《黑格尔著作集》第2卷：《耶拿时期著作集（1801—1807）》；《黑格尔著作集》第3卷：《精神现象学》，先刚译；《黑格尔著作集》第7卷：《法哲学原理》，邓安庆译；《黑格尔著作集》第10卷：《哲学全书·第三部·精神哲学》，杨祖陶译；《黑格尔著作集》第16卷和17卷：《宗教哲学讲演录》I和《宗教哲学讲演录》II，燕宏远、张国良等译。

③ 商务印书馆的《黑格尔全集》目前已经出版了：《黑格尔全集》第6卷：《耶拿体系草稿》I，郭大为、梁志学译；《黑格尔全集》第7卷：讲演手稿；《黑格尔全集》第10卷：《纽伦堡高级中学课程和讲话（1808—1816）》，张东辉等译；《黑格尔全集》第17卷：《讲演手稿I（1816—1831）》，梁志学、李理译；《黑格尔全集》第27卷第1分册：《世界史哲学讲演录（1822—1823）》，刘立群等译。

杨祖陶教授翻译出版了黑格尔的《精神哲学》《耶拿体系1804—1805：逻辑学和形而上学》，薛华教授翻译出版了《黑格尔政治著作选》和《哲学科学全书纲要》，梁志学教授重新翻译出版了《哲学科学全书·第一部分·逻辑学》。如此大规模、多国度、多学科的国际黑格尔哲学研究的推进，确实呈现出了黑格尔思想在当代的基本景观：一个日益现代性的黑格尔形象已经确立，推翻了之前作为"官方哲学家""自由主义的敌人""极权国家的吹鼓手""前现代的封建余毒"等负面的不实的评价。因此，我们国内的黑格尔研究也出现了一个新的高潮，研究著作不断涌现。有的研究论文和著作已经是在尝试着与国际前沿学术思想展开深度对话，这是新世纪以来出现的最大亮点。

当然，出版物太多有时也令人困惑。有些人面对如此眼花缭乱的国内外黑格尔研究新成果，或者假装不屑一顾，或者表现得无所适从，实际上依然还是缺乏"定力"。如果研究者本人没有自己的"定力"，即缺乏自己对黑格尔著作和思想的独到视野和理解，反而就像饥不择食者看到一桌满汉全席那样，在一顿狼吞虎咽之后，必然就会消化不良、上吐下泻。这也就是我反复要求自己和学生先要沉浸于黑格尔的原著去感受、把握和理解他的哲学及其他所要把握的"现代性"这个"新的时代"（Die neue Zeit）精神的原因。海德格尔曾令人信服地说过，只有"做"（macht）历史的人，才有能力唤醒（zu erwecken）历史。我们也必须要说，只有"做"哲学的人，才有能力唤醒"文本"中的哲学。而我们"做"哲学，必须首先"沉浸"在那些创造了哲学史的大师的思想中，学习他们如何"做"哲学，才能慢慢唤醒自身中的哲学意识，通过自身中被唤醒了的哲学意识，再去唤醒我们之前"学习过的"、现在却被当作我们"做"哲学之"对象"的哲学经典中的哲学意识和哲学思想。这也就是伽达默尔所反复强调的"诠释学的循环"。通过哲学的这种"相互唤醒"，才得以进入"读者"与"作者"之间的诠释学对话。哲学就是在这种对话中"做"出来的。

当然，也许对于大多数当今中国高校的青年教师而言，"做哲学"还远没有达到这样"从容的对话"，他们的"哲学"与其说是在"对话"中训练出来的，不如说是在各种压力下"硬磨"出来的。他们的博士论文无论导师当时满意不满意，他们可能并不愿意随便拿出来出版。但是，现行的各种"考核""职称""晋升"等硬性条件，逼得他们不得不想尽办法出版。摆在诸位面前的这本《自由意志与普遍规范：黑格尔法哲学研究》，也许也是这种境况下的产物。但我还是要为这种"制度性的""硬逼"说句"公道话"，没有这种"硬逼"机制，可能大多数的博士论文最终都会流产，被作者不知丢到哪里永远出不来。所以，在某种制度性的"硬逼"下，也有可能"打磨"出像模像样的作品来,虽然带有某种青涩味,但毕竟还有青春的锐气,所以依然是值得肯定和重视的。

李育书的这本新著,作为国家社科基金后期资助的项目,确实是在这种"硬逼"机制中在之前的博士论文基础上一遍又一遍地"打磨"出来的。为了能成功申报"项目",为了"项目"能入评审专家"法眼"而顺利通过,他必须一遍又一遍地"修改完善",最终送到出版社,出版编辑再次敦促修改几次,才能过关。因此,作为作者之前的博士生导师,我倒真是有了几分"不怀好意的窃喜",多亏了这么多"关卡",才使得之前不太令人满意的博士论文,在指导教师失去了"硬逼"其修改的权力之后,能在这样一些机制性力量的作用下完善起来。所以,当我现在看到这部即将出版的书稿时,我能轻松地向他表示祝贺。

李育书本科、硕士和博士各个阶段都是复旦大学哲学系的优秀学生,从硕士生时就一直在听我的课,而且公认为是"优秀的学生辅导员",但在2007年之后才正式成为我指导的博士生。当他选定了黑格尔法哲学作为其博士论文主题时,我只强调必须放在现代社会规范建构的方向上去把握,而不要过多地在各种"主义"的标签下去论证或辩护。他为研究黑格尔法哲学倒是做了许多准备,例如,学了许多法律知识,并考取了国家律师资格证书;认真研究了近代政治哲学史,并翻译了一本名著《公民宗教》(人民出版社2018年出版),学习了德语,并几次去德国耶拿大学等交流访学,这些都为这项课题的出色完成打下了基础。

黑格尔是第一个把现代性作为哲学问题来思考并实现的哲学家。早期启蒙哲学尤其是启蒙政治哲学,更多地是从现代性的"价值"上论证和设计现代社会的生活世界,寻找现代之为现代的核心价值及其实现方式,而到了黑格尔这里,他当然依然还是生活在启蒙时代,但已经不再是早期启蒙的那个时代。在经历了浪漫主义对现代性的初步批判,经历了"法国大革命"和"王朝复辟"的变奏,"改良"和"专制"拉锯式斗争之后,黑格尔更多地开始了对启蒙、对现代性的反思批判,虽然他依然是在为现代性进行设计和规划,但思想资源和思想的定位显然不一样了。对康德而言,他更多地是要处理莱布尼茨—沃尔夫的世俗理性主义和卢梭、休谟所表现出来的情感主义和经验主义之间的冲突,因此,他可以在"启蒙"哲学内部将"哲学"在现时代必须面临的核心问题做出纯粹哲学的典范性表达和论证;而对黑格尔而言,他更多地看到了启蒙在道德、规范架构上的"无效性",因而更多地引入"历史性"环节来把现代性表达出来的价值和规范性要求嫁接在其文化源头——古希腊城邦政治这个起点上,同时通过对罗马法和基督教的批判改造把城邦政治的

"灵魂结构"通过"绝对精神"的发展理念,以"客观精神"来论证现代社会的各种规范性的构成①,并通过客观精神的民族性和世界性来突破现代政治实体——"民族国家"——的"民族性"局限,使之在向"世界历史进程"进发的过程中将狭隘的民族性"世界化"。因此,黑格尔比康德更为深刻地发现了现代政治哲学所依赖的自然法的道德哲学和契约伦理的规范架构的虚妄性,尤其是看出了启蒙哲学的主观性停留在知性思维上的片面性,根本无力解决现代的根本困境。

这一发现对现代政治哲学而言是很要紧的事。本来现代政治哲学赖以取代中世纪基督教神学的,就是用自然法这一"理性形而上学"来为现代的价值和规范做本源性的论证(在这一论证基础上,现代人的自由与正义、理性与权利在"价值"上得以成立),再通过"契约伦理"使它们具有了制度化的实现机制。然而,黑格尔却发现这套现代性方案实际上对解决现代问题根本无能为力。如果这一发现能够成立,那么也就意味着现代性的价值和规范之合法性来源在自觉地摒弃了天主教神学的基础之后,再次失去了现代合理性的基础!所以,黑格尔是最早洞见到现代虚无主义苗头的人:"正是在严格的政治哲学中,黑格尔看到了传统自然法理论的崩溃。"②

二

在这一背景之下,黑格尔的法哲学乃至整个实践哲学研究,必须要有一个新的聚焦,这就是必须把他的实践哲学包括法哲学作为"对传统自然法理论崩溃"的回应来看待③,这样我们才能以一种新的视野来重新系统地梳理和探究黑格尔哲学的现代意义。

如果不是对自然法理论崩溃的回应,我们很难理解黑格尔耶拿时期(1801—1807)的哲学焦点是实践哲学:1802 年撰写的《论自然法的科学处理方式,它在实践哲学中的地位及其与实定法学之关系》(Über die wissenschaftelichen Behandlungsarten des Naturrechts, seine Stelle in der praktischen Philosophie, und sein Verhältniß zu den positiven Rechtswissenschften)这篇长文(下文

---

① 参阅 Axel Honneth, *Leiden an Unbestimmtheit—Eine Reaktualisierung der Hegelschen Rechtsphilosophie*, Philipp Reclam jun. Stuttgart, 2001, S. 14-15。
② 阿维纳瑞:《黑格尔的现代国家理论》,朱学平、王兴赛译,知识产权出版社 2016 年版,第 102 页。
③ 参阅邓安庆:《论黑格尔法哲学与自然法的关系》,《复旦学报》2016 年第 6 期,第 52—58 页。

简称为《自然法论文》)和 1802—1803 年的《伦理体系》(System der Sittlichkeit)已经初步构建起黑格尔未来法哲学的基本框架。在《自然法论文》中，黑格尔把英法自然法传统概括为经验主义自然法，把康德、费希特的自然法概括为形式主义自然法，对二者都进行了毫不留情的批判。因此，这种批判本身就可以视为黑格尔对传统自然法崩溃的阐明。但作为现代的法哲学，黑格尔的法哲学自己也不能绕过自然法来解决现代规范秩序的架构。所以黑格尔自己依然还是坚持着一种"自然法"立场，不过，他首先要论证的倒是"自然法的科学处理方式"，其次是"自然法在实践哲学中的地位"，再次是"自然法与具体的实定法学之间的关系"。由于我在之前的文章中已经就黑格尔的这三个问题分别做了处理，在此不加赘述。[①]

在这里，我们需要着重指出的是，若要正确地理解黑格尔晚期著作《法哲学原理》就必须首先从自然法与国家学的关系出发。因为黑格尔《法哲学原理》1820 年出版时本来有两个标题，"自然法与国家学"是在前面，后面跟着的是"或者法哲学原理"，这也就是说，"自然法与国家学"是正标题，而"法哲学原理"反而是副标题。只是后来这个副标题反倒变成了正标题，之前的正标题不见了。这导致的一个严重结果就是：人们不从自然法的角度去理解黑格尔的《法哲学》！

因此，我们必须再次指出，理解黑格尔《法哲学原理》的前提就是他的自然法。那么，黑格尔本人究竟是在什么意义上使用"自然法"？这一问题对于我们十分重要。确实，如果我们只是看 1820 年版的《法哲学原理》，我们是很难了解黑格尔究竟如何理解自然法的，因为从文本中黑格尔几乎没有正面地论证什么是自然法，而自然法与他的法哲学究竟是什么关系，一般也很难看出来。

黑格尔自己对自然法的阐明，只有在 1824—1825 年的《法哲学讲演录》（学生笔记）中，能见到最完整的界定：

> 但是我们必须注意到，自然(Natur)这个术语同时有双重含义，一个重要的、容易导致绝对错误的双重含义。一方面自然意味着自然的存在，我们发现，我们在各个不同的方面如何直接地被创造，即我们存在的直接性的一面。与这种规定相对立且有区别，概念也叫做自然，事物的自然(也可译为"本性"或"本质"，为了表达上的一致，在这里我们依然译为"自然"——引者)就叫做事物的概念，事物合乎理性的方式所是的

---

① 亦可参阅邓安庆为黑格尔《法哲学原理》所写的"译者序"：人民出版社 2016 年版，第 18—30 页。

东西和事物作为单纯自然的东西,几乎完全是不同的。所以自然法一方面叫做出于自然的法(Recht von Natur),另一方面它指自在自为地是正当的东西。①

这就清楚了,黑格尔恰当地利用了"自然"这个概念的双重意义来展开他的"自然法"思想。"自然法"的核心当然是"法",它一方面要表达出法的"自然正当性",即"事物自然本性"表现出来的"理性规范",是出于自然正当或正义的法。用黑格尔自己的语言就是"直接性"的法或"自在的"法。这种法的含义指的就是诸如"天然合理性"之类的东西;另一方面又不止于法的"自然正当"这一起点,而要将自然正当的法之本质内容自行展开:即法"按其概念"展现出来,这就是黑格尔说的"自在自为地"是正当和正义的东西。由于"法的概念"属于"法的自然",但不是"直接性的""自在的""自然",而是"自然正当"展开出来才体现"法之为法"的本质或"真理",因而是法的自在自为的呈现。这种"自在自为地"是正当和正义的"法"不是任何一种具体的"实定法",而是所有"实定法"之为"法"的"合法性标准"。这是正当地利用了"法"在罗马时代所做的区分:IUS 和 LEX,前者指自然正当的法,具有正当、正义、理性等含义,后者是人为制定的法,具有命令性和强制性。后来自然法和实定法的区分就是以此作为词源依据。作为"自然法",天理(Natural Reason)是永恒的;作为人为实定的法是因时而变的。但作为"法",它们的核心都是"规范",都需要有规范的有效性,才能具有"命令性"。于是,IUS 是一切规范性的来源,命令性的根据;LEX 是现实规范性的体现,命令的表达。法律作为现实的规范,规范着生活和行动,处理各方的"权利"。

虽然我们知道"法"和"权利"在德语中是一个词:Recht。但我不同意因此就把它翻译为"法权",因为这样翻译实际上并非是"法"和"权利"两个含义的有效叠加,反而只是把"法"变成了"权利"。尽管许多人受施特劳斯的影响,说现代自然法实现了一个根本转变,将"自然法"转变为"自然权利"了!② 此说固然不错,但如果因此要说,现代法哲学只讨论自然权利而不讨论自然法,那就是完全误读了。正确地说,毋宁是现代法哲学通过证明"自然权利"的自然法依据来阐明法的合法性。所以,自然法和自然权利依然是相分的:自然法作为"法"是论证法律的道德性,任务是对法的合法性根据进行形而上学的阐明。而"自然权利"是道德性法的法律化,即法所保障的权

---

① Hegel, *Vorlesungen über Rechtsphilosophie*, Edition Ilting Band 4, fromman-holzboog Verlage, Stuttgart-Bad 1974, S. 76
② 参见列奥·施特劳斯:《自然权利与历史》,彭刚译,生活·读书·新知三联书店 2016 年版。

利在法律上的表达,因而是法律的内容。正是在此意义上,新康德主义自然法学家鲁道夫·斯塔姆勒(Rudolf Stammler)强调,自然法是具有"不断变化之内容的";海因里希·罗门(Heinrich Rommen,1897—1976)强调:"自然法也包含实体性的、充实着内容的规范。"①譬如我们说,人有生命和财产的权利,这是"自然权利",自然法需要形而上学地阐明,人为何具有生命权和财产权,法理依据何在。而在法学中则是将这种在自然法上得到阐明的"自然权利"落实于法律条款中加以确立和保护。同样,自卫权,也是基于"自然法"的自然权利,但自然法要从自然正当性阐明自卫权源自生命权,承认生命权就自然地要承认人有自卫的自然权利;法学则是要将自卫权落实于法律条款中予以规定。

所以,权利和法正如自然权利和自然法一样,虽然是同源同义,但同时又必须相对区分。尤其在黑格尔法哲学中,同样一个 Recht,它在什么意义上表达的是"权利",在什么意义上表达的是"法",做出区分依然十分重要。黑格尔在"抽象法"部分,讨论的是"直接性"的法,因而是"自然法"的第一种含义,即"自在的"自然法,因其"直接性"和"自在性",尚未将其包含的丰富的自然权利之内涵展开出来,所以就其为"法"而言,是"抽象的",停留于单纯法概念的直接规定性。但作为"自然权利"而言,它一点也不抽象,它抽象掉的是人的具体规定:出身、身份、等级、贵贱等等,只要你是一个人,你就适用于这些基本的自然权利:自由权、生命权、财产和尊严权。所以黑格尔在抽象法部分强调法的第一命令是"你要成为一个人并尊重他人为人",这正是"抽象的人",抽象的人所具有的同样的权利,就是黑格尔在"抽象法"部分处理的自然权利。

不过黑格尔既不像他所批判的霍布斯、洛克等经验主义自然法学家,从假设的人的"自然状态"来推出自然法所要保护的人的自然权利,因为这种"自然状态"本身是人为的假设,其中作为法的规范性来源的东西,恰恰不是人的自然性,而是人的理性;同样,黑格尔也不像康德、费希特那样采取形式主义的立法方法,因为"形式主义立法",恰恰不是"自然的",而是"建构"的,所以,自然法的实体性内容——自然权利——无法作为事物之本性的理性规定成功地予以阐明。黑格尔就是这样以其自身的方式宣告了传统自然法的理性形而上学之崩溃。

但是,如果我们过于强调黑格尔对传统自然法的批判而忽视他对传统自然法的继承方面,也不能准确把握黑格尔自然法思想。他对自然法的批判最

---

① 海因里希·罗门:《自然法的观念史和哲学》,姚中秋译,上海三联书店 2007 年版,第 208 页。

主要的是批判传统自然法过于表面地甚至是"知性地"理解"自然",从而忽视了"自然"除了直接性的"自然而然"之外,它还有"本性""本质"的含义。因此,如果我们从"本性""本质"的含义去理解"自然法",那么,就无需假定社会状态之前的自然状态,而是要从人的自然性和人的自然之本质性这两方面来理解自然法。人有"自然性",这是古典哲学都承认的,人的自然性即人身上的动物性和任性(Willkür),这是不可否认的,这正是人类社会生活需要"法"的强制性来调节的原因;但人的动物性恰恰不表现人的"本质",因而动物性不是人的"自然",人的"自然"恰恰是人类的合群性,即社会性。所以亚里士多德说,人是政治的动物,说的就是人是社会性的动物,必须过"城邦生活"才能作为人类而存在。因此,古典和现代的自然法有一个共通的地方,都把人的"社会性"(或亚里士多德所谓的"政治性")作为自然法的源头。被称作现代自然法之父的格老秀斯(Hugo Grotius, 1583—1645)对自然法就做出了这样的规定:

> ius naturale[自然法]乃是正当理性的指示,它指出,一项活动,依其是否符合理性的[和社会的]自然,而内在地具有道德上的卑劣或道德上之必然性的性质;因此,这样的活动被自然的创造者上帝所禁止或允许。①

正是这样强调"社会性",从人的自然性中产生出来的理性规定,才作为符合人的社会性的规定,被称为"正当理性",这种正当理性作为 ius naturale [自然法],就既是"出于自然的法",也是"自在自为地"作为"本质"和"本性"的自然法。因此,德国第一位现代自然法学家塞缪尔·普芬道夫(Samuel Pufendorf, 1632—1694)就是从人的社会性中来阐释自然法的:

> 这种社会性(sociality, socialitas)法律——教导一个人如何使自己成为人类社会一个有用成员的法律——就是自然法。②

虽然格老秀斯已经在用"社会性"来定义自然法,但在格老秀斯那里,社会性还不是自然法的唯一来源,他只是把合理性和社会性一起作为道德上必然的东西而定义为"自然法",但他依然像中世纪经院哲学家那样,把这种道

---

① Hugo Grotius, *De jure belli ac pacis libri tres*, Bk. I. chap. 1. 转引自海因里希·罗门:《自然法的观念史和哲学》,姚中秋译,上海三联书店2007年版,第66页。
② 塞缪尔·普芬道夫:《人和公民的自然法义务》,鞠成伟译,商务印书馆2014年版,第83页。

德上必然的自然法视为上帝的准许之物,上帝才是真正的自然法来源。而普芬道夫不一样了,在他这里,上帝已经完全隐匿了,自然法体现的是人类"道德存在"方式的生命造化力量。因此自然法是作为具有动物性的人类过其本质规定的社会生活的法律,这样的"自然正当"的"天理"对人类不仅是法规,而且是人类自我造化和自我教育的手段:它"教导一个人如何使自己成为人类社会一个有用成员",这样的自然法不仅对个人,而且对人类的成文法就具有了"标准"和"典范"的意义:一切有助于社会性的事情都是自然法所允许的,违背和破坏社会性的事情都是自然法所禁止的。

黑格尔的自然法当然继承了这些"理性法"传统,"社会性"是他刚开始思考"自然法"时就从费希特的自然法思想中领会到的一个核心问题①:相互承认的法权是人类社会性共存的前提条件,作为人类自然的社会性则表现为是否能够"相互承认"。到这里,我们就看清楚,从格老秀斯、普芬道夫到费希特和黑格尔一派的自然法跟霍布斯、洛克、卢梭他们的自然法在对人的"自然性"的解读上完全不同,社会性之"自然"是"本质""本性"意义上的"自然",它把合作、合群、相互承认作为人类共存的前提和基础,因而是人类类本质实现的生命力量之所在,基于此作为"伦理总体"的自然法既然能做出其"自在性"的阐明,"伦理总体"作为自然法的实现方式,也就成为自然法由自在(抽象法)、经过道德性的自觉(自然法的道德性在主体主观意志上的确认)自为而达到伦理性。但霍布斯自然法的立足点不是人的社会性而是自然状态下的原子化的个人的"自然人性",狼一样的动物性,社会性只是理性契约的结果,而非人的自在自然性。现代政治哲学只重视霍布斯这一路,显然问题很大,它只能靠"契约"这一路径来人为地建构社会、政治和国家,却无法解释国家的自然性、历史性和伦理性。黑格尔第一次把自然法的"自然"不是作为一种状态、一个理性生发的点状物而是作为一种生命、一种发展的过程展示了出来,在这个过程中,直接性、否定性、肯定性不能仅仅作为僵化的逻辑三段论来把握,而是一种规范内在的生命由潜能到实现的过程,因而自然法可以经由抽象法、道德法和伦理法三阶段来呈现和实现自身的内涵。法的伦理性才是法和道德的真相(Wahrleit)这个之前从认识论上翻译为"真理"的概念,在黑格尔的这种具有实体存在论的哲学中更应该理解为"真实"或"真相"!

---

① 德国古典哲学中的自然法思想是在几乎同一个时间点表达出来的:康德完整表达其法学思想的著作《伦理形而上学》是1797年出版的,而费希特的《自然法权演绎》上半部分出版也是在1797年。可以说,费希特与康德的自然法思想是同一时间完成的,黑格尔在1802年完成其《自然法论文》,谢林在1804年出版《自然法新演绎》。

从人类自然的社会性来理解自然法,一方面把西方古今政治哲学传统结合起来,不会导致现代政治哲学与古典的"断裂",同时也不用借助形而上学的假定来虚构人的自然状态,把自然法理解和把握为人的本性的理性法,是以人有法权能力(Rechtsfähigkeit)通过立法使自身从受"本性"(自然)支配状态中摆脱出来进入社会生活中的有正当规范的法权状态这一"成人"过程为起点。这一"自然状态"是每个人未成熟前,即未真正"成人"前的"实际状态",无需假定,本然实存。因此"抽象法"的命令"你要成为一个人并尊重他人为人"是一个严格的强制性"命令",自然法本身的"命令",而不能成为一个人的人,不可能有法权能力,没有法权能力的人不是一个真正的"人"。"法权能力"的核心是以"普遍的自由意志"作为个人自然的任性的自由意志之立法的标准,因此,黑格尔的建立于自然法基础上的法哲学变成了以"普遍的自由意志"为范导和标准的普遍自由的实现过程,自然法在他这里变成了"自由法"。于是,正如霍耐特洞察到的,整个法哲学:

> 黑格尔以晦涩的叙述方式所表达的如下思想:"普遍的自由意志"之"理念"规定了我们应该称之为"法"的东西的全部范围。①

这是黑格尔面对传统自然法思想的崩溃而对自然法思想所做的一次根本的、真正具有现代性意义的彻底改造。

三

《法哲学原理》的整个论证思路,就是在自然法基础上把"普遍的自由意志"之实现作为"法"的理念之现实化的路径。贯彻在长达33节的长篇"导论"中阐发的一个主题就是:"法乃自由意志之达在"②,这是整部《法哲学原理》的主题。"意志"和"自由"被黑格尔看做相互内在而不可分离的东西,"正确被理解的意志就是自由,而自由只有作为意志实存着"(第21节),于是,"意志是这两个环节的统一:是在自身中反思并通过这种反思而返回到

---

① Axel Honneth, *Leiden an Unbestimmtheit—Eine Reaktualisierung der Hegelschen Rechtsphilosophie*, Philipp Reclam jun. Stuttgart, 2001, S. 7-8.
② 我在《法哲学原理》的翻译中为了照顾与其他著作翻译的一致性,依然沿用之前的旧译法,把 Dasein 译作"定在",但这个词按照音译翻译为"达在"实际上能够更传神地表达其意义:作为存在之到达(die Ankunft des Seins),理念之达成(Zukommen der Idee)的"实现"之义,所以在本文中,将之译成"达在"。

普遍性的特殊性——即单一性。这是自我的**自身规定**"(第 7 节)。这就指明了：如果只把自身主观的意志作为法，那么这种意志是不可能自由的，意志自由作为法必须促使意志回返自身反思，自身的特殊意志要能自由地"达在"，就必须解决与他人意志相协调，以"普遍意志"来为个体意志和共同意志立法。在《精神现象学》中，黑格尔把这种状况描述为"普遍斗争"中的"世界进程"①。

所以，经过"反思"，"意志"从自在(an sich)达到自为(für sich)，形成了一种在"意志"和"自由"之外的第三者："形式的普遍性"，即形式化自由的概念："但是，这一形式的普遍性——自身没有规定而在上述素材中找到其规定性——的真理，乃是**自我规定的普遍性，是意志、自由**。"当然，这种作为形式普遍性的意志自由，依然还是"主观的自由"，即道德所实现的主观意志的法。"道德"之所以是一种"法"，是因为它将"抽象法"的意志在外部财产权、契约权中所"达在"的特殊意志之自由实现为意志本身内在固有的主观自由。德国哲学学会前主席赫伯特·施奈德尔巴赫对此评价说："关键在于，意志的特殊性不能理解为某种从外部附加的东西，而是作为意志本身固有的、内在的特殊化，首先是作为普遍的东西出现。"②

意志自由显然还不能停留在"形式普遍性"上，需要进一步将形式普遍性过渡为"实质的普遍性"，这样外部物权和契约权上体现的抽象法的意志自由和道德上的主观意志自由就都扬弃自身而过渡到伦理生活(家庭、市民生活和国家)中的法：伦理生活的法(简称伦理法)，就是法作为普遍的意志自由或法以普遍性作为自身的无限形式，作为其内容、对象和目的而实现的自由，譬如，家庭就是两个个别的特殊意志为了一个普遍的目的"家庭"而形成的伦理生活。两个人的意志要自愿结合为一个普遍意志，才能形成其家庭的财产权和契约权，才能有各自对婚姻的道德责任，而家庭伦理生活的法，就是抽象法的财产、契约权和主观意志的道德法结合为一个既有外部自由也有内在自由、既客观又主观的、既物质(家庭财产)又精神(相爱和家庭责任)的自在自为的自由法之实现。黑格尔在此意义上说，伦理法是抽象法和道德法的真理(法的真实理念之实现)。

德国著名哲学家 J. 利特尔(J. Ritter)对黑格尔将自然法理解为自由之实现的学说做了如下的评价：凡自由成为法的概念之处，它就不再适合于在其可能的自在(Ansich)中被把握，而要在其实现中来把握。在学院派的自然法

---

① 参阅《精神现象学》中"德行与世界进程"一节。
② Herbert Schnädelbach, *Hegels praktische Philosophie*, Suhrkamp Verlag Frankfurt am Main 2000, S. 181.

理论中,自由只能被视为"自在地"属于人的本性,而当下自由已经历史地走出了"可能性"状态而成为现实的达在(zum aktualen Dasein)。故而《法哲学原理》以"现实自由的意志"(Willen, welcher frei ist)为出发点,把"法的体系"作为"实现了的自由王国"(第4节)来把握。因此它提供了这个能够将市民社会所立的法建立在其之上的规定性根据。《法哲学原理》在"理念的各个发展阶段"——私法、道德、婚姻、家庭、社会以及作为管理和统治的国家——相继处理的所有东西,便都属于自由及其实现的理论。当自然法的讨论从根本上至今也不能突破那局限于"自在的"或直接的自然存在这个关于人的本性的抽象概念时,黑格尔则相反地以在世界历史上发展起来的整个伦理的精神世界的联系来把握自由的现实化。他所理解的东西,是把同时代政治革命的自由原则与法权原则,不是依据应然和公设,而是具体地作为"世界历史状况",变成为一切合法的诸如政治的秩序之实体。①

于是,基于自然法之自在自由的法的意志,就过渡到在伦理生活的法和"世界历史状态"的法中具体实现的普遍意志自由的法。这样实现的自由就完全超越了"自然意志"的自由,而是"伦理自然"(Die sittliche Natur),这个"第二自然"之现实。

在这里,我们用"伦理法"来论述"法哲学"整个Sittlichkeit(直译为"伦理性"法)部分"普遍自由意志"之"达在"的进程。Sittlichkeit这个概念在黑格尔这里,确实不是简单的一种限制人的自由的"外部伦理",而是一种普遍自由意志的法。黑格尔自己说:"自由的理念在每个发展阶段上都有其独特的法,因为每个阶段都是在其自身规定中的一个自由的达在。当人们说道德、伦理跟法是对立的时候,那就是只把法理解为抽象人格的最初形式。道德性(Moralität),伦理性(Sittlichkeit),国家利益等每一个都是独特的法,因为这些形态中的每一个都是自由的规定和达在。"②

因此,"伦理法"是理解黑格尔自然法即自由法之实现的关键,原因就在于,伦理法才是"自然法"内涵的"伦理自然或伦理本性"(die sittliche Natur)的现实,只有理解了它与自然法的这种内在联系,我们才能理解黑格尔说的"伦理法是抽象法和道德法的真理"。

对于伦理法作为自然法之实现,黑格尔在第10节的"附释"中就曾这样说:"儿童是自在的大人,最初他自在地具有理性,开始时他是理性和自由的潜能,因而仅仅从概念上说是自由的。"自由能力(Freiheitsfähigkeit)作为"潜

---

① Joachim Ritter, *Metaphysik und Politik*, *Stuien zu Aristoteles und Hegel*, Surkamp Verlag Frankfurt am Main 1969, S. 264-265.
② 黑格尔:《法哲学原理》,邓安庆译,人民出版社2016年版,第72页。

能"存在于每一个儿童身上,儿童成人的过程就是这种自由潜能的成熟过程。法的理念是自由,但一开始只是作为"潜能"存在于自然法之中,在抽象法中,自由作为抽象的人格性在所有权和契约权中达在,那时还没有达到自为;通过道德,作为主观意志的法,自由在自我反思中获得了"自为",尽管是主观的自由;只有在伦理法中自由才能成为现实的自由、实体性的自由,即作为自在自为的自由理念在伦理生活世界中完满实现的自由法。

这种完满实现的步伐,就是"自由"作为"自然权利"而成为"自由法"这种辩证过程的体现。如同父母承担教育子女"成人"的责任一样,"法"理念的实现也带有一种"命令",只不过这种法的命令,是通过"自然"既是"本性"也是"本质"(概念)的双重含义在由理念变成现实的过程中以一种目的论的方式体现出来的。人的本质是自由,成为一个人意味着成为一个自由的人。自由在自然法上只是一种自然权利,但自由作为法的理念(本质)它要求或"命令"真正的人要实现其作为自由人的目标(目的),所以,自由通过其作为法的本质而成为自由法,既引导又保障和规范人从潜在的自由能力(自由权利)向自由人(本质)的实现。

"你要成为一个人并尊重他人为人",这是抽象法的第一个命令,通过这一命令,黑格尔的法哲学承担起了人类学的使命:法的理念之实现成为自然人向作为本质的自由人的自我造化过程。

这一进程,不是单靠教育能完成的,而是人在参与社会生活、国家的公共政治生活和作为国家的公民与国家一起"参与世界历史进程"中自我造就的。自由人之自我造就的关键,在于人由单一人格的特殊意志向普遍意志的过渡。黑格尔认为制度、伦理、社会和国家的现实性正是"实现了的自由王国",这实际上就是把亚里士多德的"人是政治动物"的学说通过法权人类学而变成现实,人性并非依本性实现为人,而是在城邦(社会和国家)中通过"伦理法"而实现为人。伦理法是自然法的实现,就是把"自然法"作为自在自由的潜在状态实现为伦理法的自由之现实状态。

黑格尔这种"法权人类学"的独特之处,就在于他尤其强调法作为自由的实现是同人类的伦理生活密切相关的。人一生下来就"被抛入"一个"伦理世界",他从来就不是一个"原子化的个人",而是从属于一个家庭、一种伦理关系。家庭生活可以培养一个人的意志和自由能力,但不能教会一个人具有普遍的自由意志。普遍的自由意志之形成,是人参与到社会生活中,通过劳动的生产、交换、分配过程在与他人相识、碰撞、交流和互动中习得的,法在人的社会生活中起着首要的教化作用。因为民法规定了人与人相处互动的自由的边界。越是善法,就越能引导和规范人们普遍自由意志的形成。

但是,"市民社会"首先是人与人在经济上"相互需要"的一个体系,这个体系充分展示了社会生活的"自然性",如果没有法的保障,它就是一个充满尔虞我诈与相互斗争的场所。所以对于黑格尔而言,它首先表现为"伦理性的丧失"(Verlust der Sittlichkeit),个人的需要、权利和主观性在这里无限制地获得充分发展,因而是特殊性无限展开的场所,人们的意志当然都是为"特殊的意志"所主导,因而不可能是自由的。要使市民社会成为一个"伦理的社会",需要法的规范作用。人的相互需要是"社会"的自然基础,单纯在这个自然基础上,产生不了社会性的法,社会性的法需要在这个自然基础上做出理性的规定,即既然人类相互需要,那么就必须相互承认对方为人,承认对方的需要具有合理性,从而确立理性的法律以确立相互自由和满足自己私欲的权利的边界。所以,里德尔说,"在这里对黑格尔而言,人的权利,被承认为人,是由'思想'设立的,但这种'思想'不再以假设的方式同可能的自然状态相关,而是内在于市民社会的现实性,作为所有人从属于它的'被教化的'等级的自由"①。

这样就导致自由"达在"于"等级"中了,但是,等级中的自由之实现本身就意味着"不平等"成为一种必然。不同的"等级"也具有不同的伦理品质,这是市民社会无法解决的不正义,这是另一种"特殊性"的发展,而"普遍等级"依然只是一个"中介"。因为"在市民社会中,普遍性只是必然性;在需要的关系中……法只局限于一个范围,仅仅与我所拥有的所有权的保护有关"(第229节"补充")。即便在市民社会的"普遍等级"(警察和同业公会)中也只能做到关心"我的福利""我的特殊性"。因此,作为普遍意志的自由的法,正义的法,只有在"国家"中才能成为"伦理理念的现实"。

对于这样一个"国家"理念,迄今为止依然充满着误解和不解,但我们必须说,黑格尔的"国家"绝不是任何一个前现代的国家,也绝不是任何一种极权的、专制的国家,而完全是一个现代的自由的国家。黑格尔自己说:"现代国家的原则具有这样一种惊人的力量和深度,把主体性的原则推向完成,成为独立的个人特殊性的极端,而同时又使它回复到实体性的统一,于是在它本身保持这个统一。"②

这样的有机体的国家作为伦理理念(伦理法)的实现,宣告了自然法的契约论模型的破产,因为霍布斯"社会契约论"把社会视为原子化个人契约的产物,而国家成为完全的人工物,导致了"自然社会"的未完成性;卢梭、康

---

① Manfred Riedel, *Bürgerliche Gesellschaft und Staat bei Hegel*, Luchterband Verlag, Neuwied und Berlin, 1970, S. 46.
② 黑格尔:《法哲学原理》,邓安庆译,人民出版社2016年版,第72页。

德的契约论同样把国家视为单个具有自由意志的理性存在者的个人的联合,因而国家不是自在自为有理性的东西,而是众多特殊意志的一个任性的偶然的联合,"国家"被等同于或混同于"市民社会",因而无法作为真正自由的实现。

黑格尔把国家作为伦理生活中的具体自由的现实性,这种具体的自由在于,个人的单一性及其特殊利益不但获得完整的发展,其权利获得自为的承认(如在家庭和市民社会的系统中那样),这时他们一方面通过自己过渡到对普遍东西的关切,一方面以对普遍东西的认识和意志而活动,以至于国家作为自由的实现不是根据众多单个主体的主观偏好,而是根据国家实体内在的普遍性和神性。这种神性无非就是国家本身作为"伦理精神"而存在。著名黑格尔专家 Werner Maihofers 对此评价说:"不是自由出自于伦理,而是伦理来自于自由。如果伦理东西之外在与内在的实在性是在国家中,不过是在其直接的和间接的实存方式中,这就是一切伦理东西之实体:自由之概念的实存,不仅是抽象的,而且是具体的,达到其世界性的现实。"①

这一切都只有从伦理法作为自然法即自由法的具体实现才能深刻地领会。也只有从自然法和理性法的关系,才能理解李育书这本书的主题。

邓安庆

---

① *Materialien zu Hegels Rechtsphilosophie*, Band 2, Hergs von Manfred Riedel, Suhrkamp Verlag Frankfurt am Main 1975, S. 366.

导　论

一　黑格尔从未远去

从黑格尔在海德堡开始讲授法哲学算起,已经两百年过去了。但正如当代德国哲学家卡西尔(Ernst Cassirer)所言,"没有任何一种哲学体系能像黑格尔的形而上学那样,对政治生活起着如此强烈而持久的影响"①。与此同时,又如新黑格尔主义者鲍桑葵(Bernard Basanquet)所言,《法哲学原理》"这本书被曲解的程度也许是除柏拉图《理想国》之外,任何一个伟大的政治哲学家的著作都没有遭遇过的"②。就黑格尔思想在历史上的波折来看,"西方国家几度掀起'黑格尔复兴',随之而起的必然是强烈的批判浪潮,而以新的思想取向收场。但每过一段时期,这只火凤凰又从灰烬中现身"③。的确如此,黑格尔法哲学是当代政治哲学绕不过去的经典,在重大思想运动中,黑格尔一直在场。

1. 自由主义的批判

黑格尔在世时,他的法哲学就遭到同时代自由主义思想家弗里斯(Fries)、洪堡(Wilhelm von Humboldt)等人的严厉批评。弗里斯说:"黑格尔哲学毒菌不是长在科学的花园里,而是长在阿谀奉承的粪堆上,到1813年止,他的哲学先是吹捧法国人,后来又为符腾贝格王室服务,而今则拜倒在了坎普茨爵士的皮鞭之下,对于这个托庇于狱吏的预言家,不值得以科学的严肃性为武器。"④在黑格尔逝世后不久,同时代的鲁道夫·海姆(Rudolf Haym)在《黑格尔和他的时代》中就指责黑格尔为普鲁士辩护,是普鲁士的国家哲学家。虽然,这段时期的批评多集中在黑格尔和普鲁士王国的关系

---

① 恩斯特·卡西尔:《国家的神话》,华夏出版社1999年版,第302页。
② 鲍桑葵:《关于国家的哲学理论》,汪淑钧译,商务印书馆2006年版,第242页。
③ 钱永祥:《纵欲与虚无之上——现代情境里的政治伦理》,生活·读书·新知三联书店2002年版,第4页。
④ 黑格尔:《黑格尔通信百封》,苗力田译编,上海人民出版社1981年版,第162页。

上,但总的说来,"海姆的批评是富有成效的"①。批评者的很多观点影响深远,黑格尔的官方哲学家形象成了很多人对黑格尔的第一印象。

之后,"官方哲学家"似乎不再是批判重点了,批评者们开始批评黑格尔思想本身的"专制保守"内容。在19世纪末新黑格尔主义刚取得优势地位不久,自由主义者霍布豪斯就开始了对黑格尔的批判。他认为黑格尔的国家观企图证明自由和法律是一致的,借以削弱民主的原则,想用纪律观念削弱平等的原则,要使个人成为国家的一部分,以此削弱人性的原则。② 霍布豪斯进而认为黑格尔是与16世纪以来欧洲的民主观念与人道主义思想根本对立的,是导致政治专制和军国主义的理论根源。罗素在《西方哲学史》中也写道,"黑格尔的国家学说——这样一个学说,如果承认了,那么凡是可以想象得到的一切国内暴政和一切对外侵略都有了借口"③。"二战"之后,波普尔在《历史决定论的贫困》中还梳理出一条所谓的从卢梭到黑格尔再到马克思的极权主义暗流,认为这条线起源于柏拉图,主张建构神权国家;伯林在《自由及其背叛》中的评价稍显"中肯",认为包括黑格尔在内的一批特定的近代思想家,"他们都探讨过人类自由问题……而且自认为是他们所谓真正自由的最真诚的捍卫者,……然而,到最后,他们的学说却与通常意义上的个体自由或政治自由相抵"④。可见,在自由主义学者心目中,黑格尔的专制保守形象可谓不可撼动。

2. 激进革命学说的溯源

与"官方哲学家"或专制保守之批评形成鲜明对比的是,近代激进主义、左派学说也高度关注黑格尔,马克思主义经典作家曾宣称从黑格尔法哲学中受到了积极影响,是黑格尔影响了他们的革命学说。恩格斯曾说过:"黑格尔本人,虽然在他的著作中相当频繁地爆发出革命的怒火,但是总的说来似乎更倾向于保守的方面;他在体系上所花费的'艰苦的思想工作'的确比他在方法上花费的要多。"⑤列宁在总结马克思主义思想来源时也说:"马克思并没有停止在18世纪的唯物主义上,而是把哲学向前推进了。他用德国古典哲学的成果,特别是用使费尔巴哈唯物主义哲学得以产生的黑格尔体系的成果丰富了哲学。这些成果中最重要的就是辩证法,即最完整深刻而无片面性弊病的关于发展的学说,这种学说认为反映永恒发展的物质的人类认识是

---

① Joachim Ritter, *Hegel und Französische Revolution*, Suhrkamp, 1965, p. 8.
② 霍布豪斯:《形而上学的国家论》,汪淑钧译,商务印书馆1997年版,第13—15页。
③ 罗素:《西方哲学史(下卷)》,马元德译,商务印书馆1997年版,第289页。
④ 伯林:《自由及其背叛》,赵国新译,译林出版社2005年版,第5页。
⑤ 《马克思恩格斯选集(第四卷)》,人民出版社1995年版,第220页。

相对的。"①直至20世纪,激进主义、左派思想依然非常看重黑格尔的理论资源,20世纪法国左翼的重要代表阿尔都塞就提出:"黑格尔哲学也可以被培养出一种'批判的革命哲学',这种哲学不但对封建制度提出疑问,而且对……资产阶级秩序提出了疑问。"②而且,在很多左派运动中,也会见到黑格尔的影响,很多左派学者通过研究黑格尔,阐释马克思的社会革命思想,或提出黑格尔的"否定辩证法"的武器,或主张黑格尔革命学说,或倡导承认的斗争,黑格尔为这些左派、激进学说提供了源源不断的理论资源。

3. 国家主义的吹捧

19世纪下半叶起,西方思想界出现了新黑格尔主义的兴起,但有意思的是,新黑格尔主义居然首先兴起于一向以自由自诩的盎格鲁—撒克逊传统之中,之后才返回到黑格尔的故乡。"19世纪末年,在美国和英国,一流的学院哲学家大多都是黑格尔派。"③到20世纪初,新黑格尔主义已然经英国传出而广泛流传于德国和意大利。新黑格尔主义者们纷纷打出复活黑格尔的旗号,在涉及国家与个人关系的问题上,他们都吸取了黑格尔体系化的方法,特别强调国家的重要地位。比如,著名的新黑格尔主义者格林(Thomas Hill Green)从没有国家就没有个人的观点出发,认为社会或国家才是个人存在的前提,一个人要完善自己,就不能游离于社会或国家之外,而要投身于社会国家之中。另一位新黑格尔主义者鲍桑葵将国家看作个人自由的保障,国家是对个人具有最高权力的最终目的,个人的最高义务就是做国家的成员并服从国家。

这些观点正确地抓住了黑格尔政治学说的一些方面,但也给黑格尔政治学说的传播带来了严重后果。20世纪上半叶,当新黑格尔主义传播到德国、意大利的时候,"国家至上"就或多或少为各国当权者所用了。"当时各国的自由资本主义制度遭遇到了深刻危机,将个人自由和民主权利理想化和神圣化的理性主义传统受到了严重挑战。各国统治者纷纷要求强化国家机器。他们往往把自己当作整个国家和民族的化身,并在'国家至上''民族至上'的口号下使社会受他们控制。反映在哲学上,他们不满意强调原子式个体的传统经验主义,而对强调整体、绝对的黑格尔主义产生兴趣。"④黑格尔法哲学在这些国家虽受到追捧,尤其受到当权者的追捧,但这对于黑格尔法哲学

---

① 《列宁选集(第二卷)》,人民出版社1960年版,第442页。
② 路易·阿尔都塞:《黑格尔的幽灵——政治哲学论文集[I]》,唐正东等译,南京大学出版社2005年版,第233—234页。
③ 罗素:《西方哲学史(下卷)》,马元德译,商务印书馆1997年版,第276页。
④ 刘放桐等:《新编现代西方哲学》,人民出版社2001年版,第146页。

来说,并不是什么好事。一方面,因为黑格尔学说和德国、意大利极权主义说不清道不明的关系,另一方面,它进一步激化了盎格鲁—撒克逊传统对黑格尔哲学的反感,在20世纪中期,黑格尔哲学再次跌入冷宫。

4. 20世纪下半叶的复兴

正如卡西尔所言,"他(黑格尔——引者注)的逻辑学和形而上学体系首先被看作是他的体系的最坚固的堡垒,然而恰恰在这方面,他的体系易于受到最为猛烈、最为致命的攻击。在一阵短暂的攻击之后,这些攻击似乎已经奏效。然而,黑格尔主义不是在逻辑思想或形而上学领域,而是在政治思想领域获得了再生"①。20世纪下半叶以来,黑格尔哲学特别是黑格尔的实践哲学再度强势复兴,学者们从不同角度来解读黑格尔的法哲学。

有学者从承认问题来研究黑格尔法哲学,比如德国哲学家霍耐特从黑格尔《伦理学体系》《实在哲学》等早期著作入手阐发黑格尔的承认思想,归纳出爱、法律、团结等三种承认的模式。查尔斯·泰勒提出"承认的政治",阿佩尔(Karl-Otto Apel)、哈贝马斯提出的"商谈伦理学""交往理性"也多从承认角度入手,并在一定程度上吸收了黑格尔法哲学的理论资源,为解决现代社会的理论争端寻求出路。20世纪七八十年代以来,一大批被冠以社群主义称号的学者在批判新自由主义的同时,也纷纷从黑格尔法哲学那里吸取理论资源,发掘吸收黑格尔对原子个人的批判与伦理国家的思想。总体而言,在20世纪以来的黑格尔哲学复兴过程中,法哲学中几乎所有重要的主题,都得到了较为充分的研究;在此意义上,当代政治哲学所研究的诸如"承认""规范性""社群""主体间性""自由主义""古典政治""正义理论"等热门词汇中,也都可以看到黑格尔的影响。

5. 黑格尔对其他学说的批判

黑格尔之所以一直没有远去,也与黑格尔对其他政治、法哲学流派的批判有关。在黑格尔生活的19世纪,当代主要法学流派、政治哲学流派都已基本成型,黑格尔本人对几乎所有的政治哲学法哲学流派都做出过深刻批判。在法学理论中,他既批判了自然法,又批判历史法,还批判实证法;在政治学说上,他既批判保守主义,又批判自由主义,还批判大革命时期的政治激进主义。这也使得黑格尔成了人们在研究其他法学思想、政治思想时不可回避的重要人物。因此,我们需要深入了解黑格尔与他们之间的是非对错,这离不开深入到文本与对话之中,加深对黑格尔与他所批判的思想流派的理解。

---

① 恩斯特·卡西尔:《国家的神话》,华夏出版社1999年版,第302—303页。

二 意志与规范问题的研究现状

黑格尔法哲学一直具有重要影响,黑格尔法哲学也总是研究热点。而对黑格尔法哲学的研究,离不开对黑格尔法哲学基本概念的解读。在《法哲学原理》中,黑格尔一再强调,意志概念是法哲学研究的根本。"法的基地一般说来是精神的东西,它的确定的地位和出发点是意志。"①因此,研究黑格尔法哲学,必须转移到意志这一关键的研究,这样才能既全面理解法哲学思想的主要内容,又准确把握黑格尔法哲学的思想特征,进而理解其法哲学思想的历史地位变迁。

1. 意志问题研究现状

当前,意志问题在黑格尔法哲学研究中已经逐渐成为重要话题,很多研究者对法哲学中的意志概念做了深入研究,这些研究主要有以下几种类型:

第一,对法哲学意志三个层次逻辑关系的解读。

德国当代学者克劳斯·菲韦格(Klaus Vieweg)在《自由的思想:黑格尔的法哲学原理》②中从整个精神哲学的历程来研究意志概念,对意志概念的三个层次的逻辑关系予以解释性说明,让我们进一步了解意志概念的不同层次。彼得·夏伯(Peter Schaber)在《作为伦理的法权:黑格尔法哲学基本概念研究》③中也解读了意志概念的基本结构,区分意志层次和法哲学内容的对应关系。米歇尔·夸特(Michael Quante)在《精神的现实性:黑格尔研究》④中也专门论述黑格尔的意志概念层次对于整体理解黑格尔法哲学的重要作用。这些研究较好地呈现了黑格尔法哲学意志概念的本来内涵,特别是对逻辑关系的研究,有助于掌握意志概念的逻辑层次。

第二,对意志不同维度的区分。

罗伯特·B. 皮平(Robert B. Pippin)在《黑格尔的实践哲学》⑤中把意志区分为心理和社会两个维度,在心理维度揭示了意志与理性、心理等因素的关系,在社会维度引入了行为(Tat),强调行为背后的意志原因,并揭示了黑格尔法哲学的实践特征。艾伦·W. 伍德(Allen W. Wood)在《黑格尔的伦理

---

① 黑格尔:《法哲学原理》,范扬、张企泰译,商务印书馆2007年版,第10页。
② Klaus Vieweg, *Das Denken der Freiheit*, *Hegels Grundlinien der Philosophie des Rechts*, Wilhelm Fink Verlag, 2012.
③ Peter Schaber, *Recht als Sittlichkeit*, *Eine Untersuchung zu den Grundbegriffen der Hegelschen Rechtphilosophie*, Königshausen & Neumann, 1989.
④ Michael Quante, *Die Wirklichkeit des Geistes*, *Studien zu Hegel*, Suhrkamp, 2011.
⑤ Robert B. Pippin, *Hegel's Practical Philosophy*, Cambridge University Press, 2008.

思想》①中也把意志区分为不同维度,他把意志分为自然意志、犯罪意志、道德意志。对意志概念做出不同的区分,进一步突出了意志概念的实践特征,有助于在实践哲学方面进一步研究意志概念的实践内涵。

第三,对意志与人格权、所有权关系的研究。

很多学者关注到黑格尔的意志概念之于法权的重要地位,特别是意志在人格权、所有权方面的奠基作用,专门讨论意志对于法权的基础作用。如米歇尔·夸特还在《作为抽象权利原则的意志人格性》②中讨论了人格权和意志的关系。曼弗雷德·鲍姆(Manfred Baum)《黑格尔法哲学中的普遍意志和公共福利》③讨论了意志和所有权关系。当前,国内很多研究者也注意到了意志之于人格权、所有权的重要地位,如高兆明先生的《论私人所有权实现——黑格尔〈法哲学原理〉读书札记》④专门讨论作为意志定在的私有权。这些研究认识到意志概念对于法律具有重要意义,揭示了黑格尔法哲学在法权方面的深刻思想,对于推进黑格尔法哲学具体内容的研究具有重要作用。

第四,意志的规范内涵研究。

霍耐特(Axel Honneth)在《不确定性的痛苦》⑤中,讨论了意志从最初的无定形,通过进一步发展定型为国家制度,以建立社会规范,对意志和规范做了深入探讨。中国台湾学者钱永祥先生《从自然法到自由意志——黑格尔意志概念的背景与结构》⑥深入讨论了意志概念的近代理论背景。特别是在霍布斯自然法学说中,意志概念是自然法也是社会契约的基础,到黑格尔的法哲学中,成为了更具普遍性的法的基础。当代黑格尔研究者马勒茨(Donald J. Maletz)在《"意志"在黑格尔〈法权哲学〉中的含义》⑦中也是从《法哲学原理》的导论出发,逐一说明意志概念的不同环节发展过程及其对规范的意义。

---

① Allen W. Wood, *Hegel's Ethical Thought*, Cambridge University Press, 1990.
② Michael Quante, "'The Personality of the Will' as the Principle of Abstract Right: An Analysis of §§34 - 40 of Hegel's Philosophy of Right in Terms of the Logical Structure of the Concept", in *Hegel on Ethics and Politics*, ed. by Robert B. Pippin and Otfried Höffe, Cambridge University Press,2004.
③ Manfred Baum, "Common Welfare and Universal Will in Hegel's Philosophy of Right", in *Hegel on Ethics and Politics*, ed. by Robert B. Pippin and Otfried Höffe, Cambridge University Press,2004.
④ 高兆明:《论私人所有权实现——黑格尔〈法哲学原理〉读书札记》,《吉首大学学报》2007年第3期。
⑤ Axel Honneth, *Leiden an Unbestimmtheit*, Reclam, 2013.
⑥ 钱永祥:《从自然法到自由意志——黑格尔意志概念的背景与结构》,载《人文与社会科学辑刊》,1990年第1期。
⑦ 马勒茨:《"意志"在黑格尔〈法权哲学〉中的含义》,载《黑格尔与普世秩序》,邱立波编,华夏出版社,2009年版。

上述研究看到了意志和规范之间的深度对应,从意志的源头对黑格尔的规范问题做出解释,有的研究着重揭示意志的近代政治哲学背景,有些研究着重讨论黑格尔法哲学中意志概念本身包含不同等级的规范,定位准确,对本书启发最大。

2.黑格尔法哲学的规范问题研究

很长时间以来,黑格尔法哲学的规范问题一直是学界研究的热点与重点,学界常把黑格尔法哲学当作对启蒙的应对来研究,把黑格尔的法哲学当作关于启蒙时期社会规范的理论来对待,比如霍耐特的《自由的权利》称黑格尔法哲学整体就是"规范性重构"①理论。当前学界对黑格尔法哲学规范问题的研究,主要关注规范问题的两个维度:

一是政治规范维度。很多研究者都关注到黑格尔哲学如何建立现代政治规范,如何实现政治与道德的和解,如何建立了现代政治合法性。如赫费(Otfried Höffe)《法的正义性——法和国家的批判哲学之基础》②,查尔斯·泰勒(Charles Taylor)的《黑格尔》③、《黑格尔与现代国家》④等著作都讨论了黑格尔法哲学对于建构政治规范和政治秩序所做的工作。

二是精神价值规范维度。当前,研究者们关注到了黑格尔对启蒙的深度批判,关注到黑格尔重点批判的价值规范问题,关注到黑格尔法哲学包含的价值构建思想。比如,阿佩尔在《康德、黑格尔与当代规范的道德和权利基础问题》⑤中对当代规范的讨论,以及艾伦·W.伍德的《黑格尔的伦理思想》⑥、张汝伦先生的《黑格尔与启蒙》⑦等论著文章,在这些研究中,邓安庆先生的《启蒙伦理与现代社会的公序良俗》,把德国哲学看作是对价值秩序的应对,认为"黑格尔哲学自始至终都贯穿一个主题,就是对启蒙运动的道德意识进行批判,"⑧专门讨论了黑格尔法哲学与现代精神之间的关系,对笔者启发很大。讨论黑格尔哲学与当代规范之间的关系,必须把精神和价值问

---

① 霍耐特:《自由的权利》,王旭译,社会科学文献出版社2013年版,第21页。
② 赫费:《政治的正义性——法和国家的批判哲学之基础研究》,庞学铨、李张林译,上海译文出版社2005年版。
③ 查尔斯·泰勒:《黑格尔》,张国清、朱进东译,译林出版社2002年版。
④ 查尔斯·泰勒:《黑格尔与现代社会》,徐文瑞译,吉林出版集团2009年版。
⑤ Karl-Otto Apel, "Kant and the contemporary Question Concerning the Normative Foundations of Morality and Right", in *Hegel on Ethics and Politics*, ed. by Robert B. Pippin and Otfried Höffe, Cambridge University Press, 2004.
⑥ Allen W. Wood, *Hegel's Ethical Thought*, Cambridge University Press, 1990.
⑦ 张汝伦:《黑格尔与启蒙——纪念〈精神现象学〉发表二百周年》,《哲学研究》2007年第8期。
⑧ 邓安庆:《启蒙伦理与现代社会的公序良俗——德国古典哲学的道德事业之重审》,人民出版社2014年版,第333页。

题纳入视野,因为黑格尔的法哲学本身关注点就不仅仅在于政治哲学话题,它关注的是启蒙后的整个社会秩序与社会规范问题,不讨论精神与价值问题,只讨论法律与制度问题,注定是不完整的。

3. 研究现状的评价

从意志问题的研究来看,当前的研究取得了重要成就,这些研究厘清了意志概念的基本结构;在不同角度上深化了对意志概念的研究,说明意志概念本身的重要性;区分意志概念的不同维度,说明意志概念的丰富内涵和特别是实践内涵,总体上建立起了意志的实践维度;注意到了意志概念与《法哲学原理》主要内容的关联。

但是,这些研究也存在不足,它们较少明确从逻辑学角度来讨论法哲学,较少以意志的逻辑框架结构来说明法哲学,也较少关注到意志概念与现代社会的政治规范、社会规范、价值规范的递进关系。当前,在很多研究者看来,黑格尔的重点是政治哲学,逻辑学在某种意义上是过时的东西,如果现在还去专门研究逻辑学,有点"捡了芝麻,丢了西瓜",在他们看来,黑格尔作为哲人的伟大成就"不在思辨逻辑之中,而是在一个截然不同的领域中,也就是在他对现代西欧文化遭遇的社会和精神困境的反思中"①。而意志概念又过于"精细",如果仅仅研究意志概念,似乎并没有进入到政治哲学这个宏大主题。

事实上,万丈高台,起于垒土,意志概念并不仅仅是逻辑学或心理学问题,它对于政治哲学具有重要意义。罗伯特·B.皮平称之为逻辑代码(logic code),克劳斯·菲韦格也主张,"这种起源于范畴的概念的知识,需要进行合理的理解,忽略或低估实践哲学的这一逻辑维度,都会影响到黑格尔自由思想的核心"②。这些逻辑学路径的主张是有道理的,在逻辑学框架下仔细分析意志概念的不同环节,是可以引出黑格尔的宏大主题的,而这些宏大主题最终将集中指向当代规范问题。

而如果从意志的角度来评判当代规范问题,当前对黑格尔规范问题的研究,也存在不足。当前对黑格尔法哲学的规范秩序研究中,很少有研究者从意志概念出发来讨论规范问题,意志和规范之间存在脱节,社会规范很少得到意志的说明。其实,意志概念的不同环节可以看作是现代社会普遍规范的形成过程,意志的三个环节可以看作是启蒙前的价值规范、启蒙的价值规范与对启蒙的扬弃,它们反映了普遍规范的不同环节,这些环节与《法哲学原

---

① 伍德:《黑格尔的伦理思想》,黄涛译,知识产权出版社2016年版,第8页。
② Klaus Vieweg, *Das Denken der Freiheit*, *Hegels Grundlinien der Philosophie des Rechts*, Wilhelm Fink Verlag, 2012, p.57.

理》的三个主要部分还存在着对应关系，可以看作是黑格尔《法哲学原理》的主要目标。如果我们把黑格尔法哲学看作一个命题的话，就应该严格坚持从意志到规范的发展过程，这个过程既是意志发展的过程，也是规范形成的过程，规范问题需要通过意志概念予以说明，意志的发展要通向普遍规范，二者紧密联系一起。

黑格尔经常举这样的例子，一颗种子并不就是一棵大树，但是大树的潜能一定是包含在这颗种子之中的，我们当前研究黑格尔法哲学，研究其规范问题，也需要从"种子"出发，研究这颗"种子"是如何一步步长大发展的，亦即研究法哲学的整体是如何从《法哲学原理》的第4节、第5节、第6节、第7节关于意志的论述中展开出来的，不能只研究"种子"的逻辑内涵，也不能只研究"大树"的丰茂枝叶，而忽视它们的内在联系。因此，我们的黑格尔法哲学研究有必要从意志概念出发，从法哲学的起点和基础开始，逐渐展开法哲学的主要内容。

三　研究思路与全书框架

1. 基本思路

本书主要研究如何从意志概念中发展出普遍规范，从意志概念逻辑起点出发，以普遍规范的形成为终点，揭示意志的发展过程和普遍规范的形成过程，并说明普遍规范的内容与特点。本书将说明普遍规范与国家的关系，说明普遍规范的主要内容与时代意义。本书还对普遍规范学说遭受的质疑做出回应，说明黑格尔普遍规范学说的历史地位。

在目前的研究中，专门从黑格尔的意志概念来全面研究黑格尔法哲学的论著并不多。黑格尔一再强调法的基础是意志，法的内容就是意志的展开；而且，近代政治哲学也多通过意志来建立社会规范，而黑格尔通过对意志概念的改造，最终完成了这项工作。因此，本书将说明意志对自由的重要意义，说明黑格尔得以成功的理论"秘诀"。在此过程中，本书还将说明黑格尔在克服主观性过程中对意志概念做出的改造，说明其普遍—特殊—单一的逻辑结构的理论意义，说明黑格尔对亚里士多德古典传统的倚重，对风俗伦理的强调，以及黑格尔是如何赋予国家以价值维度，建立了现代意义的普遍规范的。

本书既站在黑格尔的时代立场上，指出黑格尔法哲学对现代自由理论的奠基意义；又面对当代社会问题，指出黑格尔法哲学对启蒙与现代性的反思与洞见以及对现代精神的深刻认识，说明黑格尔法哲学作为应对启蒙的一揽子方案所具有的意义。

2. 基本框架

本书的正文内容分为五章：

第一章讨论作为法哲学基础的意志概念。梳理意志概念的发展史，说明意志观念对于近代规范的主要作用。在此基础上介绍黑格尔的意志概念，说明意志概念的逻辑结构，以及黑格尔意志概念的独特贡献。

第二章讨论意志概念的发展与普遍规范的形成过程。黑格尔的法哲学严格遵循逻辑学的规定，因此，意志的发展过程、法哲学的发展过程、普遍规范的形成过程是高度一致的，要说明普遍规范的形成过程，就得从黑格尔意志概念的三个环节入手，展开法哲学的全部内容。最终说明普遍规范的形成过程，同时说明在法哲学发展过程中黑格尔对以单个意志为基础的政治学说及其抽象原则的批判。

第三章讨论普遍规范与国家之间的关系。在黑格尔那里，国家是普遍规范的实现。为此，本章将首先说明国家制度对于普遍规范的重要意义，说明何以国家哲学成了黑格尔法哲学的重心，在此基础上区分国家与市民社会的不同原则，介绍黑格尔国家学说的主要内容与国家的主要制度框架，并对黑格尔的国家制度做出评价与澄清。最后在总体上说明黑格尔国家的独特定位在于国家有机体和伦理共同体，说明这一定位对于普遍规范的重要意义。

第四章讨论普遍规范的主要内容与特点。黑格尔的普遍规范是有不同维度的，本章将逐一讨论普遍规范的政治维度、社会维度和精神维度，说明普遍规范的主要内容，并在此基础上讨论普遍规范的主要特点，说明黑格尔国家学说的逻辑依据与黑格尔对古典传统的倚重。

第五章讨论黑格尔普遍规范的历史地位。历史地位不是自封的，有比较、有质疑才能说明它的历史地位，任何事物都是如此，黑格尔的普遍规范也不例外。为此，我们既需要回应对黑格尔普遍规范的质疑，更需要通过与罗尔斯、哈贝马斯、社群主义者们等当代思想家寻求普遍规范问题之路径进行比较，在此基础上，我们才能对黑格尔做总体性的批判，指出其历史坐标以及对其他社会规范的超越。

3. 黑格尔法哲学的研究范围

黑格尔在《法哲学原理》前言中指出："我们在本书中谈到法的时候，不仅指人们通常对这一名词所了解的，即市民法，而且指道德、伦理和世界史而言；它们之所以同样属于法，是因为概念按照真理而把思想汇集起来的。"[①]德国学者理查德·克隆纳（Richard Kroner）也曾指出"《法理哲学》一书不单

---

① 黑格尔：《法哲学原理》，范扬、张企泰译，商务印书馆2007年版，第42页。

只包括所谓的法律哲学,而且更包括道德哲学,社会哲学与政治哲学,也包括自然律与人为法制之关系,最后还包括了历史哲学的问题"①。黑格尔为什么把这些问题都称为法哲学,因为黑格尔的法(德语,Recht)不是一般意义上的法律,而是规则与规范,所以法哲学研究的便是一般意义上的社会规范。

因此,黑格尔法哲学的研究范围远宽泛于当今人们讨论的法学问题,他的法哲学范围较广,包括我们今天所讨论的政治哲学、法理学、伦理学、历史哲学等多个学科。在此意义上,本书讨论、研究黑格尔法哲学也不局限于今天的法学学科范围,而是在黑格尔自己所划定的道德、伦理、政治、法学等范围内进行研究,这是正式开始本书之前作者要说明的内容。

---

① 理查德·克隆纳:《论康德与黑格尔》,关子尹译,联经出版事业公司2001年版,第249—250页。

第一章　作为法哲学基础的意志

任何哲学都是时代的产物,黑格尔哲学同样是他时代的产物,就黑格尔的时代来说,建立现代意义上的社会规范是时代的重要任务。在黑格尔之前,近代很多思想家已开始以意志为基础来建构规范,由于各种原因,他们的工作并未成功。黑格尔对意志概念做出改造,赋予意志不同的维度和环节,并以被改造后的意志为基础,建立了普遍的社会规范。这个规范不同于当时一般法学理论所理解的规范,为此,黑格尔还对同时期的法学家们进行了批判,最终他确立意志为法的基础,来展开其法哲学。

第一节　黑格尔的时代与任务

黑格尔的时代是一个启蒙的时代,也是一个追求自由的时代。任何哲学都是对其时代的反映,黑格尔自己说过"就个人来说,每个人都是他时代的产儿。哲学也是这样,它是被把握在思想中的它的时代。妄想一种哲学能够跳出他的时代,这与妄想个人可以跳出时代,跳出罗陀斯岛,是同样愚蠢的"①。黑格尔哲学同样如此,既反映了时代的特征,也要回应时代的任务。

一　自由的时代

1. 自由广泛传播

18 世纪末 19 世纪初,启蒙运动已经在欧洲大陆广泛展开,启蒙所主张的崇尚科学、推崇理性、强调人的地位等学说都已得到较广泛的传播;同时,英国光荣革命确立了君主立宪政体,美国独立并制定了世界上第一部人权宪法,法国革命轰轰烈烈地横扫了整个欧洲大陆,自由已经取得了巨大胜利,自由的观念深入人心。哈里·布劳德(Harry Brod)根据黑格尔《历史哲学》中

---

① 黑格尔:《法哲学原理》,范扬、张企泰译,商务印书馆 2007 年版,序言第 12 页。

的论述总结了黑格尔时代已经为人们所熟知的自由观念：

1. 一个存在着的权利准则。
2. 自由、财产、人格已被视为社会基本准则。
3. 国家官职对所有的公民开放，唯一的条件就是他的能力能够适应该官职。
4. 虽然政府在其顶点上依赖于官员群体和君主的个人决定，但是它真正的力量在于把理性吸收进其中。
5. 所有的人都可以凭其知识、经验和受制约的道德来参加政府。
6. 通过宗教性的道德心（就如新教中），宗教和法权达成了和解，宗教不再对国家抱有敌意。①

以上归纳很好地总结了黑格尔时代人们对自由的一般认识，包括公认的法律准则、私有财产受到保护、政府依靠理性而运转、宗教宽容等等。这是启蒙带来的巨大成果，也是黑格尔从事哲学思考的既定前提，黑格尔需要在社会一般观念的基础上，对这些观念进行总结和奠基，最终把时代成果牢固地确立在思想之中。

2. 追求自由的一生

黑格尔出生在一个虔诚的宗教家庭，从小就受到了较好的教育，还受到了启蒙和人文主义的熏陶，表现出对自由的追求。黑格尔在图宾根大学求学期间，法国大革命爆发，黑格尔和很多同学一样，他们聚集在一起讨论革命，追求自由，"众所周知，在图宾根神学院时期，黑格尔和他的青年伙伴都是当时自由主义运动的信徒"②。很多传记还记载了他种植自由树的轶事。黑格尔当家庭教师时，在他的政治著作中，非常鲜明地表达了对自由的向往和对贵族专制、独裁的厌恶，他还对自由制度安排进行考察。在给谢林的信中，他写道："理性和自由永远是我们的口号，无形的教会是把我们联系在一起的共同目标。"③伯尔尼时期，黑格尔在1798年的《关于瓦特邦伯尔尼城先前国法关系的密信》中，对伯尔尼统治下的瓦特邦贵族制度进行抨击，称赞瓦特居民为尚且残存的权利所做的斗争，"在争取自由的愿望上又促成了全体人心对其压迫者的刻骨仇恨"④。在同年的《市参议员必须由公民选举》一文中，黑格尔指责当局总是在搞欺骗，主张进行变革，"总有一天符腾堡民众会

---

① Harry Brod, *Hegel's Philosophy of Politics*, Westview Press, 1992, p.27.
② 哈贝马斯：《现代性的哲学话语》，曹卫东等译，译林出版社2008年版，第26页。
③ 黑格尔：《黑格尔通信百封》，苗力田译编，上海人民出版社1981年版，第38页。
④ 黑格尔：《黑格尔政治著作选》，薛华译，中国法制出版社2008年版，第1页。

摆脱他们在恐惧和希望间摇摆的状态,摆脱他们轮番期待、轮番在期待时受骗的景况"①。

耶拿期间,因耶拿会战的影响,黑格尔的写作手稿遭到破坏,个人生活也被打乱,就在这种情况下,黑格尔还是在《精神现象学》中称赞拿破仑是骑在马背上的世界精神,表现出对这位"世界精神的化身"的崇敬。在主编《班堡报》时期,他还因刊登政治文章导致报纸被查封,自己也只得辞职走人。② 在担任纽伦堡文科中学校长时,在办学与教学中他也努力贯彻新的自由思想。担任海德堡大学教授、柏林大学校长以后,黑格尔依然传播自己的自由思想,支持学生的自由运动,还利用自己的身份来帮助学生。每年的 7 月 14 日,他都要为庆贺攻占巴士底狱而干杯③;他所讲授的法哲学,多次受到普鲁士当局的关注和质问。

从以上的这些生平轶事来看,黑格尔并不像有人批评的那样是自由的敌人,相反,对自由的追求伴随他的一生。但是,如果就此把黑格尔说成是一位自由主义者,这也不符合黑格尔的思想。因为,彼时自由主义虽然已经逐渐成长为关于现代社会的主流学说,但是黑格尔始终与自由主义的诸多学说保持了距离,他甚至还对自由主义的很多原则做出了批判。

二 自由的否定

1. 普遍国家之缺失

历史上,德意志神圣罗马帝国有过短暂的统一,但从 13 世纪起德国长期处于分裂的状态,在黑格尔时代,这种四分五裂的状况丝毫没有得到改观,德意志全境内"包含有三百一十四个邦和一千四百七十五个庄园,总共有一千七百八十九个独立的拥有主权的政权"④。在《论德国法制》中,黑格尔简洁明了地说:"德国已不再是一个国家。""国家"似乎只是一个文化概念,"如果还要说德国是一个国家,……这主要不是由于还有一种持久的联盟,而倒应该说是由于尚有对过去联盟的回忆"⑤。在《符腾堡议会改革》一文中,黑格尔同样表达了渴望国家统一与强大的愿望。

德国的四分五裂阻碍了德国成为一个现代国家,国家成了私权的领域,国家的主权变成了贵族在自己领地内的私有产权,国家成了私利的战场;在

---

① 黑格尔:《黑格尔政治著作选》,薛华译,中国法制出版社 2008 年版,第 10 页。
② Franz Rosenzweig, *Hegel und Staat*, Suhrkamp Verlag, 2010.
③ 古留加:《黑格尔传》,刘半九等译,商务印书馆 1978 年版,第 108—109 页。
④ 科佩尔·S. 平森:《德国近现代史——它的历史和文化(上册)》,范德一译,商务印书馆 1987 年版,第 14 页。
⑤ 黑格尔:《黑格尔政治著作选》,薛华译,中国法制出版社 2008 年版,第 19 页。

外敌入侵时德国贵族内部的钩心斗角,也让黑格尔看到了德意志必须成为一个国家,把自身的力量组织起来,这样才能抵御外敌。现代国家要求的是整体性、统一性和公共性,而彼时的四分五裂的德国完全是现代国家的反动,这让黑格尔认识到,正是由于德国的长期分裂导致了普遍意义上的国家在这里迟迟未能建立,而没有普遍意义的国家,就没有个人真正的自由。

2. 自由的恐怖

法国大革命无疑是18世纪末19世纪初最具震撼力的大事,黑格尔毕其一生都非常关注法国大革命,当人民攻占巴士底狱、控制了国王、颁布了第一部宪法、规定"生而平等"时,黑格尔无不为之感到欢欣鼓舞,与同学一起交流信息、讨论革命一度成了最令他愉快的事。在黑格尔晚年的历史哲学讲演中,他仍然称法国革命为"一个光辉灿烂的黎明,一切有思想的存在,都分享到了这个新纪元的欢欣。一种性质崇高的情绪激动着当时的人心;一种精神的热忱震撼着整个世界,仿佛'神圣的东西'和'世界'的调和现在首次完成了"①。

但是,随着革命而来的是雅各宾派专政及经济、宗教、政治上的恐怖政策。在经济上,雅各宾派全面限制必需品价格,对军用品无偿征收,限制贸易;在宗教上,雅各宾派推出了"理性女神"这一新神,掀起声势浩大的反教会运动,摧毁教堂,处决主教;在政治上,雅各宾派甚至颁布《惩治嫌疑犯条例》,授权救国委员会将与政府为敌的人一律加以逮捕,他们掀起了多次恐怖大屠杀,其中许多不同政见者被处死。最终使得人人自危,人们对革命感到恐惧,而且革命还不断把自己和"自己的孩子"都送上了断头台,最终使得革命走向反面。为此,黑格尔感到非常震惊,并对大革命作出进一步思考,他认识到革命之所以会走向自身的否定,主观性的自由是重要原因,因此,在《精神现象学》中黑格尔称之为"绝对的自由和恐怖"。

3. 自由的放任

19世纪是世界范围内资本主义经济迅速发展的世纪,黑格尔认真研究了当时的经济状况。19世纪初,工业革命正由英国迅速扩展到欧洲大陆,机器大工业提高了劳动生产率,工业生产急剧增长,各国的商品输出进一步扩大,出现了很多新兴的工业中心。而同时期的德国,存在着大量的农奴,资本主义经济发展还比较缓慢,但资本主义经济发展所带来的贫困等社会问题在德国同样严重。马丁·基钦在《剑桥插图德国史》中描绘道:"据估计,约有20%至25%的人口生活在贫困线以下。新教徒们听到消息说,天主教的邦

---

① 黑格尔:《历史哲学》,王造时译,上海书店出版社2003年版,第441页。

中25%人口生活在赤贫状态,会情不自禁的摇头叹息。但被他们遗忘的一个事实是,在七年战争结束时,柏林有30%的人要靠领取救济过活。人数众多的乞讨大军,并不全部来自社会的最低阶层;那些背叛的贵族、失业的官员、破产的资产阶级人士,也会与来自社会底层的成千上万流浪汉一样,走向德意志的大街小巷乞讨过活。"①黑格尔当然意识到了这个问题,在《法哲学原理》中他还分析了这种状况,认为机器生产的发展,迫使大批手工业者和农民破产,沦为雇佣工人,沦为流民,沦为"贱民",因此贫困等社会问题也日益突出,成为一个较普遍的社会问题,普遍的贫困影响了自由的实现,黑格尔法哲学也需要对贫困问题作出回应。

4. 自由的空乏

德国近代小说家托马斯·曼曾经称德意志"永远是欧洲的精神战场"②,交战方有古典的希腊罗马传统和德意志(日耳曼)传统,文艺复兴与中世纪的精神,天主教与新教等等。当代德国史专家平森在描述德国战场上展开的一幕幕惊心动魄的战争之后进一步指出,"德意志从来没有和西方文化融为一体,强烈的反西方传统一直存在"③。

理性与启蒙的势力动摇了过去的信仰,它"摧毁传统、依恋、习惯,亦即人所参与的全部历史的倾向,确实证明了自己的暴虐"④。在此过程中,人们感到新教的信仰并没有给人带来更多的充实,反而觉得空乏,精神上无所寄托,自由并没有带来家园感。与此同时,德国启蒙运动除了法国的理性之外,还有另外两股思想趋势,那就是表现主义和道德自由,"这两股趋势,都是18世纪后期德国对于启蒙运动思想主流(尤其是法国启蒙运动)的反动,终而演变为我们所谓浪漫主义的重要来源"⑤。浪漫主义看到了启蒙的抽象理智之虚幻,浪漫派主张靠直接的信仰和对上帝的爱,寻求一种与善的直接的同一。这种反动也影响到了黑格尔,构成了黑格尔的问题意识,"在这个缺乏真理的世界中,年轻的黑格尔以及他在图宾根的朋友荷尔德林和谢林,渴望着能够重新拥有充盈"⑥。

---

① 马丁·基钦:《剑桥插图德国史》,赵辉、徐芳译,世界知识出版社2005年版,第127页。
② 科佩尔·S. 平森:《德国近现代史——它的历史和文化(上册)》,范德一译,商务印书馆1987年版,第17页。
③ 同上。
④ 吕迪格尔·萨弗兰斯基:《荣耀与丑闻:反思德国浪漫主义》,卫茂平译,上海人民出版社2014年版,第40页。
⑤ 查尔斯·泰勒:《黑格尔与现代社会》,徐文瑞译,吉林出版集团2009年版,第1页。
⑥ 路易·阿尔都塞:《黑格尔的幽灵——政治哲学论文集[I]》,唐正东等译,南京大学出版社2005年版,第34页。

三 对自由作出理论说明

黑格尔的时代是自由得到充分发展的时代，人们普遍具有了关于自由的一般观念，但是，自由的充分发展需要在理论上得到说明。这是黑格尔的时代给黑格尔哲学提出的首要任务。因此，黑格尔法哲学首先要对自由做出理论说明。所谓自由的理论说明，就得说清楚自由是什么，什么观念最体现自由，自由如何实现。

首先，要说明自由的本质特征。自由意味着出现了自我规定的主体，是自我规定还是受外在必然性支配成了区分是否自由的一个标准，"黑格尔把对自我规定的主体的现代肯定看做是一个必然阶段"[1]。法的目的是确立人的崇高地位，人要"成为一个人格，并尊敬他人为人格"[2]。在此意义上，正如阿兰·帕顿（Alan Patten）指出的，"黑格尔关注的是在现代社会，怎样使人格和主体得以确立，并且以牢固的精神来维持它们"[3]。这就需要为自由找到最为牢固的基础，这就转向了意志概念。

其次，意志自由能够充分体现自由。黑格尔认为意志就意味着自由，"自由是意志的根本规定，正如重量是物体的根本规定……自由的东西就是意志。意志而没有自由，只是一个空话；同时，自由只有作为意志，作为主体，才是现实的"[4]。因此，他想到了以意志来规定法哲学，因为，"自由意志被认为是'自主性'的一个根本依据。……我们希望成为自己的生活的设计者，能够对我们自己的生活进行自我管理和自我把握"[5]。意志本身意味着自由，通过意志的发展，实现了自由。意志自由是现代自由理论的集中表达，因此里特（Joachim Ritter）称赞黑格尔的法哲学"可以看作是个人作为自由的人的现存自由的哲学化的教条"[6]，现代人对自由的追求通过意志自由得到了表达。长期以来，个人自由并没有得到充分发展，甚至是受到压制的，而到了近代，自由日益受到重视，而人们要追求自由，就得先论述意志自由。黑格尔意志自由理论背后彰显的正是近代自由的发展。黑格尔把意志和自由看作是一回事，从这点来看，黑格尔是在争取自由并为自由建立基础。

---

[1] 查尔斯·泰勒：《黑格尔》，张国清译，译林出版社2002年版，第564页。
[2] 黑格尔：《法哲学原理》，范扬、张企泰译，商务印书馆2007年版，第46页。此处引文有改译。
[3] Alan Patten, *Hegel's Idea of Freedom*, New York: Oxford University Press, 2002, p.182.
[4] 黑格尔：《法哲学原理》，范扬、张企泰译，商务印书馆2007年版，第11—12页。
[5] 徐向东：《理解自由意志》，北京大学出版社2008年版，第14页。
[6] Joachim Ritter, "Person and Property in Hegel's Philosophy", in *Hegel on Ethics and Politics*, ed. by Robert B. Pippin and Otfried Höffe, Cambridge University Press, 2004.

最后,自由还要成为现实。黑格尔不但论述意志自由是逻辑必然的,而且还肯定了意志自由在生活中的巨大意义并给予了意志自由高度评价。但这是不够的,为自由呼喊不等于享受到了自由,对于黑格尔来说,自由要走出观念获得现实性,自由不能因绝对的恐怖、贫困等因素而受到妨碍,这就需要法哲学,需要通过国家来实现自由。因此,黑格尔《法哲学原理》花了一半以上的篇幅来讨论国家制度,说明国家制度是自由的实现和国家对于自由的意义,把国家学说作为法哲学的重心,这也是黑格尔追求自由的生动说明。

四 探索自由的现实路径

黑格尔的时代出现了种种自由的否定,这让黑格尔意识到自由不是观念,更是现实,观念的自由不能成为抽象自由,而且观念本身也须经过批判,成为现实的观念;同时,要对自由的背反现象做出有说服力的解释,能够说明自由缺失的根源;最后,自由需要有实现的途径。这是时代交给黑格尔哲学的另一理论任务。

黑格尔与近代政治哲学有共同的追求,那就是肯定意志自由,并且以自由意志为基础,建立现代规范。但是,黑格尔法哲学与其他政治学说又有不同,它既要为现代自由进行奠基,还要对已出现的自由进行理论总结,更要建立现实的、牢固的、真正的自由,这就需要在当时流行的自由学说基础之上,作出进一步探索。既要肯定自由的一般成果,还要思考自由的根本原则,更要进一步建立普遍意义的规范,以此巩固自由的成果,"自由意志可以以一种实际的方式存在下去。这样,自由不但成了希望或者梦想,也成了思想在实践中的实现"①。所以,普遍规范成了黑格尔法哲学理所当然的选择。

就现实来讲,现代自由发展也带来了悖论,它既表现在法国大革命的自由的恐怖,也表现在自由主义的抽象自由,还表现在经济、精神领域自由的背反,这就需要重新思考自由问题,尤其思考自由的根基,对当时的主流学说作出批判和扬弃。在黑格尔看来,启蒙以来,对自由的表达虽然成了社会的共识,但自由并未成为一项现实,社会生活的发展往往带来自由的悖论,自由并未实现,它依然停留在抽象阶段。在黑格尔之前的批判哲学那里,也没有解决这个问题,"康德的伦理思想在本质上仍然是私人性的"②。所以,黑格尔

---

① 马勒茨:《"意志"在黑格尔〈法权哲学〉中的含义》,载邱立波编《黑格尔与普世秩序》,华夏出版社 2009 年版。
② 希克斯:《黑格尔伦理思想中的个人主义、集团主义和普世主义》,载邱立波编《黑格尔与普世秩序》,华夏出版社 2009 年版。

需要探索解决这个问题,让自由成为具体的自由,而具体自由需要通过国家来实现,要让国家制度集中体现自由意志,以此落实自由意志,并建立具体而又普遍的社会规范,"只有当现代个体能创造出一种能够使真正的自由成为可能的社会秩序时,才能实现真正的自由"①。只有通过国家制度,才能实现真正普遍的规范,这样来说,法哲学的主题自然是以国家学说为中心,黑格尔自然会把法哲学看作"国家学纲要",因为,"对于黑格尔来说,当人的意志造成了一个得到完全发展的宪政国家时,它就变成了完全自由的意志"②。

黑格尔的普遍规范是通过意志来确立的,黑格尔赋予意志以规范意义是在整个近代政治哲学基础上进行的,他遵循近代政治哲学在意志基础上建立规范的思路发展了他的法哲学。鉴于此,本章第二节将讨论近代政治哲学是如何赋予意志以规范内容的;第三节则讨论黑格尔是如何论述规范并在此基础上建立规范,说明黑格尔的主要做法;第四节则介绍黑格尔与其他法学流派的交锋,说明意志何以成为法的基础以及黑格尔如此定位的深意。

第二节 意志概念的理论准备

黑格尔的任务需要通过建立意志和规范的关联来完成。哲学史上,对意志问题的研究由来已久,特别是从奥古斯丁开始,意志成了理解、讨论自由和决定论问题的一个关键性概念。人们常把"意志"与"自由"联用,表明前者的自由内涵以及与决定论之间的差别。近代以来,人们常把意志看作是建立社会规范的基础,人们按照意志订立契约、建立国家,意志的规范内涵逐渐凸显。

一 意志概念的一般规定

生活中,人们经常使用意志一词,但往往较少专门对意志概念本身做出定义。其实,严格来说,人们多是在以下两个语境中使用意志概念的。

一方面,人们把意志看作"知、情、意"中的一种,它与知识、情感相对应,侧重表达人的执行能力,如突出某人"意志坚定"。另一方面,意志则强调人的意愿、想实现某种事情的能力,是人的一种意欲,类似于欲望,表达"想""愿意"的意思。《牛津哲学词典》中对意志的解释是,"意志是欲求某物或让

---

① 伍德:《黑格尔的伦理思想》,黄涛译,知识产权出版社2016年版,第85页。
② 斯蒂芬·霍尔盖特:《黑格尔导论:自由、真理与历史》,丁三东译,商务印书馆2013年版,第333页。

目标实现出来。意志的力量或目标的坚定常被看作是好的,意志的无自制则被看成是弱点"①。意志在英语中是"will",作为名词是指"意志",而作为动词表达意愿。在德语中是"der Wille",表示个人的一种愿望和意愿,对应的德语的情态动词"wollen",表示愿意、意愿。本书讨论的意志主要也指意欲含义上的意志,表达人的意欲。

二 意志概念的自由内涵

在希腊哲学中,意志并不是一个重要概念,甚至在很多文献中并没有意志概念的地位,人们尚未区分出"意志"。希腊哲学经常讨论的是理念、理性、逻各斯,探讨的是形而上学,探讨存在之为存在,却极少讨论"意志"问题。对此策勒尔曾评论道:"希腊人由于他们那明白无误的唯理智论不那么看重意志,在他们的语言中,一个表达意志的词汇也没有。"②其实,希腊人不重视意志,也是因为在希腊伦理整体中,没有单个人的地位。直到罗马化时期,伊壁鸠鲁主义才从原子运动的偏移来讨论意志的自由,赋予了意志以自由之特征,这时自由逐渐得到人们的重视。但到了罗马帝国晚期,"古罗马人的社会政治背景和文化特质使他们的伦理观更倾向于对内心安宁的追求,在古罗马人那里,意志已被提到哲学层面上,它总是和人在宇宙中的地位、人的心灵的归依、人的精神境界等关涉在一起"③,这种意志理论又和自然法的普遍精神联系在一起,它和个人自由原则并不合拍。

意志问题首度的深入讨论是在基督教内部,奥古斯丁开始专门论述意志自由,他提出,"人不可能无自由意志而正当地生活,这是上帝之所以赐予它的充分理由。任何人若藉由自由意志犯罪便遭神圣惩罚,这一事实表明自由意志之赐予人,是为了让人能正当地生活,因为若它之赐予既是为了叫人正当生活,又叫人犯罪,这惩罚就是不公义的了"④。在奥古斯丁看来,意志自由是人与生俱来的,人必然具有意志自由,而非一切都是命定的;如果一切都是命定的,那么世间的罪恶根源就在上帝,而不是在人间,因此,奥古斯丁通过自由意志,说明罪恶之源在人类自己的自由意志。奥古斯丁接着说:"如果我们行事不靠意志,那就无所谓罪恶或善事了,而如果人类没有自由意志,奖惩就都会是不义的了。但是奖惩之中恰恰有正义,既然这是从上帝而来的

---

① Simon Blackburn, *Oxford Dictionary of Philosophy*,上海外语教育出版社2001年版,第399页。
② 策勒尔:《古希腊哲学史纲》,翁绍军译,上海人民出版社2007年版,第147页。
③ 周凡:《从传统西方哲学意志理论的演变看康德意志观的创新》,《兰州学刊》2003年第3期。
④ 奥古斯丁:《论自由意志》,成官泯译,上海人民出版社2010年版,第100页。

善。因此,上帝赐予人自由意志是正当的。"①奥古斯丁在赋予意志自由的同时也赋予了意志为恶的能力,亚当选择偷吃禁果,就代表了人类对尘世各种欲求的选择,由此远离上帝,意志自由从此带来了恶。世间的恶不是神创造的,而是人的意志自由的结果,恶产生于自由意志。"尽管奥古斯丁在这里主要探讨了自由意志与善行恶行之间的关系,并为上帝赐予人类自由意志的正当性进行了辩护,但他的见解实际上涉及偶然性与自由意志的关系。"②

在以后相当长的时间内,奥古斯丁对意志问题的论述影响了西方文化主流,人们总把意志与个人自由联系在一起,把意志看作是一种自我选择与决断的能力,看作是人的本质能力,离开意志、离开意志的自由,人将不能成其为一个人。同样,在西方文化传统中,正是因为有了意志自由,人才需要对自己的行为负责,没有自由意志的人不是一个完整的人,他将无法获得人的一般地位,当然,没有意志自由的人,也无须对自己行为负责。

三 意志概念的规范内涵

在近代哲学中,意志问题的重要性逐渐凸显,特别体现在近代政治哲学与近代自然法之中。霍布斯认为,国家建立在人们的意志基础上,通过人们意志的一致,才得以建立"利维坦"。在《利维坦》中,人们为了保障自己的安全,"只有一条道路——把大家所有的权力和力量付托给某一个人或一个能通过多数的意见把大家的意志化为一个意志的多人组成的集体"③。在这里,霍布斯的论述非常明确,契约国家就是把"大家的意志化为一个意志"。只有通过意志,才能达成契约,而此时的契约无所谓善恶,它只是大家共同意志的产物,国家也是共同意志的产物。"霍布斯坚决认为,主权必须存在于意志之中,这个意志必须是真实的,并且必须把它看成体现或代表社会意志的。"④

洛克也主张国家建立在契约基础上,虽然在主权者的权力范围、是否分权等问题上他与霍布斯并不一致,但他始终坚持只有通过契约,才能成立国家,而人们之所以成立政府,"只是出于各人为了更好地保护自己、他的自由和财产"⑤。可见,成立国家、订立契约都是人们意志的产物,是意志的结果,在很多研究者看来,洛克"他无法放弃下面这个主张:让某种东西具有法律

---

① 奥古斯丁:《论自由意志》,成官泯译,上海人民出版社2010年版,第100页。
② 俞吾金:《决定论与自由意志关系新探》,《复旦学报》2013年第2期。
③ 霍布斯:《利维坦》,黎思复、黎廷弼译,商务印书馆1997年版,第131页。
④ 鲍桑葵:《关于国家的哲学理论》,汪淑钧译,商务印书馆2006年版,第126页。
⑤ 洛克:《政府论(下卷)》,叶启芳、瞿菊农译,商务印书馆2005年版,第80页。

地位,一定都是某种意志的产物"①。只不过,"洛克引用了比较真实的政治经验,但在逻辑的严密性上远逊于霍布斯"②。

可见,在近代政治哲学创立之初,哲学家们都不约而同地想到把规范建立在意志基础上,"意志作为政治秩序的来源,是近代政治哲学的特色"③。意志的实践维度,为意志参与规范建构打开了方便之门,此后的政治哲学往往都难以离开意志来讨论政治秩序。只是,经验主义基础上的实践意志从属于激情,并无善恶之分,难以保证意志善的属性;而且其出发点是个人的意志,难免主观任意。总之,它既不是善的,也不是普遍的,国家学说如果仅仅建立在它的基础之上,似乎并不让人满意。

四 意志概念的理性内涵

把意志当作政治规范的起源,毫无疑问是近代哲学的一大特点,但它还不是近代哲学的全部。在近代欧陆哲学中,意志概念还有另一层含义,那就是意志与理性的关系。

在以笛卡尔为代表的欧陆哲学中,曾着重讨论意志的理性维度。近代大陆哲学把意志和理性联系在一起,而且理性优先于意志,笛卡尔就说"理智的认识永远必须先于意志的决定"④。斯宾诺莎不满足于笛卡尔的说法,进一步主张理性的优先地位,甚至取消意志的独立地位,主张"意志和理智是统一的"⑤,"意志是一个普遍性东西,它是一切观念所共有的"⑥,意志要服从于理性的必然性,意志本身具有理性的内涵,它不是单纯的激情和欲望。可见,欧陆哲学关于意志的讨论,主要考虑的是理性对意欲的优先性,要把意志提升到理性的层面,否则很难保证意志的普遍性。但是,欧陆哲学所强调的意志的理性功能并未受到特别的重视,近代哲学还是喜欢在实践意义上讨论意志,把意志作为实践的"推动力",哲学家们也多在行为、行动的角度论述意志的决定作用、规定作用。某种意义上,意志的理性因素常被忽视,比如较晚的叔本华哲学,强调意志就是生命的本能冲动,并不关心意志与理性的关系。但是,意志的理性维度并未被黑格尔所遗忘,甚至可以说,黑格尔重新拾起意志的理性维度,并在此基础上进一步规定意志的理性与实践。

---

① 伊安·夏皮罗:《政治的道德基础》,姚建华、宋国友译,上海三联书店2006年版,第14页。
② 鲍桑葵:《关于国家的哲学理论》,汪淑钧译,商务印书馆2006年版,第126页。
③ 钱永祥:《从自然法到自由意志——黑格尔意志概念的背景与结构》,载《人文与社会科学辑刊》1990年第1期。
④ 笛卡尔:《第一哲学深思集》,庞景仁译,商务印书馆1998年版,第63页。
⑤ 斯宾诺莎:《伦理学》,贺麟译,商务印书馆1997年版,第89页。
⑥ 同上书,第93页。

五　对意志普遍性的进一步探索

在意志的善与普遍问题上，近代思想家们不断探索。有哲学家着重规定意志的善的属性，如卢梭；有哲学家着重规定意志的普遍属性，如康德、费希特。他们的工作卓有成效，但并未最终完成。

卢梭提出"一切行动的本原在于一个自由的存在有其意志，除此以外，就再也找不到其他的解释了。……总之，凡是真正的意志便不能不具有自由"①。在此，卢梭的意志自由实际上是为订立社会契约做准备的，"我们每个人都以其自身及其全部的力量共同置于公意的最高指导之下"②，以此来订立社会契约，在这个过程中，"共同体就以这同一行为获得了它的统一性、它的公共的大我、它的生命和它的意志"③。卢梭虽继续以意志为规范的基础，但是已经开始意识到，个人的意志不能成为国家的基础，因此他区分了"公意"和"众意"，"公意只着眼于公共的利益，而众意则着眼于私人的利益，众意只是个别意志的总和"④。公意是所有人的意志共同的善的部分，"它是整个社会'本身'的意志，或者说，它是所有个人的意志，'只要'他们都谋求共同利益"⑤。公意不可分，是一个整体；众意是一部分人的意志，一部分人的意志不能成为规范的基础。

康德也讨论了法权的基础，认为法权在于意志，康德提出"法则来自意志，准则来自任性"⑥。法则和准则是有区别的，准则是各自行为的规则，法则才是真正普遍的规则，而不是经验性的、个别性的，所以康德主张的普遍的法权法则是"如此外在地行动，使你的任性的自由应用能够与任何人根据一个普遍法则的自由共存"⑦。不仅如此，康德还再进一步论述了意志的普遍性，认为意志就是对经验的剥离，达到形式的完全的自由。在康德看来，纯经验的法权是没有大脑的头颅，"一种纯然经验性的法权是一颗可能很美、只可惜没有脑子的头颅"⑧。法权必须是普遍的，不是经验的。在康德看来，经验的东西无法成为普遍的，因为经验的东西具有或然性，对外界世界也具有依赖性。因此意志必须排除经验性的质料性的东西，否则意志就成了他律。

---

① 卢梭：《爱弥儿（下卷）》，李平沤译，商务印书馆2004年版，第401页。
② 卢梭：《社会契约论》，何兆武译，商务印书馆2001年版，第24页。
③ 同上书，第25页。
④ 同上书，第39页。
⑤ 鲍桑葵：《关于国家的哲学理论》，汪淑钧译，商务印书馆2006年版，第128页。
⑥ 康德：《康德著作全集（第六卷）》，李秋零主编，中国人民大学出版社2007年版，第233页。
⑦ 同上书，第239页。
⑧ 同上书，第238页。

费希特也在这个角度上讨论法权的基础问题。费希特认为,国家法是个人意志和共同意志统一起来的产物。为此他把国家公民契约分成三个部分,第一个部分是"公民财产契约",它规定个人自由的界限,"表现为狭义的民法"①,在其中个人得享充分的自由而不受干涉。第二个部分是"保护性契约",在保护性契约中,重在强调国家对个人财产的保护。第三个部分是"结合契约",结合契约中的人们不是任意选择的,"个人成为一个有机整体的一部分,与这个整体融合在一起"②。可见,在费希特这里,同样要限制个人任性选择的意志,而把实体性关系引入其中,让作为规范基础的意志不能仅仅是个人任性的结果。

六 意志概念的小结

意志概念作为重要哲学概念,为黑格尔作了充分的理论准备。意志本身既具有自由内涵,最能体现自由,也是自由的集中说明;同时,意志具有实践规范的内涵,近代实践哲学多以意志为基础来建构秩序,国家是意志的产物;此外,在近代欧陆哲学中,意志还具有理性内涵,意志体现了人的理性能力;在稍晚的实践哲学中,比如康德哲学中,哲学家们还进一步认识到,意志的实践内涵要与理性能力联系在一起,以此实现意志的普遍性。可以说,这些观点深化了对意志概念内涵的认识,具有重要意义,它们构成了黑格尔的理论前提,为黑格尔的理论创造打下了坚实的基础。接下来,黑格尔只需顺应时代,对这些概念作出进一步综合,便能实现真正的理论创造,完成他的哲学使命。

第三节 黑格尔的主要工作

近代政治哲学开始以意志为基础来建构政治规范,但是这一任务并未完成。黑格尔开始对意志概念做出改造,以此来实现普遍规范。那么黑格尔意志概念的具体内涵是什么,基本结构如何,层次如何区分,其独特性何在,这是本节要回答的问题。实际上,黑格尔意志概念内涵丰富,既有不同环节,又有不同维度,只有全面理解意志概念的内涵,才能全面理解黑格尔法哲学的独特内容。

---

① 费希特:《自然法权基础》,谢地坤译,商务印书馆2006年版,第198页。
② 同上书,第206页。

一 黑格尔的理论任务

黑格尔的任务在于把意志作为规范的基础，通过意志来建立社会规范，同时赋予意志以普遍性和理性，使之能够成为普遍的社会规范。黑格尔通过对近代政治规范的讨论，基本实现了以意志为规范的基础。在以意志作为法的基础这个方面，黑格尔明显受到了近代政治哲学的影响，黑格尔在《法哲学》中多次称赞卢梭以及后来的费希特正确地把"公意"作为国家的基础，是近代了不起的进步。因此可以说，就"意志"的理论来说，黑格尔是吸收了之前思想家的成果，而又对它们进行了进一步的综合与改造。

就此而论，后一项任务——即建立更加普遍的社会规范对于黑格尔来说更为艰难，也更为重要。黑格尔肯定了卢梭、费希特的功绩，认为二者共同把法的基础放在意志之上，具有重要意义。同时，黑格尔还需要进一步发展意志的普遍性，这样普遍规范才能够实现。黑格尔同样批判意志的主观任性。同样，对于意志这个概念的定义也是如此。在德语中，意志（der Wille）表示个人的一种愿望和意愿，它表达的是主体"wollen"，是和主体联系在一起的，是一种自主性。与它近似的词是"die Willkür"，但是 Willkür 表达的是任性、独裁。这种任性独裁的意志不是真理性的意志，其实是没有自主性的，由此，黑格尔明确区分了"der Wille"和"die Willkür"，意志虽然也表示意愿性的东西，但它不是一种任意与随便。

当然，不能仅仅通过单词来分析意志的内涵，要进一步认识意志概念，还得深入到近代哲学之中。黑格尔的意志概念受到近代哲学的巨大影响。黑格尔提出只有不依赖于外物，不受任何外在因素影响，意志才是自由的。这明显受到了康德的影响。康德的道德形而上学原理就是要驱除道德中经验的成分，使道德能够成为普遍的，那里自由就是自律；要通过道德律来说明自由这一事实，自由要通过理性事实来证明，自由意志"不是任何经验性的事实，而是纯粹理性的唯一事实，纯粹理性借此而宣布自己是原始地立法的"①。只不过在黑格尔看来，康德的证明是无效的，虽然康德追求的是普遍性，但它是一种无内容的形式，因而失之空洞。在黑格尔看来，有法则存在的地方就有秩序存在，秩序是自由的体现，无条件的自律在落实中可能会成为有条件的，自律无法摆脱相互关系，社会共同行动才能促进自律。黑格尔进而认为"只有在这种时候，就是当意志并不欲望任何另外的、外在的、陌生的东西（因为当它这样欲望时，它是依赖的），而只欲望它自己的时候——欲望

---

① 康德：《实践理性批判》，邓晓芒译，杨祖陶校，人民出版社2007年版，第41页。

那'意志'的时候,'意志'才是自由的。绝对的'意志'就是欲望成为自由的意志。自己欲望自己的意志,乃是一切'权利和义务'的基础"①。

二 意志的理论与实践维度

在黑格尔看来,意志和思维不是人的两种官能,"思维和意志的区别无非就是理论态度和实践态度的区别。它们不是两种官能,意志不过是特殊的思维方式,即把自己转变为定在的那种思维,作为达到定在的冲动的那种思维"②。意志并不是一种与思维相异的独特的官能,而是一种能把自己转变成定在的特殊的思维方式。

意志与思维的区别仅仅在于实践态度和理论态度的区别。体现理论态度的思维是指在观念中扬弃对象中与主体对立的内容,将对象的感性的东西除去,使之普遍化。而体现实践态度的意志则以思维为起点,它规定自己,从自我自身开始设定差别。意志对主体自身设定的规定和差别首先是一种内在的东西,最初在思维中出现,理论的东西包含于实践的东西之中,意志包含着思维。同样,思维也必须以意志为基础和前提。因为"人不可能没有意志而进行理论的活动或思维,因为在思维时他就在活动"③。因此,意志与思维并不是分离的,自由意志是思维的自身统一性。

意志离不开思维,"思维是自己本身成为意志的决定者,而且前者始终是后者的实体;以至于没有思维任何意志都是不可能的"④。黑格尔的意志是思维自身的统一性,意志与思维不可分离,因此,可以讲,当黑格尔主张法的基础是意志时,实际上他包含着另一层含义——法的基础是理性。黑格尔对其他法学流派的批判也是因为在理性的问题上不能同意这些法学流派。

三 意志概念发展的三个环节

有学者认为:"《法哲学原理》的第 5 至 7 节包含了黑格尔对意志概念结构的解释。"⑤在《法哲学原理》的第 5 节、第 6 节、第 7 节,黑格尔概要论述了意志的三个环节,(甲)纯无规定性或自我在自身中的纯反思的要素。(乙)同时,自我就是过渡,即从无差别的无规定性过渡到区分、规定和设定一个规定性作为一种内容和对象。(丙)意志是这两个环节的统一,是经过在自身

---

① 黑格尔:《历史哲学》,王造时译,上海书店出版社 2003 年版,第 437 页。
② 黑格尔:《法哲学原理》,范扬、张企泰译,商务印书馆 2007 年版,第 12 页。
③ 同上书,第 13 页。
④ 黑格尔:《精神哲学》,杨祖陶译,人民出版社 2006 年版,第 296—297 页。
⑤ Michael Quante, *Die Wirklichkeit des Geistes*, *Studien zu Hegel*, Suhrkamp, 2011, p.168.

中反思而返回到普遍性的特殊性——即单一性。①

第一个环节是普遍性(Allgemeinheit, Universal)环节,也是抽象的普遍环节,"(甲)纯无规定性或自我在自身中的纯反思的要素。在这种反思中,所有出于本性、需要、欲望和冲动而直接形成的限制,或者不论通过什么方式而成为现成的和被规定的内容都消除了。这就是绝对抽象或普遍的那无界限的无限性"②。在第一个环节中,意志是自在的、直接的,它具有一种否定的、知性意义上的自由;在黑格尔看来,法国革命的抽象自由也属于这个环节,是一种摆脱一切希求普遍的思维。这种普遍是一般人都会具有的能力,"'每一个人'都会在自己的自我意识里面找到这种'从任何一个他可能是的事务当中抽离出来'的能力,同样也会找到一种对某种特定内容'做出决断'的能力"③。此时的自我是空洞没有内容的,"作为一个具有纯粹的自我意识但从另外的方面来说又很空洞的自我,它本身就成了一个新的、纯粹的片面性,也就是说,成了完全有限的无"④。

第二个环节是特殊性(Besondeheit, Particular)环节,它"通过把它自身设定为一个特定的东西,自我进入到一般的定在。这就是自我有限性或特殊化的绝对环节"⑤。第二个环节中意志是自为的,同时也是无规定的也就是无限的,但这种无限只是一种可能性,还不是现实的;这个环节的代表是康德和费希特哲学。如果说第一个环节的"我"是"完全有限的无",它必然趋向真正的无限性,第二个环节的特殊性便被看作是真正的无限,"这些反思不仅驱赶着思想离开现存世界、置身于某种批判性的距离之外,还驱赶着思想在现存世界的所有事物与纯粹反思性的自我之间进行一种独断的、无条件的划分"⑥。

第三个环节是单一性(Einzelnheit, Individual)环节,在单一性环节中,"它设定自己作为它本身否定的东西,即作为被规定的、被限制的东西;它留在自己那里,即留在与自己的统一性和普遍性中"⑦。意志把自在、自为统一到自身,自在自为的意志也就是主观客观的统一。"它一方面是某种特殊而有限的东西,另一方面保留着思维着的、从世界当中抽离出来的自我的'与

---

① 黑格尔:《法哲学原理》,范扬、张企泰译,商务印书馆2007年版,第13、16、17页。
② 同上书,第13—14页。
③ 马勒茨:《"意志"在黑格尔〈法权哲学〉中的含义》,载邱立波编《黑格尔与普世秩序》,华夏出版社2009年版。
④ 同上。
⑤ 黑格尔:《法哲学原理》,范扬、张企泰译,商务印书馆2007年版,第16页。
⑥ 马勒茨:《"意志"在黑格尔〈法权哲学〉中的含义》,载邱立波编《黑格尔与普世秩序》,华夏出版社2009年版。
⑦ 黑格尔:《法哲学原理》,范扬、张企泰译,商务印书馆2007年版,第17页。

自己的同一性和普遍性'。"①

意志的第一个环节(Allgemeinheit,简称 A)、第二个环节(Besondeheit,简称 B)与第三个环节(Einzelnheit,简称 E)不是对立的,而是一个整体。A 意味着抽象普遍,B 意味着特殊性与主观性,A 和 B 都处于抽象阶段。E 实现了真正的主观性和客观性的统一,实现了真正的普遍性。因此,也可以看作是抽象实现了普遍。"'普遍性'(Allgemeinheit)、'特殊性'(Besonderheit)和'单一性'(Einzelheit)是三个方法逻辑和这些纯概念的内在规定,借助于它们,黑格尔完成了正式内容的阐释和所有范畴的产生。"② A 对应抽象法,是抽象意义上的普遍人格。B 对应主体性,是特殊主体内在的回复。E 代表客观性和主观性的统一,是为伦理。在这发展中,意志扬弃了自身的直接性,再回复到自身,达到普遍性。法哲学内容就是按照意志发展的这三个环节展开的,分别对应抽象法、道德和伦理三个阶段,在此意义上,A—B—E 分别代表了《法哲学原理》的三部分主体内容,即抽象法—道德—伦理。但需要指出的是,A、B、E 三个阶段在每个部分都有体现,在伦理中也包含抽象阶段,在抽象法中也会包含着单一性,A—B—E 既代表了《法哲学原理》的逻辑结构,每个部分的内容也按照 A—B—E 的模式展开。

四 意志的几组概念辨析

1. 单一意志和普遍意志

在黑格尔的法哲学里,意志具有单一性(Einzelnheit)和普遍性(Allgemeinheit)、特殊性(Besondeheit)的形式。特殊性是主观性环节,一般分歧不大,但由于翻译原因,需要对普遍性和单一性作出说明。

在德语中,Einzelnheit 可以对应中文的"单一"和"单个"等不同含义。就第一个含义来讲,是指:理念都是按照普遍性、特殊性、单一性(Einzelnheit)的顺序发展的,比如法哲学第七节"意志是这两个环节的统一,是经过在自身中反思而返回到普遍性的特殊性——即单一性(§7, Der Wille ist die Einheit dieser beiden Momente;——die in sich reflektierte und dadurch zur *Allgemeinheit* zurückgeführte *Besonderheit——Einzelnheit*)"③。第二个含义是指:单个是特殊的、个人的,普遍是指"意志是普遍的,因为在其中一切限制和特殊

---

① 马勒茨:《"意志"在黑格尔〈法权哲学〉中的含义》,载《黑格尔与普世秩序》,邱立波编,华夏出版社 2009 年版。
② Michael Quante, *Die Wirklichkeit des Geistes*, *Studien zu Hegel*, Suhrkamp,2011, p.163.
③ Hegel, *Grundlinien der Philosophie des Rechts*, Felix Meiner Verlag GmbH,Hamburg,1999,p. 32. 黑格尔:《法哲学原理》,范扬、张企泰译,商务印书馆 2007 年版,第 17 页。

单个性都被扬弃了(§24, Er ist *allgemein*, weil in ihn alle Beschränkung und besondere *Einzelheit* aufgehoben ist)"①,因此,笔者在使用"单一性"时指的是单一性作为普遍性和特殊性的同一;而在使用"单个性"时指的是个人的、特殊性。

在德语中,Allgemeinheit 字面意思就是普遍,但在黑格尔法哲学中它有不同含义,它既是抽象的普遍,也是真正的普遍。在《法哲学原理》的第 4 节,Allgemeinheit 指的是抽象的普遍,是抽象权利,同时也是没有具体内容的普遍,这是其"抽象普遍"之义。而就黑格尔法哲学主旨来讲,黑格尔所追求的普遍不是一种吞噬了特殊的、抽象的普遍,"'普遍性'(Allgemeinheit)这个词使表象首先见到抽象的和外在的普遍性。但这里它所规定自己的是自在自为地存在着的普遍性,这种普遍性既不可看作共同性(Gemeinschaftlichkeit)或全体性(Allheit)等反思的普遍性,也不可看做站在单一物之外而与之相对立的普遍性,即抽象的理智的同一性"②,它是一个全体,包含了特殊性的环节在自身内。因此,在本书中,笔者也将根据不同情境来使用"Allgemeinheit",或称之为抽象普遍,或直接称普遍,意指真正的普遍性。

黑格尔的意志有单一意志和普遍意志,这并不意味着有两个意志,意志根本上来说是普遍的,"意志是自由的这一命题以及意志自由的性质只有在与整体的联系中才能演绎出来"③,意志也必须到普遍性中才能实现。在近代,卢梭提出了"公意"和"众意",认为国家是公意的实现,但是在黑格尔看来卢梭的"公意"(法语 volonté générale, general will)还不是普遍意志(universal will),它不能实现普遍性,只是个别意志的代名词。

2. 直接的意志与反思的意志

直接的意志是欲望,是单纯的欲望与激情;反思的意志是意志超越了欲望的直接表达,而进入思想的反思。因而,在黑格尔那里,反思的意志才是真正的意志。J. 希布利(J. Sibree)在翻译《历史哲学》时也特地说明"'意志的自由'这一辞语,照黑格尔的使用法,具有一种内延的意义,必须同通常所谓'意志的放任'区别清楚。后者不过只是一种易受外在的动机所影响的性质,而前者是'意志'的绝对的力量,使它能够对抗一切分散的或分化的力量的个性"④。"反思的意志则含有两个要素:上述感性的东西和思维的普遍

---

① Hegel, *Grundlinien der Philosophie des Rechts*, Felix Meiner Verlag GmbH, Hamburg, 1999, p. 42. 黑格尔:《法哲学原理》,范扬、张企泰译,商务印书馆 2007 年版,第 32 页。
② 同上书,第 33 页。
③ 同上书,第 11 页。
④ 黑格尔:《历史哲学》,王造时译,上海书店出版社 2003 年版,第 451 页。

性"①,只有"反思的意志"才是真实的意志,"意志只有作为能思维的理智才是真实的、自由的意志"②。

就意志的纯无规定性来说,它没有指向任何具体的对象,带来的是抽象的自由与放任;意志的区分是指意志要过渡到具体的事物,"我不光希求而已,而且希求某事物"③,意志在具体中获得定在。就意志返回自身而言,它是反思的意志,这样的意志才是自由的,也就是从自在(an sich)到了自为(für sich)的自由。黑格尔意志概念既超越了单纯欲望,"一方面,意志明显的不同于欲望在于它对自己提议并靠自身的力量去完成;另一方面,意志就像亚里士多德所说的德性,既不是处于本性也不反对本性,因为黑格尔的'人的本性'根本上是征服和塑造外在本性的"④。

3. 主观意志与客观意志

"subjektiv(主观)"在黑格尔法哲学中有不同含义,从坏的方面讲,主观几乎成为任性的同义词,表明自己的空虚没内容。从好的方面说是自主性,有自主的反思精神。在德语里"主观性的"和"主体性的"是一个词,都是subjektiv,黑格尔自己也说过该词有不同含义。考虑到学界通常以主体性来表达人的主体地位,主观性侧重表达任性与偏好,所以本书以后的行文中,以"主体性"表达主体地位,"主观性"表达任性的含义。因此,一般说来"der subjektive Wille"就有以上两种意思。而像译文"意志的活动在于扬弃主观性和客观性之间的矛盾而使它的目的由主观性变为客观性,并且即使在客观性中同时仍留守在自己那里"⑤这句的翻译侧重是与"客观性"相对应,本身比较中性,其实仅仅指的是一致的个别性,个别性本身是没有褒贬的,因此译为"主体""主观"都可以。

客观意志也有不同含义,可以表示一种现实性,国家作为普遍意志,也是客观意志,以客观对抗主观任性。有时侧重表达受到外在制约的、没有自主性的意志。在《小逻辑》中,黑格尔讲到客观性包含不同意思:既指外在事物的意义;也指普遍性和必然性;还包括事物自身、真理之意,即所谓"客观思想"。主观意志需要发展自己,获得规定,成为客观的意志。主观意志成为客观意志也就是单个意志成为普遍意志。

---

① 黑格尔:《法哲学原理》,范扬、张企泰译,商务印书馆2007年版,第30页。
② 同上书,第31页。
③ 同上书,第17页。
④ Alfredo Ferrarin, *Hegel and Aristotle*, Cambridge University Press, 2004, p.328.
⑤ 黑格尔:《法哲学原理》,范扬、张企泰译,商务印书馆2007年版,第36页。

五 完整理解意志概念

黑格尔意志概念内涵丰富，不同角度会带来不同理解，不同维度具有不同内容和特征。这也决定了作为意志概念展开的黑格尔法哲学，其内容展开之后会与其他法哲学具有重要区别。因此讨论黑格尔法哲学，就需要完整把握理解黑格尔的意志概念。

首先是对理性和实践维度的不同理解。在黑格尔看来，理性和实践是一回事，意志既是理性，也是实践。其实，近代法哲学对意志的讨论重在政治实践，重在强调主体自由，但是往往忽视了意志的普遍理性，普遍理性是黑格尔法哲学区别于同时期很多思想家的重要特征，因为在黑格尔看来，别的学说多是抽象主观的，并不具备真正的普遍理性，只有具备普遍性，并在此基础上，引入实践维度，才能形成普遍的社会规范。有了理性之后，意志不再是单纯的冲动和欲望。与此形成对比的是，在叔本华那里，"意志作为真正的自在之物，实际上是一种原始的独立的东西，所以在自我意识中必然也有一种原始性，独断独行之感伴随着这里固已被决定的那些意志活动"[①]。其意志就是不可抑制的生命冲动，毫无疑问，这样的意志是不能建立社会规范的。而黑格尔以意志作为法的基础，这就为建立普遍规范打下了基础，因为如果没有理性，必将无法建立普遍规范。

其次是对意志发展环节的不同理解。意志的抽象环节（A）侧重强调法权，强调外在规范；意志的特殊环节（B）侧重强调主体，强调自我决断；而意志的单一环节（E）则侧重强调主客观的统一，强调外在内在的统一，强调外在规范的普遍性。这三个环节存在着有机的关系，如果割裂它们之间的有机关系，而只抓住只言片语、专注某一个环节，往往不能完整理解黑格尔。当前，从不同维度出发，可能得出不同的观点结论，有人读出激进，有人读出保守；有人读出财产保护，有人读出相互承认；有人读出自由，有人读出反对自由。其实，这些都是可以从意志的不同维度推导出来的结论。要充分理解黑格尔法哲学所蕴涵的政治理论，需要从意志出发，了解意志的多维度，了解不同维度的侧重点，这样才能对黑格尔法哲学做出全面评价。

最后，不可把单个意志原则上升为普遍原则。黑格尔主张的作为规范基础的意志不单是单个人的，而是一种普遍的意志，在自由的否定背后，其实是单个意志的放任。单个意志仅从特殊性原则出发，从人的欲望等主观的东西出发，必然不能实现普遍性。黑格尔说："特殊性本身是没有节制的，没有尺

[①] 叔本华：《作为意志和表象的世界》，石冲白译，商务印书馆1997年版，第398页。

度的,而这种无节制所采取的诸形式本身也是没有尺度的。人通过表象和反思而扩张他的情欲——这些情欲并不是一个封闭的圈子,像动物的本能那样,——并把情欲导入恶的无限。但是,另一方面,匮乏和贫困也是没有尺度的。这种混乱只有通过有权控制它的国家才能达到调和。"①他的解决方法就是既从意志入手,又要扬弃单个意志,建立普遍意志,因为"个体自由的实现在于单个意志的普遍化"②。

六 黑格尔的贡献与"秘诀"

1. 自由的学说

自由意志是黑格尔建立自由理论的出发点,是理论的根基,自由意志充分显示了黑格尔法哲学的自由属性,而黑格尔法哲学是对他时代自由的最好诠释。

黑格尔法哲学以意志为基础,最大的贡献就在于牢固地确立了自由,为现代自由做了理论奠基,意志基础上才有真正的自由,对于黑格尔来说,意志不可被强迫,意志必然是自由的。"自由意志是启蒙思想的一个进步,它在社会与道德世界中扮演了核心角色。"③只有意志基础上的学说,才是真正的自由的学说,以意志为基础,才能牢固地建立自由。王凤才说:"黑格尔从与康德、费希特一致的前提出发:在现代启蒙条件下,所有法律的或道德的规定性,只有被表达为'个体自主'(individuelle Autonomie)或'个体自决'(individuelle Selbstbestimmung)时才是合法的。这样,黑格尔就像康德、费希特一样相信:每个规范的社会正义理论,原则上都必须植根于所有个体自由意志中。"④对此,马尔库塞总结道:"法的整个领域,个体的权利,家庭、社会和国家的权利,都产生于并顺从于个体的自由意志。"⑤在这一点上,黑格尔的法哲学显著地体现了近代政治哲学对个体自由的追求。

但是,黑格尔法哲学并未止步于个体自由,而是既探索更高水平的自由,又着眼于自由的规范秩序,这也是黑格尔法哲学的主要贡献。意志自由作为近代哲学重要成果,必须要转化到社会规范中去,成为社会规范的基础,"权利或法律可以在最广泛的意义上理解为包括意志在一个现实世界中的全部

---

① 黑格尔:《法哲学原理》,范扬、张企泰译,商务印书馆2007年版,第200页。
② Harry Brod, *Hegel's Philosophy of Politics*, Westview Press, 1992, p. 35.
③ Timothy C. Luther, *Hegel's Critique Of Modernity*, Lexington Books, 2009, pp. 91-92.
④ 王凤才:《黑格尔法哲学:作为规范的正义理论——霍耐特对黑格尔法哲学的诠释与重构》,《复旦学报》2009年第6期。
⑤ 马尔库塞:《理性与革命:黑格尔与社会理论的兴起》,程志民等译,上海人民出版社2007年版,第164页。

表现"①。在这方面,近代政治哲学做了很多工作,黑格尔同样把规范基础建立在意志之上,要把自由意志转变成社会规范的基础。这其中就要使意志成为法的基础,"自由意志可以以一种实际的方式存在下去。这样,自由不但成了希望或者梦想,也成了思想在实践中的实现"②。所以,黑格尔的法哲学从其出发点就显示出了根本特征,它以意志为基础,实际上是肯定了近代自由的基本内容,在此基础上,它通过意志来建立规范,把意志自由转化到法哲学的社会规范之中,使得自由能够真正实现。

2. 黑格尔的"秘诀"

近代政治哲学的大多数思想家都是从意志出发来建立规范的,为什么很多思想家没有成功,黑格尔却能够建立一种普遍的规范?其"秘诀"就在于黑格尔意志概念的独特性。黑格尔的意志概念具有不同的维度和环节,它不是单一维度的意志,具有丰富内容。只有具有丰富全面的内容,才能够肩负建立普遍规范的任务。

黑格尔法哲学的意志概念,既包括实践与理性,也包括抽象(A)、特殊(B)、单一(E)三个环节,这样,黑格尔的意志概念本身就具有了丰富内涵,既可以承载外在规范,又可以体现主体自由,还可以实现二者的统一,这是近代其他哲学家规定意志概念时所不具备的。对此,参照黑格尔在《小逻辑》中对三个环节的说明,"概念本身包含下面三个环节:一、普遍性,这是指它在它的规定性里和它自身有自由的等同性。二、特殊性,亦即规定性,在特殊性中,普遍性纯粹不变地继续和它自身相等同。三、单一性(原译为个体性——引者),这是指普遍与特殊两种规定性返回到自身内"③。可以得知,意志概念是按照 A—B—E 的逻辑发展的,是具有环节和内容的,意志本身具有体系性,可以兼容不同的特征使之成为一个环节,这是黑格尔赋予意志概念的独特之处。近代很多政治学说虽然以意志概念为规范的基础,但是这些意志概念不具备环节和内容,最终无法实现普遍规范。黑格尔的殊胜之处就在于他认识到意志概念的不同环节,以不同环节对应规范的不同特征,并把它们最终融为一体,吸收在体系之中。因此,在这个意义上,要理解黑格尔的法哲学,离不开黑格尔的逻辑学,从逻辑学来讨论法哲学,是正当的,也是准确的。

---

① 鲍桑葵:《关于国家的哲学理论》,汪淑钧译,商务印书馆 2006 年版,第 251 页。
② 马勒茨:《"意志"在黑格尔〈法权哲学〉中的含义》,载邱立波编《黑格尔与普世秩序》,华夏出版社 2009 年版。
③ 黑格尔:《小逻辑》,贺麟译,商务印书馆 2007 年版,第 331 页。

第四节　法的基础是意志

黑格尔要以意志为规范的基础,而在黑格尔时代,最普遍、最全面也是最基本的社会规范便是法。"在黑格尔的用法里,这个字除了指法律之外,还有权利、道德规范以及社会政治制度等内涵。"①因此,回答法的基础是什么,便是回答了一般社会规范的基础。而讨论法的基础是什么,这个话题又是近代法哲学的重要话题,在黑格尔时代,已有很多法学流派对"法的基础是什么"这一问题做了回答,因此黑格尔对这个问题的回答过程,必然伴随着对同时代其他法学流派的批判与回应。当然,黑格尔关于意志作为法的基础的回答,承接着整个近代政治哲学对意志问题的理解,也是近代自然法学派以意志为基础来建立现代规范的继续。

一　黑格尔对历史法的批判

1. 德国的历史法学派

历史法学派兴起于19世纪的德国,它的开创者胡果与黑格尔是同时代人,黑格尔很多批评也是直接针对胡果的,另外该学派主要代表人物萨维尼的学术活跃年代和黑格尔也有交叉。历史法学派在德国影响很大,"在法学方面,较早的自然法思想在德意志本来就影响不大,如今完全被卡尔·冯·萨维尼的新历史比较学派排除了"②。

在法的基础这一问题上,历史法学派主张法的基础是民族精神、民族习惯。萨维尼提出,"在我们首先发现成文史的地方,民法(das bürgerliche Recht)已具有一种确定的特性,即民族的特点,犹如民族的语言、风俗、典章(Verfassung)……把它们连成一个整体的东西,是民族的共同信念"③。这些风俗、语言等等才是法的基础,而"法如同语言一样,存活于民族(Volk)的意识之中"④。历史法学派认为法律如同一个民族所特有的语言、生活方式,它是长期延续下来的,法律没有中断的时候。

另外,历史法学派崇尚习惯法,反对匆忙立法,反对编纂法典,认为法律

---

① 钱永祥:《从自然法到自由意志——黑格尔意志概念的背景与结构》,《人文与社会科学辑刊》1990年第1期。
② 科佩尔·S.平森:《德国近现代史——它的历史和文化(上册)》,范德一译,商务印书馆1987年版,第81页。
③ 萨维尼:《历史法学派的基本思想》,沃尔夫编,郑永流译,法律出版社2009年版,第5页。
④ 同上书,第6页。

就在民族生活之中,主张"法律应该被发现,而不是被创造出来",应该等到民族精神发展成熟时再进行法典编纂,"如果在一个这种艺术尚未完臻的时代,编制一部法典,下列的缺陷就是不可避免。司法表面上由法典来控制,但实际上是由其他位于法典之外的东西决定的……(法典——引者注)偏离了真正的法的渊源,以至于作为不明确和未受关注的既存"[1]。历史法学派反对编纂法典是他们重视习俗、轻视所谓理性立法之思路的必然结果。简而言之,历史法学派主张法的基础是民族习惯,同时他们反对匆忙制定法典。

2. 黑格尔对历史法学派的肯定

其实,黑格尔和历史法学派还是有很多共同之处的,黑格尔也强调法的历史性和民族性,主张法具有历史性和民族性的特征,认为法在其内容上由于一国人民的特殊民族性而取得了实定因素,黑格尔还援引孟德斯鸠的观点"整个立法和它的各种特别规定不应孤立地、抽象地来看,而应把它们看作一个整体中依赖的环节,这个环节是与构成一个民族和一个时代特性的其他一切特点相联系的"[2],以此来说明法所具有的民族性这一特点。同时,黑格尔指出每一个民族的国家制度总是取决于该民族的自我意识的性质和形成,国家必须在它的制度中体现历史性。黑格尔还强调国家制度之民族制约性和历史制约性,以此表达对民族性、历史性的重视,但是,与其说这是黑格尔重视法的历史因素,还不如说是黑格尔在批判近代自然法的抽象理智,批判它们割断国家制度和历史的关系,随意重新创造制度。因此说,同路不等于同道,在"法的基础是什么"这一问题上,黑格尔和历史法学派还是存在着根本区别的。

3. 黑格尔对历史法学派的批判

黑格尔反对历史法学派把法的根基仅仅建立在民族传统上,而没有理性的基础。

首先,黑格尔不同意历史法学派在"一个民族是否可以制定法典"的问题上的看法。萨维尼等历史法学派强调必须等到民族精神完全成熟时方能制定法典,黑格尔则强调法学家应当应时代需要制定法典。黑格尔认为,要求用不完备的法典或反对制定法典都是对法的误解,指出"所谓私法的完整性只是永久不断地对完整性的接近"[3]。历史法学派认为法典不可能完备而反对制定法典,是一个借口,就像借口"一棵高大的古树不因为它长出了越来越多的枝叶而就成为一棵新树;如果因为可能长出新的枝叶,于是就根本

---

[1] 萨维尼:《历史法学派的基本思想》,沃尔夫编,郑永流译,法律出版社 2009 年版,第 14 页。
[2] 黑格尔:《法哲学原理》,范扬、张企泰译,商务印书馆 2007 年版,第 5 页。
[3] 同上书,第 225 页。

不愿意种树,岂不愚蠢"①。历史法学派所主张的在民族精神尚未成熟时该民族就没有能力制定法典是在"否认一个文明民族和它的法学界具有编纂法典的能力,这是对这一民族和它的法学界莫大的侮辱,因为这里的问题并不是要建立一个其内容是崭新的法律体系,而是认识即思维地理解现行法律内容的被规定了的普遍性"②。概而言之,黑格尔认为,运用理性编纂法典是完全必要且可能的,而且这也是认识普遍性的过程。

其次,也是更为根本的,这一差别背后反映了他们关于法的基础之问题的分歧,与历史法学派认为的法典不过是现行全部习惯的表达的观点不同的是,黑格尔认为,习惯法远没有达到事物的本质。虽然法典应当反映当下的习惯、风尚,但这里所谓的习惯、风尚必须是通过理智、理性来认识、把握的习惯和风尚,而不是单纯的、具有偶然性的习惯和风尚。黑格尔甚至认为,在法典中罗列习惯和风尚,正是造成立法混乱的根本原因所在,所以黑格尔一再主张法是概念的展开,是意志的体现。对于历史法学派开创人胡果一再举罗马法的例子来证明"法律难以满足理性",黑格尔针锋相对地指出理性才是罗马法的最大特征,"罗马法曾对理性的最高要求给以满足……没有哪一类著作家确像罗马法学家那样根据原则,进行推理,首尾一贯,堪与数学家媲美的,并且在阐明概念方面具有颇为显著的特点,可与近代形而上学的创始人相提并论的"③。

黑格尔认为不应该孤立地看待法,"基于历史上原因的发展不得与处于概念的发展相混淆,而且历史的说明和论证也不得被扩展而成为具有自在自为地有效的那种论证的意义"④。在历史法学派主张的历史事实背后,其实隐含的是理念与理性,理性与理念才是历史背后最真实的存在,真正本质的东西是事物的概念,而历史法学派对概念视而不见,历史法学派声称重视历史,其实是以"完全相对的东西代替绝对的东西,外在的现象代替事物的本质。如果是历史的论证而把产自外部的和产自概念的混为一谈,那会无意中作出同本意相反的事"⑤。在此意义上,可以说,黑格尔之所以能够超越历史法学派,就在于他能从孤立的、单纯的历史事实背后看到理性,看到风俗本身还需要理性的提炼才能成为规范。

---

① 黑格尔:《法哲学原理》,范扬、张企泰译,商务印书馆2007年版,第226页。
② 同上书,第220页。
③ 同上书,第9页。
④ 同上书,第5页。
⑤ 同上书,第6页。

二 黑格尔对实证法的批判

1. 实证法学派

实证法①的思想源远流长。作为一个法学流派，实证法兴起于18世纪末的英国，边沁、奥斯丁被看作是古典实证法的代表人物，其中奥斯丁的奠基作用更大。奥斯丁认为法理学应该成为一门独立、纯粹的科学，该门科学只研究义务、制裁、责任等法律命题的运行与结构。为此，法与道德应该划清界限，要断绝传统意义上法学与伦理学的混同，法只来自于主权者命令，它不必关心道德问题。

在以奥斯丁为代表的古典实证法学派中，有两个著名的命题，一个是后人总结出来的"恶法亦法"。这个命题与自然法针锋相对，自然法一直主张自然法高于成文法，相反，实证法认为作为命令的法不考虑道德规则，强调法的实定性、权威性，要求法与道德分离。另一个命题是"法律命令说"，它主张法的基础是主权者命令，强调法律是主权者制定的、以制裁为后盾的命令。奥斯丁提出："准确意义上的法（laws），具有命令（commands）的性质。如果没有命令的性质，无论何种类型的法，自然不是我们所说的准确意义上的法。"②奥斯丁认为既定的法都是由主权者设立的，体现了主权者的命令，作为体现主权者权威的法律命令必须得到遵守而不容怀疑，"一个命令，区别于其他种类要求的特征，不在于表达要求的方式，而在于命令一方在自己要求没有被服从的情况下，可以对另一方施加不利的后果或者痛苦"③。

奥斯丁与黑格尔生活年代有交集，且学术活跃期有重合，在黑格尔的《法哲学原理》中，黑格尔多次提及实证法学派，或给予肯定或做出批判。为了进一步了解黑格尔法哲学，我们有必要考察黑格尔法哲学与实证法学派的关系。

2. 对实证法的肯定

在《法哲学原理》中，黑格尔并未像当时的自然法学派的学者们那样，采取一种与实证法学派势不两立的态度，而是肯定"法首先以实定法的形式而达到定在"④。

---

① 实证法的英文为 positive law，在当前主流法学著作中多翻译为"实证法"，而就"positive"本意来讲，强调的是实证、权威、实定。故本书在作为一个法学流派指称时，多用"实证法"；在强调其既定、权威特征时，多用"实定法"。
② 奥斯丁：《法理学的范围》，刘星译，中国法制出版社2002年版，第2页。
③ 同上书，第18页。
④ 黑格尔：《法哲学原理》，范扬、张企泰译，商务印书馆2007年版，第222页。

黑格尔指出,"法的东西要成为法律,不仅首先必须获得它的普遍性的形式,而且必须获得它的规定性"①。因为"通过这种规定性,法就成为一般的实定法"②。否则法将无法获得规定性。在这里,黑格尔强调的是法的规定性,所谓规定性,指的乃是思想突破了纯粹主观性,不再是单纯的主观思维,而是具有具体内容的,这种内容本身便是规定性。在这一点上,黑格尔还站在实证法的立场批评了习惯法,认为习惯法本身是模糊的,具有不确定性,"习惯法所不同于法律的仅仅在于,它们是主观地和偶然地被知道的,因而它们本身是比较不确定的,思想的普遍性也比较模糊"③。而"真正的法典是从思维上来把握并表达法的各种原则的普遍性和它们的规定性的"④。对此,不难发现,黑格尔说法的实定性强调的便是法的确定性,法应该是明确的、可被思维把握的。

在强调法的明确性问题上,黑格尔与实证法是有相同之处的。实证法学主张以既定法为研究对象,法须有明确性,奥斯丁在《法理学的范围》开篇就提出,要区分隐喻意义的法和人制定的法。隐喻意义的法,具有非常糟糕的名声,而人制定的法才是明确的、真正的法。奥斯丁说,"在我这里,界定法理学范围的目的,是区别实际存在的由人制定的法,和各类具有类似的外表,而被联系在一起的其他社会现象。前者,是法理学的真正对象"⑤。当然,黑格尔和奥斯丁强调的侧重点并不一致,黑格尔的重点是法的概念性把握,实证法强调的只是研究确定的法,二者共同的主张是法律需有明确性和既定性。

3. 黑格尔对实证法的批判

黑格尔与实证法的相似之处并不能阻止他对实证法的批判。黑格尔一再强调,法是需要思维的,法必须通过思维而被知道,而且法必须自身就是一个理性的体系。实证法是没有理性的,实证法学家们"对法律也完全按照它们存在的那样去学而知之","只是死抱住现存的东西"⑥,完全是以头痛医头脚痛医脚的方式来仅仅处理法律适用中的问题。在黑格尔看来,作为实证法的法律条文"既然按照当时情况都有其意义和适当性,从而只具有一般历史的价值,所以它们是实定的,因此之故,它们又是暂性时的"⑦,就如《威尼斯

---

① 黑格尔:《法哲学原理》,范扬、张企泰译,商务印书馆2007年版,第218页。
② 同上。
③ 同上书,第219页。
④ 同上。
⑤ 奥斯丁:《法理学的范围》,刘星译,中国法制出版社2002年版,第17页。
⑥ 黑格尔:《法哲学原理》,范扬、张企泰译,商务印书馆2007年版,序言第14页。
⑦ 同上书,第7页。

商人》中的夏洛克,如果死守罗马法的教条去杀死债务人无疑是荒谬的。黑格尔看到法本身应该是理性的,具有联贯性,而且这种理性不是实证法那种形式逻辑意义上的理智规则,而应该是更高的理性——即普遍的理性。他说:"莱布尼茨所推崇的联贯性,确是法学的本质上特点,像数学和其他一切理智性的科学一样。但是这种理智的联贯性,同满足理性要求的哲学科学毫不相干。不仅如此,罗马法学家和裁判官的不联贯性应被看作他们的最大德行之一,因为他们曾用这种办法避免了不公正的苛酷的制度"[1],这就是要超出实证法的抽象理智,要体现更大的公道和理性。

黑格尔批评实证法还在于它在适用范围上是受限制的,实证法只能适用于市民社会的所有权和契约等行为范围,道德方面不能适用实证法。黑格尔认为纯粹实证法乃偶然任意,其偶然任意表现在它进入了一个非概念的量的领域时,比如"对于犯了某一种罪的人,应该杖四十还是四十减一,应否课罚金五元或四元二角三分等等,应否处有期徒刑一年或三百六十四天等等又或一年零一天、二天或三天,究竟怎样才算公正,这就无法做出合理的规定,也无从使用渊源于概念的规定性来决定"[2]。在关于部门法的论述中,黑格尔同样坚持普遍的理性,指出实定法只是理智,不能展开概念,"刑罚理论是现代实定法学研究得最失败的各种论题之一,因为在这一理论中,理智是不够的,问题的本质有赖于概念"[3]。而概念的获得必须要主体的参与,需要主体进行赋予,这也说明了,作为外在权威的实定法,本身需要经过主观性的环节,才有可能成为规范。

三 黑格尔对自然法的批判

1. 自然法的流变

自然法作为一种法学思想,在历史上由来已久,一般认为自然法兴起于古罗马的斯多葛派;中世纪时期,阿奎那在基督教立场上创建了系统的自然法理论;近代以来,格老秀斯、霍布斯、洛克等又开创了近代自然法。自然法主张法是普遍的理性的、自然法高于成文法,"自然法的经典教条包括:第一,它是普遍的和永恒的;第二,它是一个'更高'的法;第三,它是通过理性来发现的"[4]。其实,自然法学派在历史上曾经有过巨大的转型,古代自然法与近代自然法还是有很大区别的。黑格尔对自然法进行论述时也是明确区

---

[1] 黑格尔:《法哲学原理》,范扬、张企泰译,商务印书馆2007年版,第10页。
[2] 同上书,第223页。
[3] 同上书,第101页。
[4] J. W. Harris, *Legel Philosophies*, Butterworth & Co(Publishers)Ltd,1980, p.7.

分古代自然法和近代自然法理论的,因此本书也将区分古代自然法和近代自然法进行讨论。

古代自然法认为法的基础是普遍的法则,这个法则是一切理性生物共同具有的,也是最高的标准。查士丁尼在《法学总论》中说,"自然法是自然界教给一切动物的法律。因为这些法律不是人类所特有的,而是一切动物所具有的,不问是天空、地上或海里的动物"①。罗马著名的自然法学家西塞罗也这样说过,"真正的法律乃是正确的规则,它与自然相吻合,适用于所有的人,是稳定的、恒久的……它不可能在罗马一种法律,在雅典另一种法律,现在一种法律,将来另一种法律,一种永恒的、不变的法律将适用于所有的民族,适用于各个时代;将会有一个对所有的人共同的,如同教师和统帅的神:他是这一法律的创造者、裁判者、倡导者"。②所有的理性者都有自然法,"凡被自然赋予理性者,自然赋予他们的必定是正确的理性,因此也便赋予他们法律,因为法律是允许禁止的正确理性。如果自然赋予人们法律,那也便赋予人们法。因为自然赋予所有的人理性,因此也便赋予所有的人法"。③

自然法的发展在近代出现了一个转折,思想家们的出发点不再像以前那样认为整个社会制度都潜存在一个整齐划一的自然法之中,也不再认为自然法是统摄世间万物的客观规则。"相反,近代思想家的出发点是经验性本性,是借助于抽象,从被视为根本的心理驱动力量中发现的,伦理体系和自然法体系则是以某种唯理主义的方法从这里演绎出来。"④近代以来的自然法开始突出个人因素,开始强调个人的理性与意志。比如霍布斯在讨论自然法时就从人的欲望、激情出发,"著作家们一般称为自然权利的,就是每一个人按照自己所愿意的方式运用自己的力量保全自己的天性的——也就是保全自己的生命——自由"⑤,洛克提出"自然状态有一种为人人所应遵守的自然法对它起着支配作用,而理性,也就是自然法,教导着有意遵从理性的全人类"⑥,个人的理性、个人成了近代自然法的出发点。

因此,对于古代和近代自然法来说,法的基础是不同的,古代自然法的基础是自然的理性,是具有普遍性的;近代自然法虽然也讲法的基础是理性,但更多强调个人的理性。

---

① 查士丁尼:《法学总论》,张企泰译,商务印书馆1997年版,第6页。
② 西塞罗:《论共和国论法律》,王焕生译,中国政法大学出版社1997年版,第120页。
③ 同上书,第196页。
④ 海因里希·罗门:《自然法的观念史和哲学》,姚中秋译,上海三联书店2007年版,第71页。
⑤ 霍布斯:《利维坦》,黎思复等译,商务印书馆1997年版,第97页。
⑥ 洛克:《政府论(下篇)》,叶启芳、瞿菊农译,商务印书馆2005年版,第4页。

2. 黑格尔对古代自然法的批判

黑格尔对古代自然法总体持肯定的态度。在《法哲学原理》中，黑格尔多次援引安悌果尼的论述，指出"法律是永恒的，这就是说，法律是自在自为地存在的，它们是从事物本性中产生出来的规定"①。这一主张与古代自然法所主张的存在超越的、普遍的法，实定法、成文法应该服从于最高的法具有一致性。但是，黑格尔对古代自然法的支持是有保留的。在《精神现象学》中，黑格尔讨论了斯多葛派。他肯定了斯多葛派、古代自然法追求普遍性的功绩，认为斯多葛主义的自由并未执著于个别意识，而是具有普遍性的自由，"这种自由是直接从奴隶意识超脱出来的，已经返回到思想的纯粹普遍性，并且作为世界精神的普遍形式"②。但是，令黑格尔不满的是，斯多葛派不能给出一条通往普遍性的道路，黑格尔评价说："斯多葛主义对于……什么是真的和善的这个问题，它也只能以没有内容的思想本身作为回答说，真和善是包含在合理性中的。但是思想的这种自身同一又只是一个纯粹的形式，里面什么确定的东西也没有。因此斯多葛主义所宣扬的一些普遍名词：真与善，智慧与道德，一般讲来，无疑是很高超的，但是由于它们事实上不能够达到任何广阔的内容，它们不久也就开始令人感到厌倦了。"③因此，斯多葛主义或古代自然法虽然追求普遍真理，但这普遍的真理、善只是一个名词，它没有任何规定性，人们不知道如何达到或者接近它，它就是一个无法实现的普遍。

3. 黑格尔对近代自然法的批判

近代自然法学说影响广泛，就像有学者评价的"自然法学说曾经支配了在此以前整个时期的近代政治思潮"④。但是近代的自然法已经和古代自然法不可同日而语了，特别是在自然法的理论基础上，就如列奥·施特劳斯指出的那样，近代以来"自然法"成为了"自然权利"，而在"自然"这个词贬值之后，所谓的"自然权利"就变成了"人的权利"⑤。

因此，黑格尔对近代自然法的批判就包含了对自然权利的批判。黑格尔认为近代对自然权利的研究分为经验的研究方法和形式的研究方法两种，前者以霍布斯和洛克为代表，后者以康德、费希特为代表。⑥ 在黑格尔看来，经

---

① 黑格尔：《法哲学原理》，范扬、张企泰译，商务印书馆 2007 年版，第 165 页。
② 黑格尔：《精神现象学（上卷）》，贺麟、王玖兴译，商务印书馆 1997 年版，第 134 页。
③ 同上书，第 135 页。
④ 萨拜因：《政治学说史（下）》，商务印书馆 1986 年版，第 696 页。
⑤ 列奥·施特劳斯：《自然权利与历史》，甘阳译，生活·读书·新知三联书店 2003 年版。
⑥ Hegel, "On the Scientific Way of Treating Natural Law", in *Hegel's Politic Writings*, ed. by Laurence Dickey and H. B. Nisbet, 中国政法大学出版社 2003 年版。

验论的研究方法不能论证权利的"必然性"和"普遍性",而康德、费希特的形式自然权利提出的则只是一个形式的原则,自然权利没有得到具体的、理性的规定。由于没有任何规定,仅仅出于人的本能,自然权利就可能发生堕落,甚至可以沦落到为暴行、不法进行辩护。黑格尔在《精神哲学》就指出了这一点,"自然权利就是强者存在和暴力有理,而自然状态即是暴行和不法的状态,关于这种状态除去说必须从它走出来以外,就没有比这更真实的话可说了。相反地,社会其实倒是那个只有在那里法才有现实性的状态;必须加以限制和牺牲的正是自然状态的任意和暴行"①。

四 黑格尔对自然法的改造

1. 黑格尔的自然法立场

黑格尔对同时代的各个法学流派都展开了批判,他的批判其实可以总结为:古代自然法空有形式普遍性但不能实现普遍性,近代自然法是从单个人出发的一种抽象理智;历史法学派只看到历史看不到历史背后的理性,不能对风俗进行理性的转化;实定法作为外在权威如果不经过主观性环节,仍然充满了主观任意,同样不能成为规范。在此,我们也可以理解黑格尔《法哲学原理》所说的,"自然法或哲学上的法同实定法是有区别的,如果曲解这种区别,以为两者是相互对立、彼此矛盾的,那是一个莫大的误解。其实,自然法和实定法的关系正同于《法学阶梯》跟《学说汇纂》的关系"②,说它们之间根本上是一样的,就是指它们根本上都是主观和任意的。如果要给黑格尔和以上法哲学流派划个阵营的话,那么,黑格尔无疑还是和自然法学派走得更近。虽然他对自然法理论作了很多批评,但目的在于建立理性的自然法,黑格尔本人也认为他自己的法哲学是"自然法讲义",《法哲学原理》又被称为"自然法和国家学纲要",这不仅是因为在当时自然法是个时髦的称呼,根本原因在于黑格尔与自然法立场的一致性。

2. 黑格尔对自然法的改造

总体上,自然法的发展代表了近代的主流思想,黑格尔也秉持自然法立场,他正是在自然法基础上来建立现代规范的。但是,黑格尔对自然法并不是毫无保留地予以接受,而是有一定的批判。"当黑格尔在考虑法之理性的时候,虽然用的仍是'自然法'一词,但他的问题已与传统自然法大异旨趣:经过霍布斯到康德的发展,他的焦点必须从自然法转进到理性法,再从理性

---

① 黑格尔:《精神哲学》,杨祖陶译,人民出版社2006年版,第322—323页。
② 黑格尔:《法哲学原理》,范扬、张企泰译,商务印书馆2007版,第5页。

法转进到理性主体的立法条件。"①

黑格尔在对自然法批判与改造的过程中吸收了同时期历史法学派、实证法学派的合理之处。自然法学派优势在于强调规范的主观性、普遍理性;历史法学派特长在于说明规范背后的民族精神与民族传统;实证法特长在于强调规范必须明确既定,离不开权威。黑格尔看到,这些流派都有正确合理之处,但它们都不是真理的全部,因此得借助后两者对自然法进行改造。在黑格尔看来,自然法学派是近代法也是现代规范发展的正宗,只不过近代自然法由于其主观性,有很多问题难以克服,黑格尔于是提出了对自然法的批判与改造方案,这个改造方案便是克服近代自然法的主观性,为自然法引入内容与权威。自然法的内容由习俗来提供,这一点上黑格尔与历史法学派有相似之处;自然法的权威性方面,黑格尔则要求法的既定与明确,反对法的任意与抽象,这方面与实证法学派类似。

黑格尔虽然批判自然法,但是他始终明确把自己的法哲学定位于"自然法",如有学者所言,"众所周知,政治科学的本质在于,自然法和国家学之间没有差别"②。把自己的法哲学看作是自然法的一种,他在意志基础上建立普遍规范的思路一以贯之,"法哲学这一门科学以法的理念,即法的概念及其现实化为对象"③。在黑格尔看来,历史法学派、实证法学派只不过是建立普遍规范目标上的旁支,它们虽有可取之处,但其可取之处也只是表现在对自然法之主观性的认识上,除此以外,这两个流派并不能建立真正的规范,法既不能以主权者命令也不能以民族传统为基础,它们都缺乏普遍的理性基础。黑格尔法哲学一以贯之的追求便是这一普遍的基础,黑格尔要在此基础上,通过自己对意志概念维度和环节的规定,来实现对普遍规范的追求。就如菲拉林(Alfredo Ferrarin)指出的,"与其他契约形式的现代政治哲学不同,法的规则和与此联系的生活不是源出于自然需要和个体权利,而是理性意志的内容中演绎出来"④。

五 从意志与法的关系角度理解黑格尔的批判

1.意志形成规范

黑格尔多次强调,法的基础是意志。在这个问题上,黑格尔与同时期的

---

① 钱永祥:《从自然法到自由意志——黑格尔意志概念的背景与结构》,载《人文与社会科学辑刊》1990年第1期。
② Manfred Riedel, *Studien zu Hegels Rechtsphilosophie*, suhrkamp, 1969, p.104.
③ 黑格尔:《法哲学原理》,范扬、张企泰译,商务印书馆2007版,第1页。
④ Alfredo Ferrarin, *Hegel and Aristotle*, Cambridge University Press, 2004, p.326.

法学家们显得很不一样。为什么黑格尔一直强调法的基础是意志,而不是像其他法学家们重新寻找法的基础？其根本原因就藏在黑格尔对意志和自由的独特理解中,在黑格尔看来,现代社会以意志自由为根本原则,法只有建立在意志基础上,才可以称为是自由的法,这样的法哲学才是现代意义上的法哲学,"法和正义必须在自由和意志中……去寻找它们的根据"①。因此,黑格尔是在为法哲学确定一个坚定不移的出发点,并以此奠定它的自由属性。

意志是重要政治哲学概念,霍布斯、卢梭、康德等人都讨论过它。黑格尔的意志概念则包含了法律、政治、理性内涵在内。黑格尔认为,法以意志为基础,实则意味着规范以意志为基础。在此意义上,黑格尔对其他流派的批判实际是有所偏颇的,其他的流派说的法是"法律",但黑格尔说的法不是"法律",而是规范,不过黑格尔在批判其他法学流派之法的基础时并未区分这一点。对于它们的区别,黑格尔其实是清楚的,他曾明确提出,"人们也常常谈起罗马的和日耳曼的法律概念以及这个或那个法典中所规定的法律概念,但是他们所指的不是概念,而只是一般法律范畴,理智命题,基本原理、法律等等而已"②,并进而指出,"忽视上列的区别,会产生观点的错乱,会使对这一问题的真实论证渐次转入依据各种情况的论证和从其本身毫无用处的前提来得出结论"③。黑格尔为了自己体系需要直接忽略了区分,使得他的批判存在一定的错位,但是,他的问题意识是准确的,他以此来表达自己的观点是准确的,对于其他流派的批判也是准确的。

意志概念不仅意味着法律,还包括理性,而就黑格尔的分析来看,意志最为接近理念,意志也最接近于理性,理性是普遍的理性。"精神首先是理智;理智在从感情经过表象以达于思维这一发展中所经历的种种规定,就是它作为意志而产生自己的途径,而这种意志作为一般的实践精神最靠近于理智的真理。"④以别的东西为基础,往往是虚妄不实的,"除了概念本身所设定的这种现实性以外,其他一切东西都是暂时的定在、外在的偶然性、私见、缺乏本质的现象、谬妄、欺骗、等等不一"⑤。主张法以意志为基础,自然可以得出,法是有理性基础的,而不是虚妄任意的。

2. 批判的原因

当时,无论是自然法学派、历史法学派还是实证法学派,它们在法的基础

---

① 黑格尔:《法哲学原理》,范扬、张企泰译,商务印书馆2007版,第102页。
② 同上书,第6页。
③ 同上。
④ 同上书,第11页。
⑤ 同上书,第1页。

问题上都受到了黑格尔的批判,黑格尔不能同意这些流派,黑格尔的主张是:法的基础是意志,法的体系应该从意志、从精神中产生出来。所以他在《法哲学原理》中一再说:"法的基地一般说来是精神的东西,它的确定的地位和出发点是意志。意志是自由的,所以自由就是构成法的实体和规定性。至于法的体系是实现了自由的王国,是从精神自身产生出来的,作为第二天性的那精神的世界"①,"任何定在,只要是自由意志的定在,就叫做法。所以一般说来,法就是作为理念的自由"②。

搞清楚黑格尔的意志内涵之后,就更好理解黑格尔对前述之法学流派的批判了。意志必须是思维的理智,需要具备思维的普遍性,那么历史法和实证法明显不具备思维的理智。对于历史法学派来说,它只强调民族传统,只强调"风俗习惯",表面上和黑格尔具有一致性,但他们忽视了对风俗进行理性的提炼。实证法学派的法是主权者的命令,是外在的权威,这种法缺少意志的"特殊性环节",外在权威还没有被转化为主体所认同的内在规范,只是冷冰冰的外物,所以,它也不能成为规范的来源。同时,近代自然法的意志只是抽象的,是从偶然性外在的东西出发的,不是自由的、真正的意志,古代自然法没有感性的东西,只是空虚的形式普遍性。

法的基础问题的解决,为下一步规范的形成,以及概念自身的发展提供了空间,确定了方向。意志的不同环节的展开便是法哲学的全部内容,要了解法哲学的全部内容,就必须展开意志概念的三个环节,通过概念的展开实现普遍规范的形成。

---

① 黑格尔:《法哲学原理》,范扬、张企泰译,商务印书馆2007版,第10页。
② 同上书,第36页。

第二章　意志的发展暨普遍规范的形成

黑格尔把法建立在意志基础上，意志的发展就是法的展开，意志的外化就是法的领域，意志的全部展开就是法的全部内容，意志发展的不同环节代表了不同形态的规范。因此在本章中，我们将通过梳理黑格尔意志概念的发展过程来展开黑格尔法哲学思想的主要内容，说明规范的不同形态以及各形态的主要特征，以及普遍规范是如何最终得以形成的。

第一节　精神发展的历程

黑格尔的法哲学不同于很多法哲学的显著特征就在于黑格尔法哲学具有庞大的体系。黑格尔是迄今为止最为伟大的体系哲学家，其哲学体系逻辑严密，涵盖广泛。法哲学作为其哲学体系中的一个部分，定位明确，要完整理解黑格尔法哲学，就有必要总体了解黑格尔的整个哲学体系。

一　黑格尔哲学体系

黑格尔是一位体系哲学家，"在所有的哲学家当中，黑格尔以最有体系性而著称"①。他建立了最为庞大的哲学体系，把世界万物全部纳入其中，其哲学体系既包括逻辑学（不同于一般意义的逻辑学），也包括自然哲学，还包括精神科学，这些内容构成了其哲学体系的主要内容；黑格尔还把哲学等同于科学，并经常以科学指称他的哲学，如其哲学纲要就被称为"哲学科学全书纲要"。按照黑格尔自己的分类，哲学体系分为逻辑学、自然哲学、精神哲学三个部分。"黑格尔把这三种科学设想为理念在其中出现的不同领域和阶段，在每一个阶段上理念展现不同的方式。"②在《哲学全书》及《哲学科学

---

① 汤姆·罗克摩尔：《黑格尔：之前和之后——黑格尔思想历史导论》，柯小刚译，北京大学出版社2005年版，第173页。
② 同上书，第182页。

全书纲要》中,黑格尔对此作了说明,"科学也把自己分作三个部分,即1)逻辑,自在自为的理念的科学;2)作为理念在它的他在中的科学,即自然哲学;3)精神哲学,精神在此作为从理念的他在中返回自身内的理念"①。

逻辑学研究思维、研究纯粹的理念,它的内容就是它自己,并不以外在事物为条件;"逻辑学是研究纯粹理念的科学,所谓理念就是思维的最抽象的要素所形成的理念。"②它包括存在论、本质论、概念论等具体内容。存在"是潜在的概念"③,它作为逻辑学的开端因为其无规定性。本质是"设定起来的概念"④,它还不是概念本身,而是间接的和被设定起来的那个东西。概念"是自由的原则,是独立存在着的实体性的力量"⑤。概念在自身中规定自身,概念的发展包含着A(普遍)—B(特殊)—E(单一)三个环节。黑格尔的逻辑学既是对一般思维规律的研究,更是对他哲学体系特别是哲学体系展开方式的说明,其中理所当然地包括了法哲学中意志的发展过程以及法哲学内容的展开方式。理解了黑格尔的逻辑学,才能理解后来整个哲学体系包括精神哲学的论证方式,逻辑学不是哲学体系的一个独立部分,而是贯穿其哲学体系始终。

自然"作为他在形式中的理念产生自己"⑥,它是理念的产物。自然哲学是理念在自然界的反映与说明,是精神在自然中的体现;自然哲学包括空间和时间、无机自然和有机自然三个部分,它们对应的是数学、物理学和生理学三门学科。但是,黑格尔的自然哲学不同于一般意义上的自然科学。近代以来,黑格尔的自然哲学往往因与自然科学多有抵牾而受到了嘲笑,其实,黑格尔对自然哲学有他自己的理解,"自然自在地是一个有生命的整体。自然的理念贯穿于自身阶段行程的运动,更贴近地说,是在于把自己设定为自己自在地所是的东西"⑦。显然,他把自然哲学也看成自己整个哲学的一部分,看作是精神发展的一段历程。对于黑格尔的这个理解,我们更应该从哲学体系上来把握它,而不是以一般自然科学的常识来做简单评判。

黑格尔哲学体系的第三个部分是精神哲学,精神是"永恒理念的一种必然的发展"⑧,它的发展与实现自身不需要外在推动力,它通过内在本性推动

---

① 黑格尔:《哲学科学全书纲要》,薛华译,上海人民出版社2002年版,第11页。
② 黑格尔:《小逻辑》,贺麟译,商务印书馆2007年版,第63页。
③ 同上书,第187页。
④ 同上书,第241页。
⑤ 同上书,第327页。
⑥ 黑格尔:《哲学科学全书纲要》,薛华译,上海人民出版社2002年版,第145页。
⑦ 同上书,第148页。
⑧ 黑格尔:《精神哲学》,杨祖陶译,人民出版社2006年版,第7页。

自己实现自身,因而精神是普遍的和最高的,也是无限和绝对的,精神哲学是哲学体系的最高阶段。法哲学处于精神哲学的第二阶段,即客观精神阶段。对于黑格尔的哲学体系,我们必须从整体上来理解和把握,因为"真理的东西只有作为总体,只有通过对它的那些区别进行判别和规定,才能够是它们的必然性和整体的自由。所以哲学必然是体系"①。只有整体把握,才能理解黑格尔哲学,也才能理解黑格尔哲学的展开。

二 精神哲学的内容

在《精神哲学》第385节,黑格尔对精神哲学的分类做出了详细说明,他提出,

> 精神的发展有三个阶段:精神
> Ⅰ.在于自己本身相联系的形式中,在它的这个形式的范围内,对于它来说,理念的观念的总体,即那个是它的概念的东西,成为为它的,而且在它看来,它的存在就是在自己内存在,即自由地存在,——这就是主观精神。
> Ⅱ.在实在性的形式中,即在作为一个必须由它来产生和已被它产生出来的世界中,在这个世界里自由是作为现存的必然性出现的,——这就是客观精神。
> Ⅲ.在精神的客观性和它的观念性或它的概念的自在自为存在着的和永恒地产生着自己的统一性中,即精神在其绝对的真理中,——这就是绝对精神。②

在黑格尔的哲学著作中,精神的各个部分是从纯然理念中自己展开出来的。其中主观精神是主观的精神,它包括灵魂、意识和精神三个阶段。黑格尔对主观精神做了非常精彩的描述,它集中表现在对自我意识的描述,在《精神哲学》和《精神现象学》之中,他对启蒙的心态、苦恼意识、美的灵魂等描述都非常经典。但是,在黑格尔体系的划分中,主观精神指的是精神还停留在单纯的意识领域,没有获得具体内容的精神。

客观精神是精神进入了外在领域,在外在领域获得内容的精神,客观精神包括抽象法、道德和伦理三个阶段,它对应的便是《法哲学原理》的全部内容。在黑格尔哲学体系中,法哲学处于客观精神阶段,其目的便是在客观世界实现自由。

---

① 黑格尔:《哲学科学全书纲要》,薛华译,上海人民出版社2002年版,第7页。
② 黑格尔:《精神哲学》,杨祖陶译,人民出版社2006年版,第27页。

绝对精神是主观精神与客观精神的统一,是精神的最高阶段,其中哲学、宗教、艺术属于绝对精神的领域,绝对精神是自我认识、精神自我展现的最高阶段,只有这个阶段,才是理念发展的最高阶段。精神的发展也必须从主观精神向客观精神发展,超越其单纯停留在意识领域的特征,使自己获得内容规定,因此,就精神哲学来讲,客观精神是主观精神的高级阶段,精神必须由主观发展到客观,才能对精神哲学进行更加深入的分析,对人类精神状态做出更深刻的刻画。

三 主观精神向客观精神的过渡

按照黑格尔在《精神哲学》和《精神现象学》中的分析,精神停留在主观精神阶段时,最初只是灵魂,在主观精神的高级阶段,才形成"自我意识",还没有形成"我"(德语 Ich),主体尚未形成,"我的直接性,来自整体抽象,不含有任何具体内容,我是纯粹的自我关系、自我反应,发现自己只是范畴确定性:纯粹意志作为自我意识,我是纯粹的对自己的思考"①。而要形成主体,就离不开意志。意志是主观精神向客观精神的过渡,"客观精神是理论精神和实践精神的统一性,是自由的意志,这种意志是自为地作为自由的意志,因为它的实践活动是形式主义、偶然性和主体性已扬弃自己"②。从自我意识发展到意志,再到"我"(Ich)的形成,是精神发展的一大重要进步。意志是"我的"意志,由此便有了"我"。

在客观精神的最初阶段,"我"还是抽象的我,是没有内容规定的普遍的"我","我"要获得定在,便进入了抽象法,成为抽象法意义上的"我",成为了人格,所以黑格尔一直说,"任何定在,只要是自由意志的定在,就叫做法"③。其"定在"(德语 Dasein)一词强调的便是取得了存在形式。很快,这个抽象的"我"发展成为主体的我,主体的我在道德领域展开了其无限主体性。最后只有在伦理关系中,"我"才具有现实性,成为一个现实的"我"。"人格和主体都是一些抽象物,是个别自我的不完整的和片面的图像,只有当个体在与伦理(Sittlichkeit)的关系中得到思考时,才能克服这种不完整性或片面性。"④此时"我"(Ich),既是人格(Person),也是道德主体(moral subject),还是家庭成员(family member),市民(德语 Bürger,英语 citizen),国家公民(法

---

① Klaus. Vieweg, *Das Denken der Freiheit*, *Hegels Grundlinien der Philosophie des Rechts*, Wilhelm Fink Verlag, 2012, p.59.
② 黑格尔:《哲学科学全书纲要》,薛华译,上海人民出版社2002年版,第295页。
③ 黑格尔:《法哲学原理》,范扬、张企泰译,商务印书馆2007年版,第36页。
④ 伍德:《黑格尔的伦理思想》,黄涛译,知识产权出版社2016年版,第41页。

语 citoyen,德语 Bürger,英语 citizen)。人具有不同的身份,具有不同的角色,同时,这个角色也是社会多维度的要求,只有符合这些角色,才是一个真实的 Ich,否则只是抽象的我。

在黑格尔哲学体系中,意志可以看作是客观精神的起点,意志的展开便是其整个法哲学体系的展开,因此,我们可以从意志出发,遵循黑格尔的逻辑,逐渐展开法哲学的内容,"《法哲学原理》一书的脚手架是自由意志或自我认识的和自我关切的人类主体不断发展的图像"①。对于《法哲学原理》的内容来说,"这个权利或法律的整个领域,即在社会和国家中实现了的精神……分成三类相互联系的理想的事实或观点"②。这三个部分便是我们要讨论的《法哲学》之抽象法、道德、伦理,它们既分别代表了规范的一般形态,也代表了规范获得现实性与普遍性之逻辑发展一般历程。

第二节 普遍意志与抽象法

按照黑格尔在《法哲学原理》中的划分,意志发展的第一个环节是抽象的普遍意志,它对应着法哲学的抽象法部分。普遍的意志如何成了抽象法,抽象法作为规范的一种又有何内容与特点,黑格尔理解的抽象法和罗马法是什么关系,这是本节将要讨论的主要内容。

一 抽象意志与单纯人格

黑格尔把法的根基建立在意志上,他指出:"法的基地一般说来是精神的东西,它的确定的地位和出发点是意志。意志是自由的,所以自由就是构成法的实体和规定性。"③法以意志为基础,但是最初的意志还是抽象的,没有规定性的,仅仅是在自身中的反思,是一种纯粹抽象的、无界限的无限性,也是纯反思性的。"关键问题是,意志是'思维的一种特殊方式',这种特殊方式被看作是'把自己变成存在'。"④"当初的概念是抽象的,这就是说,一切规定都包含在概念中,但也不过包含在里面而已,它们仅仅自在地存在着,而尚未发展成为自身内部的整体。当我说我是自由的,我还是这种无对立面

---

① 伍德:《黑格尔的伦理思想》,黄涛译,知识产权出版社 2016 年版,第 52 页。
② 鲍桑葵:《关于国家的哲学理论》,汪淑钧译,商务印书馆 2006 年版,第 251 页。
③ 黑格尔:《法哲学原理》,范扬、张企泰译,商务印书馆 2007 年版,第 10 页。
④ Robert B. Pippin, *Hegel's Practical Philosophy*, Cambridge University Press, 2008, p.129.

自身中的存在……从而意志还具有直接性的形式、单纯存在的形式。"①这种无内容的单纯意志,如何规定自己,这就进入了抽象法的领域。

在抽象的意志中,意志是没有规定性的,意志的内容没有任何差别,因而意志就成为了单一的意志——人格(Person),这是一种没有内容的普遍性即"形式的普遍性"。在这种普遍性中,人格产生了,"人格的要义在于,我作为这个人,在一切方面(在内部任性、冲动和情欲方面,以及在直接外部的定在方面)都完全是被规定了的和有限的,毕竟我全然是纯自我相关系;因此我是在有限性中知道自己是某种无限的、普遍的、自由的东西"②。但是,人格"对于在自身中无限的而且普遍的那种人格来说,使它仅仅成为主观的这一限制是矛盾的和无意义的。人格是肯定的东西,它要扬弃这种限制,使自己成为实在的"③。

黑格尔认识到了人格的意义在于主体的无限性,也正是因为"人格权"既包含着主体的无限,但又没有太多具体的规定性,因此要对单纯的"人格"做进一步规定,"人格有权把他的意志体现在任何物中,因而使该物成为我的东西,"④这种规定就使人格摆脱了抽象性而过渡到了所有权。

二 意志的外化与定在

抽象法是意志的外化与定在。说其抽象,既是指意志的定在是直接的,也是指这个阶段的意志没有经过矛盾,人人都一般地享有权利,所以叫做抽象法。抽象法包括所有权、契约、不法三个阶段。

1. 所有权

意志要实现自身的过渡,就要在外部体现出来,从没有任何规定过渡到有区分、有规定,而意志外化的结果就是形成所有权。黑格尔说:"所有权所以合乎理性不在于满足需要,而在于扬弃人格的单纯主体性。"⑤究其原因在于:人的自由、单个意志必须通过占有物来获得外部规定性,来扬弃人的单纯主体性。其实只有把意志体现在外部世界,才能够支配外部世界,才能体现真正的主体性,因为"'人应当是自由的'与'人是自由的'这是两个不同的概念。……在实存的意义上,人未必是自由的。"⑥自由必须有外在体现,因此

---

① 黑格尔:《法哲学原理》,范扬、张企泰译,商务印书馆2007年版,第44页。
② 同上书,第45页。
③ 同上书,第47页。
④ 同上书,第52页。此处引文有改译。
⑤ 同上书,第50页。此处引文有改译。
⑥ 高兆明:《论私人所有权的实现——黑格尔〈法哲学原理〉读书札记》,《吉首大学学报(社会科学版)》2007年第5期。

可以说从所有权开始黑格尔超越了自然法传统,使得自由、人格等等概念不再是抽象的而是有具体内容的——当然,自由意志也受到外物的限制。因此,黑格尔后来把所有权发展成了市民社会的基础。

黑格尔肯定了私人所有权在现代社会的合理意义与正当性,对否定私人所有权的观点进行了批评。其实无论在黑格尔之前还是之后,很多学者都主张从根本上消灭私有制,以达到社会公正平等,而黑格尔反对简单否定私有财产,因为他看到了财产是和人格相关联的,"柏拉图的理想国的理念侵犯了人格的权利,它以人格没有能力取得私有财产作为普遍原则"①。黑格尔还认为所有权只能是属于个人的,团体不能拥有所有权,因为所有权本质上是个人意志的外化,人们主张的集体所有权其实最终什么都不是。同时,黑格尔主张所有和使用不可分离,因为所有权本质上是自由的、完整的、排他的,"使用对所有权的关系与实体对偶性的东西、较内部的东西对较外部的东西、力对它的表现等等是相同的……谁使用耕地,谁就是整块耕地的所有人"②。因为所有权是个人意志的体现,所以所有权只能由个人来行使,不存在集体的所有权;而且,所有和使用不可分离,必须持续地体现意志于该物之上方为该物之主人。

所有权是具有偶然性的。它的偶然性在于,我把意志体现在这个物上,然后即可取得对该物的所有权。但是,我的意志是任性的,我既可把意志置于这个物上,也可不置于该物,既可收回也可不收回,所以所有权具有任性的特点。所有权反映的偶然性也就是单个意志的偶然性,因此,它需要进一步发展。

2. 契约

契约是两个意志达成的共同意志,因而在契约中出现了共同意志。在契约中,一方通过共同意志而拥有另一方的所有权,因此契约在共同意志中起着中介作用,它作为中介,使意志一方面放弃单一的所有权,另一方面接受另一个即属于他人的所有权。这样,黑格尔就以意志为依据解决了继承、转让、契约等方面问题。契约包括三个环节:"契约(甲)从任性出发;(乙)通过契约而达到定在的同一意志只能由双方当事人设定,从而它仅仅是共同意志,而不是自在自为地普遍的意志;(丙)契约的客体是个别外在物,因为只有这种个别外在物才受当事人单纯任性的支配而被割让。"③契约是对所有权的偶然性的否定,要克服偶然性,就必须订立一个契约,在单个人意志以外再引

---

① 黑格尔:《法哲学原理》,范扬、张企泰译,商务印书馆2007年版,第55页。
② 同上书,第68页。
③ 同上书,第82页。

入另一个意志。

但是,契约所达成的共同意志仍然是特殊意志,仍然是偶然的事。"特殊意志既然自为地与普遍意志不同,所以它表现为任意而偶然的见解和希求,而与法本身背道而驰,——这就是不法。"①

3. 不法

不法是特殊意志对普遍意志的违背,因为在契约中已包含了内在的不法,即契约只是共同意志而不是普遍意志。自在的法是普遍的意志,所以不法对自在的法的违背就是特殊意志对普遍意志的违背。不法分为三种:无犯意的不法、诈欺与犯罪。"不法就是把自己设定为独立的东西的那本质的假象。当假象只是潜在的而非自觉的,即在我以不法为法时,这就是无犯意的不法。……第二种不法是诈欺。这时它对法自身说来不是什么假象,实际情形是我对他人造成了假象。由于我进行诈欺,对我说来法是一种假象。……第三种不法是犯罪。这无论自在地或对我来说都是不法,因为这时我意图不法,而且也不应用法的假象。我无意使犯罪行为所指向的他方把自在自为存在的不法看成法。"②在无意的不法中,冲突是多个权原、多个意志偶然的冲突,它不是故意的冲突;在诈欺中,法本身还是被承认的,行为并不挑战法律本身;而在犯罪中,特殊意志既侵害了别的特殊意志,更违背了普遍意志。犯罪与复仇之间的矛盾也构成了普遍意志与特殊意志之间的矛盾。

在此,黑格尔以意志为基础,确立了基本的法权,但值得注意的是,黑格尔此时所确立的法只是抽象法,而不是政治意义上的国家法,因此司退士(S. T. Stace)评价说"抽象法的领域是被抽象地看作人而不是还没被看作国家公民的人所获得的那些法和义务的领域……这些法不是以国家而是以单个人为根据的"③。

三 对罗马法的理论化

里特(Joachim Ritter)曾经指出:"对于黑格尔的思辨的自由理论来说,罗马法不应仅仅被认为是过去的、历史上的东西,而是黑格尔哲学所继承来的丰厚遗产。"④诚然,罗马法是黑格尔法学学说的主要理论资源,但黑格尔不是简单地继承罗马法,更是以意志为基础对罗马法进行了理论化的改造,使

---

① 黑格尔:《法哲学原理》,范扬、张企泰译,商务印书馆2007年版,第90页。
② 同上书,第92页。
③ 司退士:《黑格尔哲学》,宋祖良译,中国社会科学出版社1989年版,第342页。
④ Joachim Ritter, "Person and Property in Hegel's Philosophy", in *Hegel on Ethics and Politics*, ed. by Robert B. Pippin and Otfried Höffe, Cambridge University Press, 2004.

得罗马法更加"理论化""现代化",黑格尔的工作集中表现在人格权、财产权、契约等方面。

1. 人格权

人格权概念最早出现于罗马法。"persona"最早只是指一般自然意义上的"人"(如德语的 Mensch),"直到古典法时期,盖尤斯还在说:'毫无疑问,"人"这个词涵盖女人和男人'"①,在之后的发展中,人格和身份(status)发生联系,与人的身份地位结合在一起,因此,古罗马的人格并不是一律平等的,奴隶没有人格,未成年男子"家子"和"家母"实行"人格减等",只有成年男性罗马公民"家父"才有完全人格。只有获得特定的身份才能有人格,"事实上,人格变更就是改变先前的身份"②。"被解放的奴隶并不改变人格,因为他本来就无任何人格。"③可见,古罗马的人格还不是平等的,只有特定的少数人才享有人格权。因此黑格尔说:"罗马的人格权不是人本身的权利,至多不过是特殊人的权利。"④历经基督教的教化,人格平等观念才得以确立下来,近代法律主张"人生而平等",人格权也逐渐成为一项权利,并在理论上得到说明。

康德曾通过契约和承诺来讨论"人身法权",主张"道德上的人格无非是所有人格先天地联合起来任性的理念"⑤,对此,黑格尔评价说:"康德所说的人格权,是根据契约产生的权利……根据契约产生的权利并不是对人的权利,而只是对在他外部的某种东西或者他可以转让的某种东西的权利,即始终是对物的权利。"⑥黑格尔把人格看作人的意志全部能力的总和,通过人格"有限的我知道自己是无限的、自由的和普遍的"⑦,知道自己是自由的整体,"人格不是和任何一种特殊的利益相联系的"⑧,黑格尔称赞"人间(Mensch)最高贵的事就是成为人格(Person)"⑨,赋予了人格以牢固基础,有了这个基础,我们就可以要求人格权在实际立法上得到反映。以德国为例,二战后,联邦德国《基本法》明确规定一般人格权,联邦德国基本法第1条规定"人格尊严不得侵犯。尊重及保护人类尊严,系所有国家机关的义务",第2条规定

---

① 黄风:《罗马私法导论》,中国政法大学出版社 2003 年版,第 79 页。
② 优士丁尼:《法学阶梯》,徐国栋译,中国政法大学出版社 1999 年版,第 71 页。
③ 同上书,第 73 页。
④ 黑格尔:《法哲学原理》,范扬、张企泰译,商务印书馆 2007 年版,第 49 页。
⑤ 康德:《康德著作全集(第六卷)》,李秋零主编,中国人民大学出版社 2007 年版,第 283 页。
⑥ 黑格尔:《法哲学原理》,范扬、张企泰译,商务印书馆 2007 年版,第 49 页。
⑦ Alan Patten, *Hegel's Idea of Freedom*, Oxford University Press, 2002, p.144.
⑧ Ibid., p.145.
⑨ 黑格尔:《法哲学原理》,范扬、张企泰译,商务印书馆 2007 年版,第 46 页。此处后两个"人格",原译为"人",改译为"人格"。

"在不侵害他人权利及违反宪法秩序或公共秩序范围内,任何人均有自由发展其人格的权利"①。人格权应该是以人的全部人格利益为标的的权利。现代民法肯定了这一点,认为人格权内容应该包括:人身自由、人格尊严、人格独立、人格平等内容,并且一般人格权可以派生出各种具体的人格权,这些观点正逐渐得到各国立法的确认。

黑格尔还反对把权利分为人格权、物权、诉权,他认为"把权利区分为物权、人格权和诉权是把眼前一大堆无组织的素材编成一种外部秩序"②。在罗马法中,诉权是物权的派生,"诉权不过是通过审判诉求某人应得之物之权"③。康德曾把权利分为物权、人格权和物权性质的人格权,但在黑格尔看来,这是一种多余的划分,其原因在于"惟有人格才能给予物的权利,所以人格权本质上就是物权"④。其实,黑格尔对权利的划分法与罗马法、与康德并没有本质的区别,罗马法也好、康德也好,他们都看到了人格权、物权、诉权的一致性,只不过黑格尔更加明确从人格意志的角度对它们做出进一步抽象。其实"人格权本质上就是物权"之说法也完全可以表述为"物权本质上是人格权",而黑格尔的本意是通过取消这种累赘的划分法来强调:人格是物权的全体,物权是人格权的外在定在。菲拉林(Alfredo Ferrarin)也评价说:"黑格尔认为,罗马法截然区分人格权和物权是错误的,罗马法和亚里士多德的错误就在于把在一段时间内被赋予意志对象和在法律上作为权利拥有者的人格截然分开,其实人格权甚至比最差的人格具体化到对象上并进行交易和契约过程都要高级。"⑤

2. 财产权

罗马法还没有对财产权进行过深入的理论总结,"在罗马法文献中没有关于物权概念的明确定义,罗马法学家只是通过关于对物之诉(actio in rem)与对人之诉(actionin in personam)的划分来体现物权和债权的区别"⑥,罗马法中最早的所有权表述是dominium,"它特别被用来表示依据罗马市民法享有的、针对包括奴隶在内的财物的支配权,是一种只有罗马市民才能拥有的权利"⑦。罗马法中的财产权也只属于特定市民,没有达到黑格尔所说的人格在享有财产权上的平等,也没有涉及财产权背后的人的自由。

---

① 黄立:《民法总则》,中国政法大学出版社2002年版,第91页。
② 黑格尔:《法哲学原理》,范扬、张企泰译,商务印书馆2007年版,第48页。
③ 优士丁尼:《法学阶梯》,徐国栋译,中国政法大学出版社1999年版,第455页。
④ 黑格尔:《法哲学原理》,范扬、张企泰译,商务印书馆2007年版,第48页。
⑤ Alfredo Ferrarin, *Hegel and Aristotle*, Cambridge University Press, 2004, p.360.
⑥ 黄风:《罗马私法导论》,中国政法大学出版社2003年版,第182页。
⑦ 同上书,第182—183页。

近代以来，人们主张人生而自由，但这种自由只涉及人的自由的可能性，人的自由必须通过拥有物权才能得到证明，因此，必须要给财产权以一个牢固的根基。洛克说："我的劳动使它们脱离原来所处的共同状态，确定了我对它们的财产权……尽管原来是人人所共同享有权利的东西，在有人对它施加劳动以后，就成为他的财物了。"①但是，劳动本身远没有达到抽象的程度，劳动背后的"我要"的意志因素在理论上并没有得到表达，因此，洛克的解释虽具有开创性，但仍然留有遗憾。

黑格尔主张"人格有权把他的意志体现在任何物上，使它成为我的东西"②，这就摆脱了外在的偶然性，而且占有财产也不是来自于特定的欲望、爱好、才能，以人的特殊欲望为基础的所有权是偶然不可靠的。黑格尔认为财产权的合理性不在于满足需要，而在于扬弃人格的纯粹主观性，"人唯有在所有权中才是作为理性而存在的"。"如果把需要当作首要的东西，那么从需要方面看来，拥有财产就好像是满足需要的一种手段。但真正的观点在于，从自由的角度看，财产是自由最初的定在，它本身是本质的目的。"③由此可见，与自由主义把保护私有财产权当作国家存在的基础和目标不同，黑格尔的论证方式更加彻底，他赋予财产权以精神的和社会的意蕴，把它视为自由和人格的定在，其根本意图在于强调意志自由的崇高地位。

遵循对意志和人格、财产的关系的定位，黑格尔提出家庭作为一个整体有其人格，作为家庭人格的代表是男性家长。黑格尔关于家庭人格的观点并未受到广泛认同，但他从家庭人格的角度论述了家庭财产是家庭意志的定在，还是有合理性的。与人的自由意志一样，在没有获得定在之前，自由意志是抽象的，因此意志必须外化以获得定在。家庭也是这样，"家庭只有在采取财富形式的所有物中才具有它的实体性人格的定在"④，也因为家庭是一个独立人格，家庭财产是家庭意志的外化，所以，在黑格尔的论述中，家庭成员是没有自己的独立财产的，家庭的财产也只能是共同共有，而不是按份共有，关于家庭财产的那些约定在家庭解体前是不会生效的，也是没有意义的，这一思想得到了现代民法理论的认可。

3. 契约理论

黑格尔认为契约的本质在于单个人的意志之间达成一致的共同意志，这一论断抓住了契约的根本特征，所以他认为长期以来把契约分为所谓的实践

---

① 洛克:《政府论(下篇)》，叶启芳、瞿菊农译，商务印书馆2005年版，第19页。
② 黑格尔:《法哲学原理》，范扬、张企泰译，商务印书馆2007年版，第52页，此处引文有改译。
③ 同上书,第54页。
④ 同上书,第185页。

契约与诺成契约是一种与契约的本质无关的划分。在罗马法中,诺成契约是指契约双方只要达成合意,契约即生效,如买卖合同;实践契约,是指契约双方除了达成合意,还须要实物的交付,其契约才生效,比如借物合同,所借之物必须实际交付,借物合同才生效;无名契约是指交易形式缺乏典型特征难以归入一类,所以用"无名契约"统称之,有名契约就是比较典型的可以归类的契约,如买卖合同。这种划分办法一直沿用至今,有一定的合理性。

在黑格尔看来,上述的分类仅仅涉及给付的方式和方法,没有深入契约的本性。黑格尔认为契约的分类应该从内部,也就是从本性中引申出来,"放弃实践契约和诺成契约、有名契约和无名契约的分类,而采用合理的分类"①。黑格尔主张契约完全按照意志来进行区分,所以他认为原来那种区分是混乱的。黑格尔把契约分为三个大类:赠与契约、交换契约、用设定担保来补足契约。在这三种契约中,共同意志的参与方逐渐增多,赠与契约主要依靠一方意志,对方不明确表示反对赠与即可生效;交换契约需要双方合意;补足担保的契约,现代民法叫"反担保",它引入了三方以上的意志来保证其完成。可见,黑格尔对契约的划分完全是以意志为标准,抓住了契约中的意志根本。但是,根据黑格尔的划分,在契约的主要形式即交换契约中,他不得不再次累赘地进行分类,这时他的分类也未必比罗马法的分类高明,只不过他创见性地看到了意志才是划分契约的标准。以意志来界定契约,还可以反映到古典契约和现代契约的划分上②,古典契约的订立过程中需要当事人在场,而现代契约作为意志的集中体现,只需当事人委托代理人既可以生效,这也说明了意志才是契约最根本的要素。

因此,就人格权和财产权的论述来看,我们完全可以说,黑格尔完成了对罗马法进行哲学抽象的理论化过程,使得罗马法的诸多学说在现代理论框架中得到说明,并进而转化为现代法权理论的一个部分。

第三节 特殊意志与道德

从意志的发展来看,道德阶段进一步扬弃意志的直接性,主体性得到了进一步的发展,形成了主体性的规范,这个规范便是道德。在道德阶段,意志抽离了外在经验事物,对自身进行单纯的反思,使得规范的规定性完全取决

---

① 黑格尔:《法哲学原理》,范扬、张企泰译,商务印书馆2007年版,第87页。
② 关于古典契约和现代契约的区分,笔者受到南京师范大学高兆明教授在复旦报告的启发,在此对高老师表示感谢。

于主体自身,这便是最高阶段的主观性道德。道德包含有三个环节,分别是故意、意图与福利、善和良心。

一　故意与责任

道德的第一个阶段是主观意志的故意。所谓故意,是指行为直接出于我的意志,故意是与责任联系在一起的,"凡是出于我故意的事情,都可归责于我"①。对此,很多研究者也指出,"从历史上看,对自由意志问题的关注主要是与道德责任的赋予问题联系在一起"②。黑格尔也在道德部分来讨论归责,因为归责既是一个道德问题,也是一个法律问题,它直接针对的就是主观意志,最能说明意志的主体性。

在黑格尔看来,意志的归责必须始终以人的故意范围为限。一方面,意志应该以它所知道的为限,"欧狄浦斯不知道他所杀死的是他的父亲,那么就不能对他以杀父罪提起控诉"③。另一方面,行为可能向各个方面发展,带来各种各样的后果,不应把所有的后果都归责于行为人,行为人只对最初的后果负责,"按照意志的法,意志只对最初的后果负责,因为只有这最初的后果是包含在它的故意之中"④。在对归责的限制中,我们实际上可看到,意志的行为并不只是指向一个单一的、特殊的结果,而是自然地和普遍结果联系在一起的,"我必须认识到个别行动的普遍性质"⑤。

总体说来,黑格尔的归责理论始终坚持两点:第一,我要对我意志范围内的行为负责,对意志范围外的事项我不能无限负责;第二,意志指向是有理性的,杀人不是割一小块肉,它侵犯的是生命整体,一般理性对此是清楚的。由此,黑格尔既保护了意志的自由,也对意志自由提出了限制;另一方面他也肯定了理性在意志自由中的作用。

二　意图和福利

意图和福利研究意志的目的是什么,意志的目的是特殊性的。其中如果行为"对我说来是明确的"且"构成行为的价值以及行为之所以被认为我的行为",它就是意图;如果"行为的内容作为我的特殊目的"⑥,这就是福利。相比而言,意图作为行为的目的,更具有内在性,而福利更具有外在性偶然性。

---

① 黑格尔:《法哲学原理》,范扬、张企泰译,商务印书馆2007年版,第118页。
② 徐向东:《理解自由意志》,北京大学出版社2008年版,第11页。
③ 黑格尔:《法哲学原理》,范扬、张企泰译,商务印书馆2007年版,第119页。
④ 同上书,第120页。
⑤ 同上书,第121页。
⑥ 同上书,第117页。

意图更多反映行为的普遍方面,行为的普遍方面也就是人们根据一般理性,把行为的杂多总结为一个抽象,黑格尔举例说,比如用刀侵害了一小块肉,这一行为可能有无数多个后果,人们把这些行为后果进行总结,总结后的抽象是"杀人"。黑格尔进一步认为,这一行为的普遍方面行为人是知道的,因此这就是意图,"意图"意味着思维已经超越了未经综合的行为后果之无限单一性,并已被综合的方式所把握。而对于福利,在黑格尔看来,因为幸福或者福利是现有的,所欲求的普遍物自身并不等于幸福,一切东西都可以成为幸福,幸福几乎是最没有规定性的。在日常生活中,人们会发现,几乎所有东西都可以被冠称幸福,可见对幸福的规定充满了主观性,"幸福的种种规定是现有的,所以它们不是自由的真实规定。自由只有在自身目的中,即在善中,才对它自己说来是真实的"①,幸福的标准充斥了主观意志的随意性。为此,必须扬弃没有任何内容的幸福概念,使它进一步被规定,达到自在自为的普遍性。

在意图与福利部分,黑格尔再次论及人格,指出人格要依靠生命来承载,"自然意志的各种利益的特殊性,即综合为单一的整体时,就是人格之定在,即生命"②。黑格尔强调,生命是人格的综合,具有至上的地位,因此生命可以主张"紧急避难权",紧急避难权是可以与抽象法权对抗的权利。黑格尔认为,法是自由意志的抽象定在,而不是特殊人的实存,不能照顾到特殊的个体,福利也是特殊意志的领域,它欠缺法的普遍性,紧急避难权就已表明了法和福利的有限性。于是,需要把法和福利统一起来,这个统一就是善和良心,"出现于法和主观性中的两个环节就这样地并合起来而成为它们的真理、它们的同一,但最初它们还处于相对关系中的,这两个环节就是善和良心"③,善是被完成的、被规定的普遍物,而良心是在自身中的无限主体性。

三 善和良心

善一直是伦理学的中心话题,伦理学史上对善也有过不同的理解。在黑格尔法哲学中,就意志的发展逻辑来讲,意志的普遍目的才是善,"这一内容作为内部的东西而同时被提升为它的普遍性"④;而因为道德领域是主观性的领域,人们常以良心表述普遍,所以它常表现为良心,有时也表现为恶。

在黑格尔看来,善是法和福利的统一,福利没有法就不是善,同样,法没

---

① 黑格尔:《法哲学原理》,范扬、张企泰译,商务印书馆2007年版,第126页。
② 同上书,第129—130页。
③ 同上书,第131页。
④ 同上书,第117页。

有福利也不是善。"善,作为通过特殊意志而成为现实的必然性以及同时作为特殊意志的实体,具有跟所有权的抽象法和福利的特殊目的相对抗的绝对法。"①善就是作为意志概念和特殊意志的统一,"在这个统一中,抽象法、福利、认识的主观性和外部定在的偶然性,都作为独立的东西被扬弃了,但它们本质上仍然同时在其中被含蓄着和保持着"②。

善最初被规定为普遍抽象的本质性,即义务,良心则是善的自我确信。这就涉及了康德哲学"为义务而义务"的绝对命令,黑格尔首先肯定了康德的绝对命令能够建立真正的义务,指出"意志的本质对我说来就是义务,如果现在仅仅知道善是我的义务,那末,我还是停留在抽象的义务上。我应该为义务本身而尽义务,而且我在尽义务时,我正在实现真实意义上的我自己的客观性。我在尽义务时,我心安理得而且是自由的。着重指出义务的这种意义,乃是康德的实践哲学的功绩和它的卓越观点"③。但是,在黑格尔看来,康德的义务缺乏环节,从而也缺少内容。康德指出了义务应该与理性一致,但康德并未能够指出义务与理性如何一致,绝对命令也从来没有越出"应然"一步。康德仅指出了原则与内容应该一致,但是,没有内容的原则本身是不存在的。康德哲学中的善依然是抽象的,所以,黑格尔批评康德的善最终仍然是主观性的,善并未真正建立起来。

在善和良心的阶段,善是抽象的,没有主体性,而良心又成了完全的主观性。"到此为止所考察的两种原则即抽象的善和良心,都缺少它的对立面。抽象的善消融为完全无力的东西,而可由我加入任何内容,精神的主观性也因其欠缺客观的意义,而同样是缺乏内容的"④,我们需要的是客观善和主观良心的统一,这种统一就是伦理,而且"伦理不仅仅是主观的形式和意志的自我规定,而且还是以意志的概念即自由为内容的。无论法的东西和道德的东西都不能自为地实存,而必须以伦理的东西为其承担者和基础,因为法欠缺主观性的环节,而道德则仅仅具有主观性的环节,所以,法和道德本身都缺乏现实性"⑤。真正的善只有在伦理中才能实现。

四 主观性道德的诸种形式

在道德阶段,道德实际上是主观的,缺少客观性的道德,因而也是抽象和

---

① 黑格尔:《法哲学原理》,范扬、张企泰译,商务印书馆2007年版,第132页。
② 同上。
③ 同上书,第136页。
④ 同上书,第162页。
⑤ 同上书,第162—163页。

形式的。在《法哲学原理》的第 140 节中，黑格尔列举了主观性道德的几种主要形式，它们分别是：伪善、恶与恶的意识、盖然论、希求抽象善、把某种特定的东西当成正当的信念、讽刺。①

在这些主观性之中，又以伪善最为典型，伪善知道真实普遍也清楚个人特殊原则，最终把个人原则凌驾于普遍之上，并给自己加上虚伪的包装，伪善是主观性的最高形式。黑格尔认为，主观性道德带来了普遍的伪善，其"根源在于主观性，作为抽象的否定，它知道一切规定都从属于己，而且源出于己"②。这些没有内容规定的抽象的善，最终可能发展为恶，这是黑格尔的深刻之处，他看到善恶不是截然对立的，善恶的区别不是仅仅在于动机的区别，而是深刻分析出恶的可能来源，尤其揭示出恶可能来自于抽象的善，抽象的善本身不值得推崇，因为它们并无任何规定性。

正如黑格尔在《法哲学原理》中一再指出的，现代自由以主观性为根本原则，主观性道德是现代道德的根本原则，现代道德也因其主观性特征，才带来了一系列悖论和问题，这就需要进一步发展，意志的发展也就过渡到了伦理的阶段。

第四节 单一意志与伦理

因为抽象法欠缺主观性，而道德仅仅具有主观性，所以，作为规范，抽象法和道德都缺乏现实性。伦理实现了主观性和客观性的和解，使得规范具有现实性，"代替抽象的善的那客观伦理，通过作为无限形式的主体性而成为具体的实体"③，在这里，伦理有了固定的内容，而且，这些固定的内容、这些客观的东西中是包含着主体性的。就此而言，伦理才是现实的规范，伦理包括家庭、市民社会、国家。

一 家庭

黑格尔称家庭是直接的伦理，而所谓"直接的伦理"，指家庭是生而俱来的伦理。黑格尔从三个方面来论述家庭：作为家庭的概念在其直接阶段所采取之形态的婚姻；作为家庭外在之定在的财产；子女的教育和家庭的解体。家庭成员关系是统一而非单个独立的关系，因此家庭和国家是相类似的，其

---

① 黑格尔：《法哲学原理》，范扬、张企泰译，商务印书馆 2007 年版，第 146—160 页。
② 同上书，第 148 页。
③ 同上书，第 164 页。此处引文有改译。

区别在于"家庭中的统一是自然的、直接的、感性的,而不是思想的和理性的"①。家庭成员没有独立的人格,人们通过婚姻抛弃单个人格同时获得了实体性的自我意识。

黑格尔认为,夫妻之间的爱不完整,他们要在子女身上才能达到爱的实体性的统一。"在子女身上,母亲爱他的丈夫,而父亲爱他的妻子,双方都在子女身上见到了他们的爱客观化了。"②通过父母对子女的教育和培养,子女形成自由的人格,有能力拥有自己的财产和组成自己的家庭,这样也就出现了原来家庭的解体。当然,家庭的解体除了子女长大成年这一个原因之外,夫妻离婚也是家庭解体的重要原因。黑格尔虽然反对离婚,但是婚姻毕竟很大程度上要依赖于主观、偶然的感情,不能一概要求,因此黑格尔主张只有在确证双方完全隔阂的情况下才可以离婚,并且离婚也必须经过伦理性的权威,"因为婚姻是伦理性的东西,所以离婚不能听凭任性来决定,而只能通过伦理性的权威来决定,不论是教堂或法院都好"③。

随着子女的成年而成立新的家庭,原来的家庭就逐渐分解了,"家庭自然而然地和本质地通过人格的原则分成多数家庭,这些家庭一般都以独立的具体的人自居,因而相互见外地对待着"④。家庭必然走向分解,因此它追求的普遍性并没有实现,还必须进一步发展自身。"普遍性只是在作为它的形式的特殊性的假象中映现出来。所以,这种反思关系首先显示为伦理的丧失,换句话说,由于伦理作为本质必然假象地映现出来,所以这一反思关系就构成了伦理性的东西的现象界,即市民社会。"⑤

二 市民社会

在传统的政治论述中,市民社会多被看作与"自然状态"相对立的文明社会、政治社会。"市民社会(源于拉丁文 Civilis societas)一词约在14世纪开始为欧洲人采用,其含义则是西塞罗于公元1世纪便提出的。它不但指单个国家,而且也指已发达到出现城市和文明政治共同体的生活状况。"⑥在洛克那里,在黑格尔之前的近代政治哲学传统中,市民社会是与自然状态相对

---

① 列奥·施特劳斯、约瑟夫·克罗波西:《政治哲学史》,李天然等译,河北人民出版社1998年版,第860页。
② 黑格尔:《法哲学原理》,范扬、张企泰译,商务印书馆2007年版,第187页。
③ 同上书,第190页。
④ 同上书,第195页。
⑤ 同上。
⑥ 戴维·米勒、韦农·波格丹诺:《布莱克维尔政治学百科全书》,中国政法大学出版社1992年版,第125页。

立的政治状态。黑格尔首次明确区分市民社会与国家,认为家庭是直接的伦理,家庭的分解导致了"家庭的复数",这也就导致了作为独立个人的相互关系的市民社会,市民社会是国家与家庭之间的过渡,它处在家庭和国家之间差别的阶段。市民社会包括有三个环节,它们分别是:需要的体系、司法、警察与同业公会。

1. 需要的体系

需要是对特殊物的需要,它最初是从特殊性的意志出发的,因而也是一种主观需要,是特殊的。人虽然为特殊化的需要所限制,但是可以超越这种限制并证实他的普遍性,"借以证实的首先是需要和满足手段的殊多性,其次是具体的需要分解和区分为个别的部分和方面,后者又转而成为特殊化了的,从而更抽象的各种不同需要"①。黑格尔看到了需要对于形成共同意志的中介作用。需要的满足离不开中介,这个中介就是劳动,通过这个中介,意志再次达成一致,"在自己消费中所涉及的主要是人的产品,而他所消费的正是人的劳力"②,也就是说,人为了得到需要的满足,就必须消耗自己的劳力,即劳动才能满足需要,需要与劳动是"普遍伦理的特殊形式"③。

需要不单是自然的,还具有社会性。特殊性从主观任性和偏好出发,在一切方面来满足自己的需要,这些需要的满足是偶然的,满足后会引起新的需要和欲望。服务于特殊化的需要最终不断细化,甚至发展到需要本身成了目的。黑格尔举例说道:"英国人所谓的 comfortable(舒适的)是某种完全无穷无尽的和无限度前进的东西,因为每一次舒适又重新表明它的不舒适,然而这些发现是没有穷尽的。"④同时,因为需要的发展具有社会的意义,此时它也具有解放的意义,"社会需要是直接的或者自然的需要同观念的精神需要之间联系,由于后一种需要作为普遍物在社会需要中占优势,所以这一环节就含有解放的一面"⑤,当然,黑格尔此处所指的"解放"说的是人的自然必然性,也就是需要从生理满足提升到了精神的层面,所以他说这种解放也只是"形式"的,它并不含有真正的精神在其自身内,只是一种人云亦云而已,没有达到精神对自己的反思。

2. 司法

需要中的普遍性是一种自在的抽象的普遍性,但是它要到司法这个普遍

---

① 黑格尔:《法哲学原理》,范扬、张企泰译,商务印书馆2007年版,第205页。
② 同上书,第209页。此处引文有改译。
③ 霍斯特曼:《论市民社会在黑格尔政治哲学中的地位》,载《国外黑格尔哲学新论》,中国社科院哲学所编,中国社会科学出版社1982年版。
④ 黑格尔:《法哲学原理》,范扬、张企泰译,商务印书馆2007年版,第206页。
⑤ 同上书,第208页。

的形式中才能实现,因此要过渡到司法。司法的意义就在于,意志所建立的物权具有偶然性,需要通过劳动、需要、司法使之得到真正实现。"所有权法不再是自在的,而已达到了它的有效的现实性,因为司法保护着所有权。"①在市民社会中,普遍性的东西就是法。黑格尔在市民社会中要继续改造自然法,为自然法引入伦理性,所以在市民社会中他再次论述司法。

在抽象法阶段,法还是抽象的;到了市民社会阶段,法是具体的,司法的目的就是保护所有权,黑格尔也就围绕所有权的保护来讨论法的实存及其有效性。黑格尔指出,在市民社会,法律适用有局限性,比如法院审判过程中的事实认定,就取决于法官的主观信念和良心,但法官的良心有很大的主观性,为了克服这个主观性,人们引入了陪审法院进行事实认定,但这同样是外在的;罪犯本人的陈述虽然是内在的,但它并不可靠,所以这样的审判最终具有偶然性。由此,黑格尔认为,哪怕全由一流的法学家来审判,其结果也是盖然的而不是必然的,对普通市民来说,司法仍摆脱不了外在性。这就需要警察和同业公会。

3. 警察与同业公会

在市民社会中,法关心的只是所有权的保护,法并不关心福利问题,因此"普遍性必须扩展到特殊性的全部范围。……我的福利、我的特殊性应该被考虑到,而这是通过警察和同业公会做到的"②。"在特殊性中现实的法既要求把阻扰任何一个目的的偶然性予以消除,以策人身和所有权的安全不受妨害,又要求单个人生活和福利得到保证——即把特殊福利作为法来处理,并使之实现。"③"人身和所有权的安全不受妨害"对应的就是警察(Polizei)的职权,"单个人生活和福利得到保证"则需要同业公会予以照料。

黑格尔所说的"警察"的职能不限于我们今天理解的社会治安管理职能,而是广泛意义上的社会事务管理,"警察必须负责照顾路灯、搭桥、日常必需品价格的规定和卫生保健"④,警察的职权和自由主义的国家职责基本一致(警察权不包括立法和外交)。在自由主义看来,国家的主要目的是保护"消极自由"——即"人身和所有权的安全不受妨害",洪堡在《论国家的作用》中主张国家职权只包括治安和外交、军事,但是在黑格尔看来这是远远不够的,国家的职权比这要宽广得多,警察如果只局限于这种外部的秩序偶然性范围,那就根本没有涉及国家内部和必然的领域。当然,这也是黑格尔

---

① 黑格尔:《法哲学原理》,范扬、张企泰译,商务印书馆2007年版,第217页。
② 同上书,第237页。
③ 同上书,第238页。
④ 同上书,第240页。

后来招致批评的原因之一,因为他赋予国家职权范围太大,而早期自由主义的国家只限于"守夜人"。同业公会是一个伦理性的组织,它是其成员的"第二家庭",在其中,成员是得到特殊照顾的,同时个人的"自然权利"受到限制。同业公会和警察都有它们的局限性,警察的管理是一种外部的秩序,同业公会所照料的福利是特殊的、公会内的人,特殊性没有得到克服,因此市民社会需要过渡到国家。市民社会"必须以国家为前提,而为了巩固地存在,它也必须有一个国家作为独立的东西在它面前"①,也就是说,它本身又是不完善的,离不开国家的保障。

三 国家

从意志的发展看,国家是实体性意志的现实,"国家是自由依据意志的概念,即依据它的普遍性和神圣性而不是依据主观偏好的现实化。"②国家是实体性的意志,而非主体性的意志,更不是单个人的意志,为此,黑格尔专门论述道:"客观意志是在它概念中自在的理性东西,不论它是否被单个人所认识或为其偏好所希求。我们又必须记住它的对立面,即知识和意志或自由的主观性,仅仅包含着合乎理性的意志的理念的一个环节,从而是片面的环节,这个意志所以是呵护理性的,就因为它既是自在的又是自为的。"③

当然,黑格尔所讨论的是作为理念的国家,他认为关于国家的历史起源或者曾经的国家等问题的讨论都与真正理念的讨论无关。国家的理念包括以下三个方面内容:"(一)直接现实性,它是作为内部关系中的有机体来说的个别国家——国家制度或国家法;(二)它推移到个别国家对其他国家的关系——国际法;(三)它是普遍理念,是作为类和作为对抗个别国家的绝对权力——这是精神,它在世界历史的过程中给自己以它的现实性。"④

1. 国家法

市民社会是特殊性的领域,是人们需要的满足,在国家中个人的独立性和普遍的实体性完成了统一,"因此,国家的法比其他各个阶段都高,它是在最具体形态中的自由,再在它上面的那只有世界精神的那至高无上的绝对真理了"⑤。

国家同时也是一个个体,作为个体性的国家是一种排外的单一体,这种

---

① 黑格尔:《法哲学原理》,范扬、张企泰译,商务印书馆2007年版,第197页。
② 同上书,第260—261页。
③ 同上书,第255页。
④ 同上书,第259页。
⑤ 同上书,第43页。

单一体要和其他单一体发生关系,从而使自己和外部相适应,这就涉及国家对外主权。"独立自主是一个民族最基本的自由和最高的荣誉"①,通过对外主权和战争,国家的个体性特征得到进一步巩固。黑格尔认为国家通过战争确立自身的地位,只有战争才最能说明国家是作为一个单一体而存在的,在战争中才能唤起民族的精神,而公民精神和公民责任正是现代社会所欠缺的。为此,列奥·施特劳斯的《政治哲学史》也做过解释,"没有战争,国家就会屈从于社会,普遍物就会屈从于特殊物,黑格尔试图在现代基础上重建的、源于古代整体道德和政治生活——勇敢、爱国、公民精神——就会衰落"②。在此意义上,黑格尔的对战争理解便可看作是唤起公民精神的一种方式,战争本身不是目的,但是,这一主张还是受到了很多批评。

2. 国际法

在国际法中,国家是单个的个体。国际法是从独立国家的关系中产生出来的,它的现实性是以享受主权的各个不同意志为依据的,因为国家之上不存在具有普遍约束力的裁判,所以国家的关系总是停留在应然的层面。国家之间也发生关系,它们也从自己任性出发订立契约——即国际条约。国际法的原则要求各国应该遵守条约,但"因为它们之间的关系以主权为原则,所以在相互关系中它们是处于自然状态中的。它们的权利不是由被组成为超国家权力的普遍意志来实现,而是由它们特殊意志来实现的"③。在黑格尔看来,如果特殊意志之间不能达成协议,国际争端只有通过战争来解决,因此他批评康德的永久和平是一种偶然的联盟,根本没有现实性,国家作为个体,它本质上具有否定性,必然有其对立面和敌人。同时,因为战争是国家作为个体与另一个个体之间的行为,因此战争并不破坏一国内部制度,也不得指向一国的私人生活。

国与国之间的关系是摇摆不定的,也没有裁判官来调整这种关系,唯一的最高裁判官是普遍的绝对精神,即世界精神。黑格尔指出,"由于各民族作为实存着的个体只有在它们的特殊性中才具有其客观现实性和自我意识,所以民族精神的原则因为这种特殊性就完全受到了限制。各民族在其相互关系中的命运和事迹是这些民族的精神有限性的辩证发展现象。从这种辩证法产生出普遍精神,即世界精神,它既不受限制,同时又创造着自己;正是这种精神,在作为世界法庭的世界历史中,对这些有限精神行使着它的权利,

---

① 黑格尔:《法哲学原理》,范扬、张企泰译,商务印书馆 2007 年版,第 339 页。
② 列奥·施特劳斯、约瑟夫·克罗波西:《政治哲学史》,李天然等译,河北人民出版社 1998 年版,第 873 页。
③ 黑格尔:《法哲学原理》,范扬、张企泰译,商务印书馆 2007 年版,第 348 页。

它的高于一切的权利"①。

3. 世界历史

在世界历史中,各个民族精神作为世界历史的各个环节逐一展示自身,因此,世界历史不是无意识、无理性的陈列,它是理性各环节的必然发展。在世界精神的展开中,国家、民族、个人都按照其特殊的原则兴起与兴盛,推动人类文明的发展,并且在历史发展中获得自己的地位。在世界历史的发展中,不同的民族都有属于自己的一段历史创造,"这个民族在世界历史的这个时期就是统治的民族;它在历史中创造了新纪元,但只能是一次的"②。据此,黑格尔把世界历史分为四个阶段,它们分别由东方王国、希腊王国、罗马和日耳曼创造或代表。东方王国还只是实体性的自然精神环节,个别人格在整体性中毫无权利。到了希腊王国,出现了有限和无限的统一,出现了个体性的原则,但是,它只是保持在理想中,整体分解为一批特殊的民族精神。在罗马,伦理生活被无限地分裂为私人的自我意识和抽象的普遍性这两个极端,单个人降为抽象的个人,形式上一律平等,整体却最终分解,因而还是不完善的。日耳曼王国"把握住神的本性与人的本性统一的原则,客观真理与自由的调和"③。在对日耳曼历史地位的认识上,黑格尔受到了很多批评,批评者认为黑格尔把日耳曼普鲁士王国看成历史的最高阶段,是为普鲁士王国的现实辩护。

通过世界历史的发展,意志追求一种更加普遍的普遍性,该普遍性只有在世界历史中才能实现,黑格尔相当高明地看到了历史事实背后理念的发展和意志的发展过程。黑格尔的弟子甘斯在为《历史哲学》所作的序言中也肯定了黑格尔的这一贡献,这也是黑格尔在法哲学中引入历史哲学的一个重要原因。

四 意志发展历程的小结

意志最初是抽象的意志。意志为了获得规定性,必须外化,因此意志外化为财产,所有权也就成了意志外化的定在。作为意志定在的物权之间发生契约关系,这时人们在契约中就达成了共同意志,但共同意志还不是普遍意志。而不法就是个人特殊意志对普遍意志的违反。不法和紧急避难权昭示了法的有限性,法只是外在抽象的意志,因此,意志进一步发展就是回归到主体自身之内,这就是道德。意志在主体自身内获得无限自由,但这种自由往

---

① 黑格尔:《法哲学原理》,范扬、张企泰译,商务印书馆2007年版,第351页。
② 同上书,第354页。
③ 同上书,第359页。

往只是内在的,只是一种形式,没有任何内容,因此意志要从道德过渡到伦理阶段,去获得内容。

伦理阶段是普遍意志的实现阶段。家庭中,人格受到限制,从市民社会中的需要出发,意志需要满足另一个意志,但这样的满足是偶然的,普遍化也只是外在的普遍,因此要过渡到国家。在国家这个伦理共同体中,意志与意志之间相互尊重与满足才是机制化的,有保障的。在实现普遍性的过程中,市民社会和国家是有区别的,市民社会本身是从特殊性出发,只有一些零星的普遍性。正如阿兰·帕顿所言,"(市民社会)仅仅是间接地、无意识地通向普遍性。同时,在法哲学中,市民社会的法律是外在的,具有外在性。市民社会中,法律要求普遍性,但市民社会的普遍性必须通过欲望、需要的满足来实现,因此它的普遍性是外在的、偶然的,这种偶然性会和真正的普遍性之间产生矛盾。……而国家是这样的一个领域,在其中个人、团体、制度都是直接的、有意识的要求普遍性"①。国家以制度来有意识地实现了普遍性,因而可以看作是普遍规范的实现。

第五节 对单个意志的扬弃

意志的特殊性环节表现为以单个意志、个别人的意志为原则,而单个意志原则曾在近代政治哲学中产生过重要影响。黑格尔法哲学要实现普遍规范,就必须扬弃个人性的特殊意志,尤其要对以特殊意志为原则的国家学说展开批判。为此,本节的论述将主要依据《法哲学原理》中的原则区别,介绍伦理对特殊性环节扬弃的具体内容,重点展开黑格尔对以特殊性为原则的国家学说所做出的批判。

一 单个意志与社会规范

从近代哲学开始,霍布斯等思想家都考虑到把法与规范建立在意志基础上,认为通过人们意志之间的契约,才有了社会规范,黑格尔和他们持有相同的观点,也把规范建立在意志之上。不仅如此,黑格尔还对现代规范以意志为基础作了深刻的理论说明。黑格尔认识到,首先有了主体的自由意志,才有可能有规范。现代社会,只有在意志基础上,才有可能建立规范。而从概念来讲,意志是 will,是个人的意愿的体现,规范必须建立在个人意愿基础

---

① Alan Patten, *Hegel's Idea of Freedom*, New York: Oxford University Press, 2002, p.170.

上,这才可以看作是现代意义上的法。在此意义上,很多左派黑格尔研究者认为黑格尔似乎只讲斗争少讲规范,这种看法显然有失偏颇。其实黑格尔非常重视法律尤其是国家制度所代表的规范,普遍规范也多是通过制度来实现的。

黑格尔论述了规范以意志为基础,在此基础上,他进一步认识到,这个意志不能是单个人主观的意志,规范也必须是普遍的规范,所以他对近代抽象的单个意志做出了批判,开始了探索普遍规范的历程。法是自由意志的定在,法要成为普遍而非抽象的规范,就必须对意志的抽象原则、对其特殊性原则做出批判,必须要认识到特殊性原则自身的局限,即它无法建立普遍规范。只有在批判抽象原则的基础上,才有可能建立现实而普遍的规范。

二 家庭与市民社会对单个意志的扬弃

在黑格尔看来,现代自由过于沉湎于主观性,社会规范完全建立在单个意志基础上,这样的规范必然难以成为普遍的规范,也无力承担黑格尔对普遍规范的期待,因此必须对特殊性原则做出限制,这集中表现在伦理中对单个意志的批判上。黑格尔论述了伦理的种种内涵,以此批判了单个意志的抽象特征,指出真正普遍的意志才是现实的,才是具有现实性的规范。而单个意志是抽象的意志,本身还停留在特殊性环节,只有发展到单一性环节,才有可能成为现实的,从而成为真正普遍的规范。在《法哲学原理》中,意志发展的过程便是不断扬弃特殊性的过程,这种扬弃尤其体现在伦理阶段的论述中。

1. 婚姻

为了说明家庭的伦理性关系,黑格尔批判了婚姻契约理论,并主张婚姻的伦理有效性。在黑格尔看来,婚姻是有法的意义的伦理性的爱,它不是性的关系,也不仅仅是一种民事契约,当然婚姻也不是单纯的爱,因为单纯的爱往往是转瞬即逝、反复无常的,它依赖于人的单纯的感觉,具有偶然性。从这里,我们可以看出,把婚姻的基础看作契约或者性或者爱,其实都是一种主观的任性,它不能反映出婚姻的伦理稳固性。婚姻的外在出发点可能是双方爱慕或者是父母安排等等,但这些外在的出发点都是偶然的。正因为婚姻是伦理性的,而不是个人的主观任意,所以黑格尔对于结婚和离婚都赋予了伦理性的要求:举行仪式后,婚姻才在伦理上宣告成立,婚姻就其概念来讲是不允许离异的。婚姻不可以为激情所破坏,所以不得离婚,黑格尔特地引用了《新约》耶稣所说"摩西因为你们的心硬,所以许你们休妻,但起初并不是这样的"①来说明这一点,他要求"立法必须尽量使这一离异可能性难以实现,

---

① 《新约·马太福音》,第19章第8节。

以维护伦理的法来反对任性"①。婚姻要举行仪式才告成立,如果视婚姻为单纯外在仪式,实际上是在辱没真爱,破坏婚姻的真挚性,婚姻不是单纯的自由恋爱,它是爱慕的感情摆脱了任性和偶然性后所形成的。

近代以来,思想家们经常把婚姻看作是一种契约,洛克在《政府论》中就有很多这样的论述,比如"夫妻社会是基于男女之间的自愿合约构成的"②,合约的有效期限直到他们的孩子可以自立不需抚养。在洛克看来,婚姻也不是固定不变的,人类的婚姻持续的时间之所以要比动物的长,那也只是因为小孩的成长周期比较长,父母需要花很长的时间把他抚养长大。法律也并不要求婚姻契约成为永久性的,妻子可以依据自然权利或者契约离开丈夫,子女的归属随契约而定。康德也认为婚姻是契约,"夫妻双方的关系是一种平等占有的关系,既平等占有彼此交互占有的人格……又平等占有物质财富"③,即婚姻是两性之间的依据法律的结合。黑格尔严厉批评康德把婚姻看成了一种民事的契约,因为在黑格尔看来,契约乃是彼此任意的事,它没有伦理的稳固基础,体现的是任意性。正是因为婚姻的伦理性,黑格尔极力主张婚姻必须举行仪式,"只有举行了这种仪式后,夫妇的结合在伦理上才告成立,因为在举行仪式时所用的符号,即语言,是精神的东西中最富于精神的定在,从而使实体性的东西得以完成"。④ 通过婚礼的仪式,婚姻得到更多意志的承认。

对于意志来说,黑格尔所主张的婚姻,最大的意义在于扬弃了自然的单一人格,认为婚姻是两个独立人格的相互委身。在"相互委身"这个问题上,黑格尔和康德是一致的,但黑格尔坚持婚姻不是契约性的关系。同时,黑格尔认为同家族的人不能结婚,原因在于,同家族的成员不是相互独立的,在起点上没有独立的人格。

2. 遗嘱继承

出于家庭的伦理性原则,黑格尔严厉批评了遗嘱继承这一继承方式。黑格尔认为,立下遗嘱、根据遗嘱进行继承,完全是一种主观和任性,这种任性违反了家庭实体性的法。在以往继承中,遗嘱之所以受到重视,并不是因为这种任性能够取代家庭的伦理性,比伦理性更重要,而是因为死者亲属出于对死者的尊重和亲情,在他死后还重视他的任性。在黑格尔看来,"把家庭内部的这种任性确立为继承的主要原则,乃是罗马法的残酷性和不合伦理性

---

① 黑格尔:《法哲学原理》,范扬、张企泰译,商务印书馆 2007 年版,第 180 页。
② 洛克:《政府论(下篇)》,叶启芳、瞿菊农译,商务印书馆 2005 年版,第 49 页。
③ 康德:《康德著作全集(第六卷)》,李秋零主编,中国人民大学出版社 2007 年版,第 288 页。
④ 黑格尔:《法哲学原理》,范扬、张企泰译,商务印书馆 2007 年版,第 180 页。

的一部分"①,因为它赋予任性以一种优先地位,实体性的法受到破坏,败坏了罗马的风尚。

黑格尔批评遗嘱继承的原因在于遗嘱继承有太多的任意性,破坏了家庭的伦理原则。其实,黑格尔对罗马法的遗嘱继承批评未必中肯。事实上,罗马法的遗嘱继承虽体现了个人的意志,但也不完全是个人任意的,《法学阶梯》就对遗嘱继承做了很多限制,比如要求立遗嘱人须有独立人格(罗马法中有独立人格的只是少数成年男性公民),如罗马法"会前遗嘱"就要求由祭司长主持当着民众的面订立遗嘱等等。倒是当代社会的遗嘱继承是任意的,可以由财产所有人任意指定,遗嘱继承优先于法定继承,这其中原因在于在当代社会财产的私人性更加明确。如此看来,黑格尔批评遗嘱继承,既是因为遗嘱继承的主观任性,更是因为在黑格尔的体系里,家庭成员是没有独立人格的,成员从属于家庭,家庭才是一个整体,财产属于整个家庭。

三 单个意志基础上的政治学说

黑格尔的法哲学是要以意志实现普遍规范,而同时期的思想家们也主张以意志建立政治规范,并把他们的政治学说付诸实践,这种实践以"社会契约论"和"法国大革命"最具代表性。只不过,在黑格尔看来,它们都是以抽象意志为原则的政治理论,其实践也都没有成功。

1. 社会契约论

黑格尔着重批判了社会契约论学说,"今人很喜欢把国家看作一切人和一切人的契约……这种见解乃是由于人们仅仅肤浅地想到不同意志的统一这一点而来"②。社会契约理论以自由主义为主要代表,在自由主义者看来,个人权利至高无上,人们结成社会、服从政府的目的在于保护个人的权利,实现个人的利益,而政府是人们契约的产物,政府权威的合法性来自于公民的认同。洛克在《政府论》中就主张"任何人放弃其自然自由并受制于公民社会的种种限制的唯一的办法,是同其他人协议联合组成一个共同体,以谋他们彼此间的舒适、安全和和平的生活,以便安稳地享受他们的财产并且有更大的保障来防止共同体以外的任何人的侵犯"③。近代以来,无论是历史法学派,还是休谟的怀疑论,都曾对自由主义的社会契约假设提出了深刻的批评。但黑格尔既没有像历史法学派那样把社会契约看成一种历史事件来加以反驳和否定,也没有像休谟那样用功利主义抨击社会契约理论,而是以他

---

① 黑格尔:《法哲学原理》,范扬、张企泰译,商务印书馆 2007 年版,第 192 页。
② 同上书,第 82 页。
③ 洛克:《政府论(下篇)》,叶启芳、瞿菊农译,商务印书馆 2005 年版,第 59 页。

自己的方式对契约理论做了全面思考。

黑格尔批判社会契约理论,总体上有三个方面的原因。

首先,在他看来,如果把国家看作基于契约之上的单个人的联合,把国家的使命理解为保护个人利益和自由,那就是把市民社会与国家混为一谈。洛克主张"我认为政治权力就是为了规定和保护财产而制定法律的权利"①,市民社会是私利的战场和私利实现的手段,从而否认了国家的客观性和表现为普遍意志的绝对理性,"把利己心同普遍物即国家结合起来"②。"通过契约而达到定在的同一意志只能由双方当事人设定,从而它仅仅是共同意志,而不是自在自为的普遍的意志。"③当代著名黑格尔专家阿兰·帕顿指出,"正如黑格尔指出的,社会契约理论的核心观点是,国家'奠基于'或'根源在'个人(或'个体意志的原则')"④。由于缔约者在契约中尚保持着他们的特殊意志,所以契约仍未脱离任性的阶段,而难免陷于不法。正因为如此,君主和国家的权利不能被看成是根据契约而产生的,并且,"国家的本性也不在于契约关系中,不论它是一切人与一切人的契约还是一切人与君主或政府的契约"⑤。将这种契约的关系以及一般私有财产关系掺入国家关系中,必然会在现实的国家中造成极大的混乱。因为,"如果把国家同市民社会混淆起来,而把它的使命规定为保证和保护所有权和个人自由,那么单个人本身的利益就成为这些人结合的最后目的。由此产生的结果是,成为国家成员是任意的事。但是国家对个人的关系,完全不是这样"⑥。"任意"指的是成为国家成员和国家的普遍规定无关,和国家正当性无关。所以,和卢梭最终把国家意志建立在单个意志基础之上一样,"那就是把外部现象——匮乏的偶然性,保护的必要性,力量和财富等等——看作不是国家的历史发展的环节,而是国家的实体。这里,构成认识的原则的,同样是个人的单一性,而且还不是这种单一性的思想,相反地是经验的单一性,并把注意力集中在他们的偶然特性"⑦,通过对契约的基本性质的分析,黑格尔完全改变了契约论者在财产权和国家之间所建立的那种手段与目的关系。在他看来,无论把政治权利和义务看做是自然权利以对抗国家权威,还是主张国家权力产生于契约,从而

---

① 洛克:《政府论(下篇)》,叶启芳、瞿菊农译,商务印书馆2005年版,第2页。
② 黑格尔:《法哲学原理》,范扬、张企泰译,商务印书馆2007年版,第212页。
③ 同上书,第82页。
④ Alan Patten, "Social Contract Theory and the Politics of Recognition in Hegel's Political Philosophy", in *Beyond Liberalism and Communitarianism*, *Studies in Hegel's Philosophy of Right*, ed. by Robert R. Williams, State University of New York Press, 2001.
⑤ 黑格尔:《法哲学原理》,范扬、张企泰译,商务印书馆2007年版,第82页。
⑥ 同上书,第253—254页。
⑦ 同上书,第255页。

以此制约国家权力,都是以市民社会的各种规定僭越国家领域,而市民社会和国家属于完全不同的领域。

其次,黑格尔批判契约理论颠倒了国家与个人的关系。黑格尔认为,是先有国家,才有个人,国家不是契约的产物,人生来是国家公民。契约关系作为意志与意志的关系,是以任性为前提的,与其说国家是出于个人的任性而建立的,毋宁说生活在国家中对于每个人是绝对必要的。"就国家而论,情形却完全不同,因为人生来就已是国家的公民,任何人不得任意脱离国家。生活于国家中,乃是人的理性所规定。"①因而个人不可能先于国家而存在,国家也不是个人简单的集合体。

最后,黑格尔认为国家不是随意制造出来的产物。"国家制度纵然随着时代而产生,却不能视为一种制造的东西,这一点无疑问是本质的。"②不仅如此,国家制度有其历史性,它更应被看作是历史的产物,而不是随心所欲制造的产物,是"自然"而非"人为"。"国家制度不是单纯被制造出来的东西,它是多少世纪以来的作品,它是理念,是理性东西的意识,只要这一意识已在某一民族中获得了发展。因此,没有一种国家制度是单由主体制造出来的。"③

因此,对于黑格尔来说,原子式的群氓不能形成国家,社会契约所达成的最多只是共同意志,而非普遍规范,以社会契约为基础来建构国家,根本上是以单个意志为原则的,单个意志无法实现普遍规范。

2. 法国大革命

在黑格尔时代,个体自由最大的实践当首推法国大革命,法国大革命因此也是抽象自由的一次绝好检验机会。黑格尔一直关心法国大革命,并对法国大革命做了丰富的论述,里特(Joachim Ritter)指出"再没有第二个哲学像黑格尔哲学这样,在其最深处如此受到法国大革命的影响"④。因此考察黑格尔对法国大革命的论述也有助于理解黑格尔对抽象自由之社会实践的态度,正如布劳德(Harry Brod)指出:"理解黑格尔政治哲学的关键在于理解他关于法国革命的哲学评价。"⑤海涅说过"马克西米利安·罗伯斯庇尔不过是卢梭的手而已,一只从时代的母胎中取出一个躯体的血手,但这个躯体的灵魂却是卢梭创造的。"⑥要重新审视法国大革命,就需要重新审视卢梭的政治

---

① 黑格尔:《法哲学原理》,范扬、张企泰译,商务印书馆2007年版,第83页。
② 同上书,第290页。
③ 同上书,第291页。
④ Joachim Ritter, *Hegel und Französische Revolution*, Suhrkamp, 1965, p. 18.
⑤ Harry Brod, *Hegel's Philosophy of Politics*, Westview Press, 1992, p. 12.
⑥ 亨利希·海涅:《论德国宗教和哲学的历史》,商务印书馆1974年版,第100页。

思想，重新审视黑格尔对卢梭政治思想的评价。

卢梭认为国家建立在公意基础上。黑格尔一方面肯定了卢梭所提出的国家原则，认为"他所提出的国家的原则，不仅在形式上（好比合群本能、神的权威），而且在内容上也是思想，而且是思维本身，这就是说，他提出意志作为国家的原则"①。卢梭不仅在形式上而且在思想上都提出了意志作为国家的原则，这是正确的。但是，卢梭的公共意志"是狭隘的、武断的、自相矛盾的。……这种意志将完全或较完全地成为我们的一直想要成为而没有成为的意志"②。黑格尔指出，"他所理解的意志，仅仅是特定形式的单个人意志（后来的费希特亦同），他所理解的普遍意志也不是意志中绝对合乎理性的东西，而只是共同的东西，即从作为自觉意志的这种单个人意志中产生出来的"③。这样一来，卢梭"他所推崇的主权者并不是民族精神，而是他自己描述为全体意志的个人利益和观念的总和"④。这些单个人的意志完全成了个人的偏好，变成了抽象的思想，它付诸实践的结果当然非常可怕，也非常危险，其结果也与人们的愿望背道而驰。

这种抽象的自由没有任何内容，最后只能以否定本身为目标，这就是黑格尔在《法哲学原理》开始部分所分析的"意志的无规定"，"否定的自由所想望的其本身不外是抽象的观念，至于使这种观念实现的只能是破坏性的怒涛"⑤。黑格尔进一步说："法国革命的恐怖时期……一切才能和权威方面的区别，看来都被废除了。这一个时期是以战颤、震惊、势不两立，来对抗每个特殊物。因为狂热所希求的是抽象的东西，而不是任何有组织的东西，所以一看到差别出现，就感到这些差别违反了自己的无规定性而加以毁灭。因此之故，法国的革命人士把他们自己所建成的制度重新摧毁了，因为每种制度都跟平等这一抽象的自我意识背道而驰。"⑥法国革命追求自由，但是，"普遍的自由，既不能产生任何肯定性的事业，也不能做出任何肯定行动；它所做的只是否定性行动；它只是制造毁灭的狂暴"⑦。尽管黑格尔热爱自由，珍视自由，也对法国大革命一直抱有热情，但是法国大革命并没有真正实现自由，它只是追求任性的一种狂热，是抽象自由的政治哲学在实践上的失败。因此，查尔斯·泰勒曾指出："黑格尔对法国大革命的分析，是将它视为启蒙运动

---

① 黑格尔：《法哲学原理》，范扬、张企泰译，商务印书馆2007年版，第254页。
② 鲍桑葵：《关于国家的哲学理论》，汪淑钧译，商务印书馆2006年版，第129页。
③ 黑格尔：《法哲学原理》，范扬、张企泰译，商务印书馆2007年版，第254—255页。
④ 鲍桑葵：《关于国家的哲学理论》，汪淑钧译，商务印书馆2006年版，第136页。
⑤ 黑格尔：《法哲学原理》，范扬、张企泰译，商务印书馆2007年版，第14—15页。
⑥ 同上书，第15页。
⑦ 黑格尔：《精神现象学（下卷）》，贺麟、王玖兴译，商务印书馆1997年版，第118—119页。

的极致,启蒙运动的内在矛盾的高潮。"①事实的确如此,黑格尔以思辨的形式揭露了这场自由主义抽象观念付诸实践的弊病,法国革命中的矛盾即是启蒙运动和自由主义的内在矛盾,绝对自由的冲动终告失败,从结果上验证了这种抽象自由本身的空洞性。

那么,这种自由抽象是怎么一回事,它的抽象观念从何而来呢?又怎样演变成"绝对的自由和恐怖"的呢?黑格尔在《法哲学原理》中指出,它乃是由前一阶段注重抽象理智、抽象的自由平等和个人权利的启蒙运动必然发展而来,而绝对自由又必然会走向它的反面——恐怖和专制。在他看来,由于人们执着于抽象的绝对自由,因此才走向了自由的否定,"这种否定的意志只有在破坏某种东西的时候,才感觉到它自己的存在"②。"因此之故,这些抽象推论一旦得时得势,就发生了人类有史以来第一次不可思议的惊人场面:在一个现实的大国中,随着一切存在着的现存制度被推翻之后,人们根据抽象思想,从头开始建立国家假制度,并希求仅仅给它以想象的理性的东西为其基础。又因为这一切都是缺乏理念的一些抽象的东西,所以它们把这一场尝试终于搞成最可怕和最残酷的事变。"③在《精神现象学》中,黑格尔也做出了深刻分析。黑格尔认为启蒙带来了两个世界,一个是现实的世界,一个是理想的世界。现代社会出现了这两个世界的分离,人生活在这个世界,却又想达到另一世界。启蒙与法国革命带来了这一机会,就是让两个世界达到统一,一方面,要把世俗的事务往上提升,另一方面,又要把彼岸超验的世界往下降,这在卢梭的著作中反映得也很明显。这就带来了"天地互相交接,天国降入人世"④。查尔斯·泰勒说:"由于被'知性'的狭隘焦点所蒙蔽,它无法认识到人乃是大主体的媒介。它把人界定为理性意志的来源,结果是它无法为此意志找到任何内容,它只能从事破坏,所以它终以毁灭自己的孩子来做结束。"⑤

由此可见,法国大革命的错误就在于把单个的意志当作普遍意志,卢梭的公意最终只是个别意志,是一种虚假的普遍意志。虚假的普遍意志仍然没有摆脱单个意志,单个意志仍然是各自的出发点。黑格尔在《历史哲学》中非常清楚地说明了这一点,"那种形式上的个别的'意志'现在被作为基础;在'社会'中的'公理'就是'法律'欲望的东西,而这里所说的意志是个别的

---

① 查尔斯·泰勒:《黑格尔与现代社会》,徐文瑞译,吉林出版集团2009年版,第186页。
② 黑格尔:《法哲学原理》,范扬、张企泰译,商务印书馆2007年版,第14页。
③ 同上书,第255页。
④ 黑格尔:《精神现象学(下卷)》,贺麟、王玖兴译,商务印书馆1997年版,第113—114页。
⑤ 查尔斯·泰勒:《黑格尔与现代社会》,徐文瑞译,吉林出版集团2009年版,第186页。

意志;因此,'国家'当作许多人的集合看,并不是一个自己为自己的'实体'的统一,并不是一个自己为自己的'权利'的真理——各个分子的意志要成为真实的、自由的'意志'时必须遵照的东西;相反地,各个单位意志都被作为出发点,每个意志都被认为是绝对的意志"①。对于规范来说,必须走出抽象的单个意志,超越意志的特殊性环节。

四 单个意志基础上的抽象观念

无论是以自由主义为主要代表的契约论国家学说,还是以法国大革命为代表的激进自由学说,都受到了黑格尔的严厉批评。在黑格尔看来,它们虽然在具体主张上有不同,但是,其背后所依赖的观念却是一致的,都是以抽象意志、单个意志为原则,都建立在抽象观念基础之上,而近代抽象观念以自然权利和原子个人最为典型,黑格尔正是通过对这两个抽象观念的批判来说明意志不是抽象的,说明意志必须扬弃特殊性环节。

1. 自然权利

自然权利主张人的天赋权利,认为人人享有与生俱来、不可剥夺的权利。正是有了自然权利,人们才可以主张订立社会契约,进而重新授权,建立新的国家。自然权利也成了近代英国与法国革命的有力思想武器,发挥了重要作用。黑格尔对自然权利的重点是要揭示,自然权利虽有历史贡献,但是它的基础是不牢靠的,它是抽象的,不具有现实性。"黑格尔对自然权利传统最有说服力的批判是在《对自然法的科学研究方法》一文中"②,在该论文中黑格尔把自然权利分为两种,这两种意义上的自然权利分别是由经验的研究方法和形式的研究方法得出的,前者以霍布斯和洛克为代表,后者以康德、费希特为代表。

对于经验的研究方法,黑格尔认为,它并不能论证权利的"普遍性",经验性的东西存在着无思维的混乱。"事物的本质对于经验来说是一种外在的关系……(自然状态、自然权利)一方面是必要的和绝对的,另一方面是不真实的,是完全出自思想的想像,这两者正相矛盾"③,经验主义的自然权利不具备普遍必然性,其内容总是任意的、偶然的、个别的。"经验主义不能确立它想证明的东西"④,仅仅是停留在抽象的自在阶段的法或权利,这种自然

---

① 黑格尔:《历史哲学》,王造时译,上海书店出版社 2003 年版,第 439 页。
② Steven B. Smith, *Hegel's Critique of Liberalism*, The University of Chicago Press, 1989, p.65.
③ Hegel, "On the Scientific Way of Treating Natural Law", in *Hegel Politic Writings*, ed. by Dickey and H. B. Nisbet, 中国政法大学出版社 2003 年版。
④ Steven B. Smith, *Hegel's Critique of Liberalism*, The University of Chicago Press, 1989, p.67.

权利只能是"没有形式的内容",就如萨拜因所评价的"洛克的天才的主要标志既不是学识渊博,也不是逻辑缜密,而是集中了无与伦比的常识"①。

对于形式的研究方法,黑格尔首先肯定了康德与费希特哲学对无限性的考察超出了经验的有限性,自然权利在康德费希特哲学中达到了纯粹的抽象②。但是黑格尔认为形式的自然权利并不考虑意志行动的内容,而仅仅是作为一种普遍的道德有效性预设,自然权利的"理念并不是出于差别,而且理念的东西没有达到实在性,这样的实在仍然处于理性之外"③,因此这样的权利是没有内容的,正像他在理论理性中所规定的范畴一样,乃是"一个极其形式的原则",这种形式主义追求的是一种普遍物,所谓的纯粹实践理性自行立法,不过是同义语反复,不能产生任何新的东西,而真理恰恰是具体的。

因此,无论是经验的自然权利理论,还是形式的自然权利理论,在黑格尔看来,它们都是从人的个别性、人的自由意志去对待别人开始的。自由主义援引自然权利关于个人与国家关系的界定,而黑格尔认为,这种权利只是后天的从自己的任性出发的杜撰,最终变成"它的每条规定性本身是一个特殊物,而不是一个普遍物"④,变成了可以任意设置内容的权利。康德哲学中的"义务与其说是思辨的产物,不如说是社会文化发展的结果"⑤,而它在康德那里却是空虚无内容的,自由主义援引它只能是"循环论证",仅仅是将它起点处取出的东西放回到"自然状态"中,所以黑格尔明确指出,所谓自然权利是一种"抽象的权利"。

2. 原子个人

原子个人主张每个人都是独立的个体,具有独立自主的地位,这种地位不必依附于他人,每个人都是自己的决定者。原子个人是单个意志原则的集中表达,也是社会契约论的基础和出发点。为了对抗伦理性,"自由主义便揭示了原子论的原则,这是个别意志的原则,来对抗上述种种;这个自由主义所揭示的原则以个人的意志为依归,认为一切政府都应该从个人明白的权力出发,并且应该取得各个人明白的承认"⑥。在黑格尔看来,原子个人同样是虚幻不实的,因为:

---

① 萨拜因:《政治学说史(下)》,商务印书馆1986年版,第587页。
② Hegel, "On the Scientific Way of Treating Natural Law", in *Hegel Politic Writings*, ed. by Dickey and H. B. Nisbet, 中国政法大学出版社2003年版。
③ 同上。
④ 同上。
⑤ Steven B. Smith, *Hegel's Critique of Liberalism*, The University of Chicago Press, 1989, p.72.
⑥ 黑格尔:《历史哲学》,王造时译,上海书店出版社2003年版,第446页。

首先,原子个人观念是抽象的。黑格尔把原子个人看作是近代主体性哲学的观念表现,是近代的单个意志的抽象反映,它把经验的自我、后天的自我说成是抽象的、先天俱足的自我,既不确定也不可靠,那种原子式的抽象的个人,在家庭和市民社会的伦理性中早已经消逝了。在黑格尔看来,个人本身只有成为国家成员才具有客观性、真理性和伦理性。"由于国家是客观精神,所以个人本身只有成为国家成员才具有客观性、真理性和伦理性,结合本身是真实的内容和目的,而人是被规定着过普遍生活的。"①

其次,原子个人的假设不符合社会历史事实。"它假定不存在任何国家制度,而只存在着集合在一起的原子式群氓。群氓怎么能够通过自身与别人,通过善、思想或权力而达到一种国家制度。"②近代自然权利的前提是"虚构一种自然法在其中有效的自然状态"③。

所以,原子个人虽然能够有力地主张人的主体地位,有利于主体摆脱客观、外在的伦理,进而成为一个主体,但是,原子个人观念本身是虚幻不实的,它反映的是近代抽象意志的原则,不具有现实性。要建立真正的普遍规范,也必须要对它们做出扬弃。

五　通往普遍规范的路向

1. 超越主观自由

黑格尔批判主观自由的根本原因在于现代世界的主观任性。自由主义的原则也是建立在主观任性基础之上的,其本身是虚假不实的,而且,如果放任这一主观任性,不但不能确立自由,更是带来了贫困和精神的匮乏。主观自由(自由主义是主观自由的一种)只是知性的思维,无法摆脱主观任意性。主观自由一旦付诸实践,只会带来知性的恐怖,也会带来社会的冷漠、精神的贫困。黑格尔终身珍视自由,追求自由,为此,他给自由奠定了一个坚实的基础,而作为现代主流思想的自由主义无论是在理论上还是在实践中都没有真正实现自由,保障自由,因此就自由的实现来讲,法哲学的任务并没有完成,必须进一步发挥其体系的内容。与黑格尔同时代的自由主义也主张自由,但是在当代社会背景下,恰恰是自由主义的单个意志阻碍了自由的实现,因此,意志概念必须进一步发展。

2. 吸收主体性原则

黑格尔的法哲学中意志的发展就是从单个意志到普遍意志。现代社会

---

① 黑格尔:《法哲学原理》,范扬、张企泰译,商务印书馆2007年版,第254页。
② 同上书,第290页。
③ 黑格尔:《精神哲学》,杨祖陶译,人民出版社2006年版,第322页。

中单个意志泛滥,但是单个意志有着种种局限,它必须过渡到普遍意志,"理性的利益在于主观意志成为普遍意志,并把自己提高到这种现实化"①。

黑格尔提出意志必须从单个意志走出,把单个意志作为自己的环节,以此过渡到普遍意志,"为了反对单个人意志的原则,我们必须记住这一基本概念,即客观意志是在它概念中的自在的理性东西,不论它是否为单个人所认识或为其偏好所希求"②。单个意志仅仅是理念的一个环节,是不完全的,只有作为普遍的意志才具有现实性,才是客观的。同时,单个意志和普遍意志不是对立,而是统一的,它作为一个环节被吸收进普遍之中,因此,追求普遍并不必然意味着对个体的否定。

黑格尔法哲学对单个意志的扬弃是和对自由主义的批判联系在一起的,但黑格尔批判自由主义,并不是要完全否定自由主义中对个人权利、自由的保护与尊重,相反它们在黑格尔的自由理念中得到了保存,只是变成了黑格尔自由理论的一个环节。他本人也曾明确地表示了理论批判的限度,"对于一个哲学体系加以真正的推翻,即在于揭示出这体系的原则所包含的矛盾,而将这原则降为理念的一个较高的具体形式中组成的理想环节"③。因此,作为一个环节,它最后应该被吸收、反映到黑格尔的体系当中去。

---

① 黑格尔:《法哲学原理》,范扬、张企泰译,商务印书馆2007年版,第80页。
② 同上书,第255页。
③ 黑格尔:《小逻辑》,贺麟译,商务印书馆2007年版,第200页。

第三章　国家是普遍规范的实现

国家是伦理的最高形式,也是客观精神发展的最高阶段,黑格尔法哲学的目标在于普遍规范,因此,在黑格尔的哲学体系中,普遍规范必然要通过国家来实现。国家是如何实现普遍规范的?要回答这个问题,我们有必要回到法哲学的逻辑之中,辨清国家与市民社会的区别,说明国家的特殊地位;辨明国家的主要内涵,说明国家何以承担普遍规范;说明黑格尔对国家的定位,并对普遍规范与国家学说做出必要澄清。

第一节　国家制度与普遍规范

国家学说是黑格尔法哲学的重心,国家作为普遍规范的实现,要体现在一整套的国家制度上,如何以国家制度来落实普遍规范。这就需要建立体现承认关系的国家法律制度,通过法律作为基本的承认,来实现普遍规范。国家制度既是普遍规范的落实,也是伦理实体的实体特征的体现。

一　从"为承认而斗争"说起

近年来,对黑格尔法哲学之承认思想的研究是一个较新的主题。在目前的众多研究者当中,科耶夫(Alexandre Kojève)的影响非常大。他通过解读《精神现象学》,把黑格尔的主奴斗争转变成了社会历史领域的为承认而斗争,赋予社会革命以正当性,这个解读对于社会实践中的冲突斗争很有影响。究竟应该如何评价科耶夫的解读方法,如何理解承认斗争的本义,我们有必要结合《精神现象学》来讨论这个问题。

在《精神现象学》中,黑格尔描述了主人和奴隶之间的斗争,揭示了主奴之间通过斗争来获得承认的过程。黑格尔首先从自我意识出发论述了人类的意识结构。"自我意识"的最初阶段是"欲望",欲望对自我与他人的相互依存关系视而不见,"自我意识就是欲望,确信对方的不存在,它肯定不存在本身就是对方的真理性，它消灭那独立存在的对象，因而给予自身以确信"①。这时的自我意识是否定性的，它需要通过否定别的对象，也就是杀死对方来实现自我的意义。但随着"自我意识"发展，"自我"逐渐认识到杀死别人，自己也就失去了自身赖以实现的对象，从而无法实现自己。同时自我意识认识到，对方可以为自己提供成果，于是便从杀死对方改为支配对方、奴役对方，这就形成了主奴关系。在这个过程中，一方为了保全生命而放弃了自由，这种保存自己而放弃自由、不再要求被平等承认的意识，是为奴隶意识；另一方则强迫对方承认自己的支配地位，是为主人意识。"其一是独立的意识，它的本质是自为存在，另一为依赖的意识，它的本质是为对方而生活或为对方而存在。前者是主人，后者是奴隶。"②在主奴关系中，主人统治着奴隶，他得到奴隶的承认；奴隶依赖主人而存在，他得不到主人的承认与尊重。奴隶要获得承认，必须通过斗争来争取；主人要获得承认，也需要通过斗争来实现。这是主奴之间相互斗争的一面，也是承认的斗争模式的主要内涵。但主奴关系并不是仅有斗争的一面，在主奴关系形成过程中，自我意识逐渐认识到自我之所以存在只是由于被对方"承认"，即"自我意识只有在一个别的自我意识里才获得它的满足"③。而且，主奴关系并非始终对立，哪怕在那场激烈的生死之战中，主奴关系虽以敌对为主，但也相互依赖，主人与奴隶的任一方都不可以离开另一方而独立存在。这是主奴之间相互依存的一面。

当前，学界对承认的解读多侧重于通过斗争来获得承认，尤其是主奴关系中奴隶争取独立地位的承认斗争，这种解读方式有合理之处也有遗漏之处。合理之处在于，它揭示了承认关系的斗争模式，这种斗争主要是意识发展过程中自我意识为了获取承认而进行的斗争，也包括主奴关系中奴隶为获取承认而进行的斗争，奴隶为了获取承认而进行的斗争根本上也是自我意识为了争取自己地位的斗争。遗漏之处在于，它既忽视了主奴辩证法中主人与奴隶的相互依赖面，更忽视了《法哲学原理》中承认的丰富内涵。讨论黑格尔的承认思想不能忽视《法哲学原理》，因为在一定程度上《法哲学原理》中的承认思想更为丰富，也更为深刻。

二 两种承认模式

1. 两种承认模式的内涵

《精神现象学》中的承认理论，侧重的是斗争的模式，它描述了个体从自

---

① 黑格尔：《精神现象学（上卷）》，贺麟、王玖兴译，商务印书馆1997年版，第120—121页。
② 同上书，第127页。
③ 同上书，第121页。

我意识出发，为了个体的平等与自我持存而进行的斗争，它背后体现的是现代社会人们的平等意识，体现了人的尊严与人格的无限性，"平等尊严的政治基于这样一种观点，即所有的人都平等地值得尊重"①。而在《法哲学原理》中，承认的内涵多是通过社会规范来表达的，社会规范中包含着承认关系，社会规范本身就意味着承认。在《法哲学原理》中，承认要依靠中介性因素，中介成了承认的手段，这种中介作为承认的手段本身是一个"外在"的、共同认可的符号，它的形成是长期的，就如高全喜先生指出的，黑格尔"在《法哲学原理》中提出了一个中介性的法权原则"②。国家之间的承认类似于主奴之间的冲突，都是从自己个体出发，就如《精神现象学》中相互斗争的主奴关系，国家间关系只处于应然的水平上，缺少具有普遍约束力的法律制度约束。

这样说来，在黑格尔法哲学中实际上有两种承认模式。一是个体从自我意识出发，追求平等、相互斗争的模式。在这种模式下，每个个体都要求自身作为一个整体得到别的个体的承认，为了获得承认，不惜斗争。另一种是依靠社会规范等"中介性"因素实现承认的模式。当然，这种模式须有一个前提，那就是作为伦理共同体的国家，要能够实现、维护每一位公民的基本权利，法律制度要能够体现出对个体的尊重，只有这样，法律制度才能成为体现承认关系的"中介"。对于第一种模式，黑格尔在《法哲学原理》中指出，在主奴斗争的承认阶段，法还没有被确立为法，"这种早期的不真所涉及的精神，还只是在它最初意识的阶段。自由的概念和自由的最初纯粹直接的意识形态之间的辩证法，就引起了承认的斗争和主奴的关系"③。没有健全的法制这一种保障的模式，就没有普遍的承认模式；而在现代法制社会中，法律、政治制度本身意味着承认，它们体现一种中介性作用，起到广泛的承认作用。

当前，很多学者也认识到黑格尔法哲学中不同的承认模式，并做了深刻论述。路德维希·席普(Ludwig Siep)在《黑格尔实践哲学现实性》中就曾指出黑格尔对承认概念所做的意识发展史定位绝不限于"为承认而斗争"；它关系到一般的关于承认的法律概念。瓦尔特·耶施克(Walter Jaeschke)也指出，"随着向公民状态和公民社会的迈进，承认在法律上就得到了完成，同时也制度化了"④。高全喜在《论相互承认的法权》中认为"《现象学》主奴斗争的相互承认理论在《法哲学》那里通过市民社会而获得一种转变，虽然市

---

① 泰勒:《承认的政治》，载《文化与公共性》，汪晖、陈燕谷主编，生活·读书·新知三联书店 2005 年版。
② 高全喜:《论相互承认的法权》，北京大学出版社 2005 年版，第 60 页。
③ 黑格尔:《法哲学原理》，范扬、张企泰译，商务印书馆 2007 年版，第 65 页。
④ 瓦尔特·耶施克:《"承认"作为国家秩序与国际秩序的原则》，《求是学刊》2010 年第 1 期。

民社会是一个多少有些庸俗的经济社会,但毕竟相互承认的基础被确立在一个法权体系之上,在那里自由基于法律,法律为权利的实现提供了坚实的保障。"①因此,断言黑格尔法哲学中存在两种承认模式是不成问题的,只是这两种承认的内涵不尽一致。《精神现象学》中的承认是一种心理结构的描述,它不是史前史的真实写照,而是意识发展的过程;《法哲学原理》中的承认更侧重于社会国家中制度对主体意识的保护,两种承认模式在黑格尔法哲学思想中是并存的。

需要指出的是,黑格尔的两种承认的差别并不反映黑格尔青年思想和老年思想之间的区别,两种承认在黑格尔早年、晚年思想中都是并存的。在耶拿时期,黑格尔就已指出,"法,就是在个人行为中同他人的关系,即他们的自由存在的普遍要素或者决定性要素,或者对他们空虚自由的限制。我不打算构想或者提出这种对自我关系或对自我的限制;相反,对象就是普遍而言法的创造过程,也就是承认关系"②。这可视为黑格尔早年对法这一中介性的规范之承认意义的论述与发挥。而在黑格尔晚年著作《法哲学原理》中,在对国际法部分的论述中,黑格尔认为国家之间的关系属于"斗争模式",国家需要以斗争获得尊重。可见,两种承认在黑格尔的思想中是可以同时并存的,两者具有内在关联。

2. 对"斗争模式"的商榷

当前,黑格尔法哲学研究中的"承认热"很大程度上要和科耶夫联系在一起。科耶夫在20世纪30年代开设《精神现象学》讲座,直接影响了大批左派学生,也带动了"承认热"。科耶夫非常看重斗争模式并强调斗争的意义,以此来解释社会历史.用这种方式来解释社会历史有其闪光之处。一定意义上讲,即使在现代社会,原始的主奴对立也并没有消失,社会中存在的社会压迫、社会的不平等甚至加剧了主奴对立,因此有必要采取斗争的形式来争取承认,这是斗争模式在当下的理论针对性。

但遗憾的是,黑格尔并不是从社会生成的角度来讨论承认斗争的,他的著作中没有实际历史经验来支撑斗争进入文明社会的模式。科耶夫把承认斗争从隐喻变成了社会历史过程的解释框架,认为承认只有一种斗争模式,是有失偏颇的。黑格尔的为承认而斗争是为了获得对象的认可,具有认同(Identity)的意思,是主体性的体现,斗争模式只是主体意识发展的一种隐喻,它不能和社会历史一一对应。斗争模式把斗争简单化为《利维坦》中你

---

① 高全喜:《论相互承认的法权》,北京大学出版社2005年版,第73页。
② 转引自曹卫东:《从认同到承认》,《人文杂志》2008年第1期。

死我活的斗争是有问题的,这种殊死之争其实在德国哲学中另有渊源,那就是费希特在《自然法权原理》中对法权意识形成的讨论,但这不是黑格尔《精神现象学》的内容。另一方面,也是更为重要的,斗争模式没有看到国家制度对于保障承认的重要意义,"国家得以建立的基础是相互性;其公民相互承认;它是主人和奴隶未能实现的那种相互承认的根据"①。在现代国家中,国家制度、法律也是承认的体现。对于这个意义,左派的科耶夫没有意识到也不愿意接受,但我们不能因此忽视中介模式,更不能只强调斗争模式,两种承认模式都很重要,甚至在特定条件下后者显得更为重要。因此,我们不应夸大承认的斗争模式,对黑格尔《精神现象学》中的斗争,首先应该限定在意识领域,最初的斗争是为了形成自我意识,同时在斗争的过程中形成了主奴关系。主奴意识本质是自为的意识与依赖的意识,如果要以主奴关系来对应社会现实的话,其最恰当的说明应该是主奴之间意识到离不开彼此的承认,认识到自我意识的形成与发展离不开另一个意识。斗争只是从自我意识角度对自我意识形成过程的一种形象化的比喻,你死我活的敌对斗争不是斗争模式的终结,斗争模式的终结是和解。

3. 两种承认模式的内在关系

黑格尔在《精神现象学》阶段偏重讨论斗争模式,斗争的目的在于确立主体意识,为主体地位打下基础。斗争争取承认也是相互承认的体现,在主奴辩证法中,主奴之间终于发现自身的存在离不开对方的承认。对此,薛华先生指出"黑格尔的自我意识理论既已确立了互主体性。这里所谓确立,是指他在自我意识理论中把互主体性看作了理解人及其关系的基础,而还没有完全展开"②。这一论断很有见地。而到了《法哲学原理》时期,黑格尔从整个国家制度层面对承认问题有了更加深入的思考,认识到承认关系必须体现为更加广泛的国家法律制度,法制是主体性的外化与实现,也是承认关系的体现。对于两种模式,也可以借助黑格尔哲学的对象化与中介性来理解,《精神现象学》侧重对象化过程,意识外化通过对象来实现自身,以此体现承认关系;《法哲学原理》侧重中介性,法制是主体间承认关系的中介形式,二者同为黑格尔哲学的基本方法,在社会政治领域中,中介性更为广泛,通过中介可以实现更充分的主体性。

无论是斗争模式,还是中介模式,二者都反映了主体的地位。在主体性发展的过程中,斗争模式意识到,为了个人的主体地位,必须为承认而斗争,

---

① 列奥·施特劳斯、约瑟夫·克罗波西:《政治哲学史》,李天然等译,河北人民出版社1998年版,第852页。
② 薛华:《黑格尔、哈贝马斯与自由意识》,中国法制出版社2008年版,第329页。

这种斗争具有无上的光荣,正如人(Menschen)世间最崇高的事情便是成为人格(Person)。中介模式并不否认这种崇高性,但进一步主张,主体性、人格尊严必须成为制度,通过法律制度、国家制度来尊重和保护这种无上的地位。就现实情况来看,国家制度是最能体现主体性的,通过国家制度,才可以为主体性提供最为完备的制度保障。至于斗争模式和中介模式背后的主体间性问题,我们认为,黑格尔的承认思想中是包含着主体间性的,斗争模式的结果是认识到另一个主体,便是为主体间性打下基础;而制度本身便是主体之间通过相互尊重而达成的结果,本身便是主体间性的产物。在这过程中,承认不再把自己看作单一的主体,而是通过承认另一个主体认识到了相互之间的主体地位,认识到相互共存是一种必然的状态,认识到彼此之间尊重与沟通的重要性。主体性向主体间性的发展与黑格尔法哲学所追求的普遍性也内在一致,也是黑格尔法哲学的题中应有之义。但是,应该看到,黑格尔并未专门去论述主体间性问题,甚至在很多思想家看来,黑格尔对主体间性的论述是戛然而止,并未继续推进下去,这既与他的时代相关,也与黑格尔法哲学的主要特征相关,黑格尔主要关心的依然是"从主体性哲学内部将主体性哲学击破"①。主体间性在黑格尔时代并不是一个时髦话题,所以他的戛然而止也是可以理解的,虽然在他的哲学中可以轻松得到主体间性的内容。当然,这并不妨碍黑格尔承认思想的影响,某种意义上说,当代社会主张的主体间性、交往理性、对话伦理学都可以看作是承认思想的后续影响。

三 制度承认与国家制度

当代哲学家罗伯特·R.威廉姆斯(Robert R. Williams)曾指出,"对于黑格尔法哲学来说,自由、承认、伦理等主题词不是独立的而是内在不可分的,自由既需要承认也预先设定了承认,在承认中,并通过承认,自由成为现实"②。在《法哲学原理》中,国家作为伦理共同体体现承认,其方式就是法律制度,通过法律制度确立个体地位实现对个体的承认。对此,黑格尔指出,"国家是具体自由的现实;但具体自由在于,个人的单一性及其特殊利益不但获得它们的完全发展,以及他们的权利获得明白承认(如在家庭和市民社会那样)"③。国家承认的形式很多,国家作为伦理共同体,本身就是对其成员的承认,作为制度的占有者,是对法律关系的维护,因此,黑格尔把国家看作承认的最高阶段。这是国家作为制度所提供的承认,也是国家所体现的承

---

① 哈贝马斯:《现代性的哲学话语》,曹卫东等译,译林出版社2008年版,第25页。
② Robert R. Williams, *Hegel's Ethics of Recognition*, University of California Press, 1997, p.6.
③ 黑格尔:《法哲学原理》,范扬、张企泰译,商务印书馆2007年版,第260页。

认关系的主要内涵。"法律体系的民主结构总的来看不仅应当包括一般的政治目标,而且应当包括体现在承认斗争中的集体目标。"①

当前,研究解读黑格尔法哲学为什么要突出强调法制模式,而反对把斗争模式看作是承认的唯一模式呢?其实,这是有原因的:首先,在黑格尔的著作中,斗争是意识结构的描述,黑格尔始终没有从生成论的角度去描述社会国家的起源,所以斗争作为隐喻不能对应社会历史,更不能以斗争模式来解释国家起源;其次,法制作为中介对于现时代更具有意义,而且它也能反映相互主体性思想。斗争模式让单个主体意识到还有另外一个主体,在单个意志之外还有另外一个意志,主奴辩证法揭示了只有承认对方,自己才能存在,自身的存在离不开对方的承认。因此,通过斗争的方式,我们才能够在平等、对等的前提下,通过斗争或者协商产生普遍性。

在黑格尔法哲学中,法和国家是普遍的承认形式,法和国家可以保障和维持承认关系。在法制前提下,可以产生出更多体现承认关系的法律制度,人们在既有承认关系得到保护的前提下,可以通过立法产生出更多体现承认关系的法律制度。同时,斗争模式需要中介模式予以巩固,斗争取得的成果必须反映为国家的制度性安排,成长为国家的法律制度;如果仅有斗争而没有法制把取得的承认巩固下来,那么斗争取得的成果将随时会被斗争自身所吞噬。作为社会中介性的法律、制度是体现了承认,承认离不开国家法律、制度的保障。"国家是具体自由的实现,因为它承载了'个人的个体性'和'特殊利益',同时它提供了一种普遍且理性的生活方式,其中人们'知道、愿意、接受'这种普遍性。"②国家也以制度化的方式保障了承认原则,保障了单个意志的自由,实现了单个和普遍的和解。在国家中,"单个意志的任性被具体且普遍的社会法则赋予了结构。理性也不再是单个人的产物,而是作为一种理性的实践源于社会"③。

当前,还有学者以革命时期与后革命时期来理解现象学与法哲学,这种理解很是形象,我们也可以借用这种比喻来理解承认的两种模式。那些尚处于民主化进程中的非法治国家的民众,那些在国际交往中受到不平等对待的民族,他们依然需要通过斗争来获得承认,而且只有通过斗争才能获得平等对待,这也是主体性的要求。在一个现代化的法治国家,我们应该注重发挥

---

① 哈贝马斯:《民主法治国家的承认斗争》,载汪晖、陈燕谷主编《文化与公共性》,生活·读书·新知三联书店1998年版。
② Alan Patten, *Hegel's Idea of Freedom*, Oxford University Press, 2002, p.190.
③ Andrew Vincent,"Ethics and the Hegelian State", in *Hegel Today*, ed. by Bernard Cullen. Gower Publishing Company, 1988.

法制作为承认中介的作用,法制是承认的表现,它反映了国家对主体的平等尊重,更反映了主体之间的平等地位。

四　国家制度对于普遍规范的意义

黑格尔是依靠国家制度来落实普遍规范的,这是黑格尔国家学说的重要内容。只有在制度与规范之间建立稳固的联系,才能发挥国家对于规范的重要作用,进而说明国家是普遍规范的实现,因此,本节的内容对于说明国家的地位就具有非常重要作用。

1. 国家本身是普遍

从法哲学的逻辑结构来看,《法哲学原理》分为三个部分,其中抽象法作为第一个环节(A),道德是第二个环节(B),伦理作为第三个环节(E)是前两者的统一。而在伦理阶段,伦理的第一个环节是家庭,第二个环节是市民社会。国家是家庭和市民社会的统一,它把爱的原则和正义原则统一起来,是伦理的最高阶段,因而也是普遍性的集中体现。

而从其逻辑概念来说,"国家的根据就是作为意志而实现自己的理性的力量"①。国家是普遍和特殊的统一,包含着普遍性。之前的普遍性只是抽象的普遍性,还不具备现实性,而把普遍和特殊统一在一起的普遍性才是真正的普遍,因此,我们可以说,国家是普遍规范的实现。

2. 国家的优先地位

黑格尔以国家为普遍规范的实现,也反映了古典政治的传统。以亚里士多德为代表的古典政治,也一直强调政治(城邦)对于普遍规范的重要意义。比如,亚里士多德一再强调,个人德性只有在城邦中才能养成,只通过公共生活才能实现完满德性,如果没有城邦政治,孤立意义上的德性是无法养成的。这是古典道德政治的一个重要主张。对此,很多学者认为,亚里士多德"这种将政治共同体当作一项共同筹划的观念,与现代自由个人主义世界格格不入"②。"相比于现代自由主义尝试在'低微而稳固'的基础上为政治联合体辩护,亚里士多德则立志以一种严肃而崇高的方式为城邦辩护。"③亚里士多德之所以如此,原因就在于他认识到了政治生活的重要意义。其实,脱离政治生活的道德是不具备现实性的。当前,建立普遍规范,离不开国家的积极作用,这是古典政治给我们的基本启示。黑格尔充分肯定国家的作用,

---

① 黑格尔:《法哲学原理》,范扬、张企泰译,商务印书馆2007年版,第259页。
② 麦金泰尔:《追寻美德》,宋继杰译,译林出版社2006年版,第197页。
③ 阿莫伯勒:《里士多德对城邦自然性的理解》,载刘小枫编《城邦与自然——亚里士多德与现代性》,华夏出版社2010年版。

认识到政治本身具有的优先地位,通过政治的手段来实现普遍规范,让规范具有"力度",有助于应对现代以来主观性泛滥、社会精神涣散、政治对于社会规范无能为力的现状。邓安庆先生指出,"现代伦理的结构发生了深刻的转变,这一转变的最突出标志是国家和社会的分离,因此,正义伦理主要体现在国家政治、经济、法律等制度安排上,它是统领性的,既为各种法度提供道义基础,也为个人行为层面的道德提供依据"①。这也是黑格尔重视政治,以国家为规范来源的一个重要原因。

3. 国家提供整全性的规范

首先,我们知道的,黑格尔的国家学说以自由为根本追求。意志发展到了国家阶段,也是最高和最后的阶段,在此阶段必须实现"自由实现的进程以现代的机制化了的伦理为结束点"②。为此,黑格尔"从他那个时代的社会关系出发,规范性地重新建构理性的,也就是保障自由的机制"③。在这方面,如很多研究者指出的,"黑格尔想要证明,现代社会制度实现了现代世界中人的自由"④。对于个人来说,其自由也好,规范也好,不通过国家,就无法形成普遍而现实的规范,"国家是具体自由的现实"⑤,因为,"真正的自主性(autonomy)必须是具体的。意志需要它的客体,并通过它们获得完整的自由"⑥。在此意义上,个人对自由的追求必须转化为普遍规范,必须通过国家来实现。

其次,也是更为根本的,国家学说是黑格尔法哲学的重心。因为国家提供了整全性的规范,"在现成存在的法权中,最显著的是理性的社会制度"⑦。黑格尔更加倚重于国家制度来实现承认,倚重于国家制度对社会规范的根本性作用,"对黑格尔来说,现成存在的法权似乎总是包含社会制度。这些制度的外在功能是使我的自由获得实现。正如我们看到的。黑格尔认为,唯有伦理生活的制度才能为在抽象法权和道德领域中发现的法权提供具体基础"⑧。

最后,国家体现承认的重点在于它作为普遍物,能够提供普遍的制度安

---

① 邓安庆:《正义伦理与价值秩序:古典实践哲学的思路》,复旦大学出版社 2013 年版,第 73 页。
② 霍耐特:《自由的权利》,王旭译,社会科学文献出版社 2013 年版,第 102 页。
③ 同上书,第 9—10 页。
④ 伍德:《黑格尔的伦理思想》,黄涛译,知识产权出版社 2016 年版,第 422 页。
⑤ 黑格尔:《法哲学原理》,范扬、张企泰译,商务印书馆 2007 年版,第 260 页。
⑥ Kevin Tunick, "Institutional Normativity: The Positivity of Right", in *Beyond Liberalism and Communitarianism*, *Studies in Hegel's Philosophy of Right*, ed. by Robert R. Williams, State University of NewYork Press, 2001.
⑦ 伍德:《黑格尔的伦理思想》,黄涛译,知识产权出版社 2016 年版,第 121 页。
⑧ 同上。

排。"对于自由的追求是法权的最高表达,并且法律和制度也应该足够来保证自由。"①这种普遍的承认,不像市民社会中的承认具有局限性。市民社会中的承认仅限于特定阶层与同业公会等群体之中,是有限的承认;而国家制度所提供的承认是公法意义上的承认,它面向所有成员,可以实现最普遍的承认,因为"政治社会是通过法律、命令和规则而很好地组织起来的"②。普遍规范的内容不是单维度的,它不仅包括政治规范,还包括社会规范与价值规范。它是政治、社会与价值规范的总和,这个整全性的规范是抽象法与道德所不能提供的,同时,它也是家庭或市民社会所不能提供的,它只能体现在国家之中,因为国家作为意志发展的最高阶段,它已经把在抽象法、道德、家庭、市民社会中的内容包括在自身之内,它具有了其他阶段所不具备的丰富内容,可以说,只有国家才能提供整全性的规范,这个规范就是作为法哲学目标的普遍规范,这个规范,在国家中才能实现,"在黑格尔看来,国家的这个组织使得自由的所有方面都呈现为客观的、安全的,它是自由的最佳保障"③。

因此,黑格尔的法哲学主题最终转移到了国家上面,而不是一般的法权学说或者道德学说,因为抽象法或者主观道德不能承担起普遍规范;同样,法哲学的重心也没有停留在"市民社会"阶段,而所谓"市民社会"意义上的规范,则是近代政治学说的一般主张,认为国家的任务只在于维护权利,只应提供一个低限度的"稳定",其规范尚未摆脱契约性质,"市民社会"意义上的规范尚不是普遍规范。黑格尔把法哲学的重点定位于国家学说与国家制度,只有依靠国家才能实现普遍规范,只有深入研究国家学说才能把握法哲学的主旨,国家学说始终是法哲学的重心。

五 制度承认的理论位置

黑格尔的法哲学中包含着两种承认模式,既有斗争模式,也有法制模式,而且后者对于普遍规范显得更为根本。黑格尔的这两种模式也在政治思想史上生动地刻画了他的理论位置。

首先,黑格尔的法哲学不同于左派的斗争学说,黑格尔不是一位左派的革命家;左派激进思想家把社会理解为冲突和斗争的集合体,他们认为阶级斗争是人类历史的主要形式,他们反对固定的国家形式,认为法制具有典型

---

① 马勒茨:《"意志"在黑格尔〈法权哲学〉中的含义》,载邱立波编《黑格尔与普世秩序》,华夏出版社,2009年版。
② 莱斯利·格林:《国家的权威》,毛兴贵译,中国政法大学出版社2013年版,第7页。
③ 斯蒂芬·霍尔盖特:《黑格尔导论:自由、真理与历史》,丁三东译,商务印书馆2013年版,第333页。

的调和特征。某种意义上,左翼激进理论所主张的阶级斗争学说正是源自于对黑格尔主奴斗争的理解。从斗争的观点出发,他们认为黑格尔的思想具有保守性,要发挥其时代意义,就需要对黑格尔做出改造。但在笔者看来,这显然是夸大了黑格尔的斗争理论,黑格尔更多地是借助于国家制度来实现规范,黑格尔不是他们理解的革命家。

其次,黑格尔的政治思想和近代主要政治思想具有一致性,而近代思想家们多是依靠制度来建立规范、落实承认的。黑格尔重视法制的重要性,看重国家法制对于规范的基础性作用,他能够看到近代政治哲学的主要成就,并接受下来作为自己的理论出发点,来构建自己的国家制度;同时,比之近代政治哲学家,他还特别倚重古典传统,他引入古典,发挥国家的基础作用。在此意义上,黑格尔首先是近代政治规范路径上的同路人,而不是近代政治思想家中的"另类",在对待古典的态度上,他虽与近代政治哲学家有所不同,但仍与近代政治哲学一脉相承,这也是黑格尔国家学说的总体历史位置。

最后,要看到黑格尔国家学说特殊的深意。把国家看作普遍规范的实现,在当前的黑格尔研究中具有重要影响,比如艾伦·伍德、霍耐特都持类似观点,这也是一般倾向或非左派黑格尔研究者的多数意见。当前,以国家制度作为普遍规范实现,在学界也是总体成立的。但是,这些制度并不是黑格尔国家制度的全部内容,在一般制度基础上,黑格尔对国家还有更独特的定位,这种定位对普遍规范具有更为深远的意义。为此,我们就有必要进入黑格尔的国家制度,首先了解国家与市民社会之别,了解国家的主要制度,进而了解黑格尔的深意,这是本章接下来的主要内容。

第二节 国家与市民社会

伦理是意志发展的最高阶段,其中,伦理包括家庭、市民社会、国家三个阶段。国家是伦理的最高阶段,是普遍规范的实现。但是,市民社会为普遍规范贡献了自己的原则,普遍规范须吸收这些原则在自身之内。同时,市民社会不同于国家,要实现普遍规范,市民社会还需进一步发展到国家。

一 公法的国家与私法的国家

一般说来,区分国家与市民社会是黑格尔国家学说的一大创举。在《法哲学原理》中,黑格尔把国家看作是对市民社会的超越,二者不可混淆。黑格尔一再指出,如果以市民社会代替国家,一定会犯错,因为市民社会与国家之间的区别是原则性的,前者代表了私人性,后者代表了公共性,"国家的目的就是普遍的利益本身,而这种普遍利益又包含着特殊的利益,它是特殊利益的实体"①。国家与市民社会必须严格区分,"对国家和市民社会差异的阐述,是论证普遍物,即国家至高无上的一个必要条件"②。我们必须首先清楚二者界限,再谈论国家的普遍性。

黑格尔在早年论文《德国法制》中就提出,国家权力是公法性质的,而不是私法性质的,而那种"使国家权力成为私有财产的作法,其意义无非是使国家解体,消灭作为政权力量的国家"③。公法和私法之间存在本质的区别,公法调节国家和公共利益,私法调节个人之间的民事关系,国家权力应该是公共的,具有普遍性,这样才有超越性,而不是工具性的、服从于私人利益的。

黑格尔一直强调权力的公共性,是有针对性的。在康德那里,只是因为在自然状态中权利是暂时性的,要获得更长久的保障,就需要过渡到文明社会,需要公法。但康德的公权与私权划分是外在的和偶然的,私法向公法过渡仍然是私法的原则。在黑格尔看来,国家权力必须摆脱私法性质,康德以及一直以来的社会契约理论都是以私法来揣度公法。

黑格尔因此批评英国,"英国的宪法乃是若干纯粹特殊权利的复合物:政府在本质上属于行政管理性质,——那就是说,保护一切特殊阶层和阶级的利益;每一个特殊的'教会'、教区、乡、县、社会,都是自己照料自己,所以严格地说来,英国政府在世界各国政府内,可以做的事情是最少的了"④,这种做法可以追溯到古代封建法。古代封建制度下,君主和贵族、贵族和骑士和农民之间的确存在着契约关系,这种契约关系是私人性的。在黑格尔看来,这样的私人性质的私法性的契约无论如何也产生不了普遍的国家,国家是普遍的。可以说,黑格尔对封建义务的私法性质看法是很准确的,西欧封建社会中"我主人的主人不是我的主人",每个贵族都是自己领地的最高裁判者,行政与司法权力成了隶属于领主封地的私有权力,没有普遍意义的国家,而与近代国家兴起相伴的就是消除权力的私人属性,建立具有普遍约束力的公共权力。这也是改变德国四分五裂之现状的迫切需要,在德国统一的进程中,城市自治恰恰是德国统一的最大阻力,因此,一直渴望德国统一的黑格尔坚决认为这些权力在当时的德国恰恰是"非国家"的,也是"反国家"的。

---

① 黑格尔:《法哲学原理》,范扬、张企泰译,商务印书馆2007年版,第269页。
② 霍斯特曼:《论市民社会在黑格尔政治哲学中的地位》,载中国社科院哲学所编《国外黑格尔哲学新论》,中国社会科学出版社1982年版。
③ 黑格尔:《德国法制》,载《黑格尔政治著作选》,薛华译,中国法制出版社2008年版。
④ 黑格尔:《历史哲学》,王造时译,上海书店出版社2003年版,第448页。

同时,黑格尔把选举中候选人的承诺当成是契约,认为选举是私人利益的交换,国家由此将最终沦为私人的工具,霍斯曼特也曾评论道:"特殊性想自我独立成为一支力量来反对普遍性,因此他(指黑格尔——引者注)的拒绝实行选举权乃是由于他的器官学的国家概念之故。"① 黑格尔从实体意志来规定,实体意志具有更多的公共性,国家的公共性是为普遍服务的,这样的国家才是公法意义上的国家,而不是作为私人财产的国家。

二 市民社会与契约论国家

在黑格尔的理解中,市民社会直接等于契约论国家。黑格尔对市民社会批判和对契约论国家的批判也是一致的,甚至是未加区分的。社会契约学说是近代国家学说的主要代表,黑格尔在《法哲学原理》中对社会契约学说做了重点批判。在他看来,如果把国家看作基于契约之上的单个人的联合,把国家的使命理解为保护个人利益和自由,那就是把市民社会与国家混为一谈。所以,黑格尔对契约论的批判直接带来了他对市民社会与国家的区分。

从洛克开始主张"政府除了保护财产外,没有其他目的"②,到新自然法的开创人物马利旦主张"人民高于国家,人民不是为国家服务的,国家是为人民服务的"③,工具主义的国家论从近代以来一直盛行,国家权力成了个人利益的工具。同时,契约论国家在政府治理上一直采取的是代议制民主,而非直接民主。以投票来行使的民主必然是根据个人的任意来决定的,而且往往还受到各种利益集团的影响。某种意义上,这样的国家权力必然是私人性的。近代以来,卢梭看到权力三分背后的"众意"的私人性质和任性,因为"作为国家主权的意志,它要末是人民共同体的意志,要末就只是一部分人的"④。

黑格尔也看到了这一点,在他看来,如果领导人靠选举产生,那么"国家制度等于当选者的誓约,国家权力仰仗私人的恩赐,结果,各种特殊的国家权力变成了私有财产,国家的主权削弱而丧失了"⑤。它使得国家最后会仰仗于私人利益,国家权力变成私权。因此,黑格尔明确反对这样的国家观,主张国家的普遍性目的才是更为本质的,只有强调国家的优先地位,才能打破这

---

① 霍斯特曼:《论市民社会在黑格尔政治哲学中的地位》,载中国社科院哲学所编《国外黑格尔哲学新论》,中国社会科学出版社1982年版。
② 洛克:《政府论(下卷)》,叶启芳、瞿菊农译,商务印书馆2005年版,第58页。
③ 马利旦:《人和国家》,霍宗彦译,商务印书馆1964年版,第27页。
④ 卢梭:《社会契约论》,何兆武译,商务印书馆2001年版,第36—37页。
⑤ 黑格尔:《法哲学原理》,范扬、张企泰译,商务印书馆2007年版,第304页。

样的工具论,保障国家权力的公共性。为此,首先必须走出国家的工具观,国家不是私利的工具。其次要在公权和私权、公法与私法的划分上确立公私之间的界限,区分公法和私法的关键是要把国家权力界定在普遍性范围内,私利性的东西不可以披有公共的面貌,这是黑格尔对市民社会的权力原则做出的初步分析。

三 市民社会对普遍规范的贡献

1. 特殊中的普遍

在等级形态上,市民社会虽然低于国家,是私权的领地,但并不意味着市民社会对于国家毫无建树。在列奥·施特劳斯的《政治哲学史》中,他就提出,"虽然市民社会代表了典型的特殊性,但其中也有普遍性以若干形式出现"①。笔者同意这种看法,市民社会的出发点是特殊性,但它带来了一定程度的普遍性。

就市民社会的特殊性来讲,市民社会首先从特殊性出发,在市民社会中,每个人都从自己出发,有自己的特殊目的,市民社会是"各个成员作为独立的单个人的联合,因而也就是在形式普遍性中的联合,这种联合是通过成员的需要,通过保障人身和财产的法律制度,和通过维护他们特殊利益和公共利益的外部秩序而建立起来的"②。因此,"市民社会是独立成员的结合体,其中私人作为需要的全体是第一原则;……同时市民社会中也有思想出现,不过是以抽象的形式,即理智的形式和普遍性而出现的。"③

就市民社会的普遍性来讲,市民社会通过相互之间需要的满足来实现普遍性。市民社会从特殊出发,最终实现了一定程度的普遍。虽然这个普遍性仍然是不完善的,仍然是抽象理智的普遍性,但它的贡献依然不容忽视。在《法哲学原理》第 182 节,黑格尔专门论述了市民社会的基本原则:"具体的人作为特殊的人本身就是目的;作为各种需要的整体以及自然必然性与任性的混合体来说,他是市民社会的一个原则。但是特殊的人在本质上是同另一些这种特殊性相关的,所以每一个特殊的人都是通过他人的中介,同时也无条件地通过普遍性的形式的中介,而肯定自己并得到满足。这一普遍性的形式是市民社会的另一个原则。"④

---

① 列奥·施特劳斯、约瑟夫·克罗波西:《政治哲学史》,李天然等译,河北人民出版社 1998 年版,第 860 页。
② 黑格尔:《法哲学原理》,范扬、张企泰译,商务印书馆 2007 年版,第 174 页。
③ 列奥·施特劳斯、约瑟夫·克罗波西:《政治哲学史》,李天然等译,河北人民出版社 1998 年版,第 860 页。
④ 黑格尔:《法哲学原理》,范扬、张企泰译,商务印书馆 2007 年版,第 197 页。

简言之,黑格尔认为市民社会有两个基本原则,一是让具体的人本身成为目的;二是中介性原则,尤其是普遍性的形式的中介。具体的人成为目的,虽然是通过需要来开展的,但是离不开原子个人的形成;而中介性尤其是普遍的形式的中介,则要落到市民社会的司法上面。这两个原则都可以补充到普遍规范之中,为普遍规范做出积极贡献。"市民社会可以为各种正当的、后启蒙主义的、对于主观性的自我决断和私利的要求,提供一种稳固的、制度性的表达。"①

2. 原子个人的完成

就市民社会的第一个原则来说,市民社会对于普遍规范的首要贡献便是原子个人的完成,原子个人本身成了目的。此时,原子个人虽然只是抽象的个人,但他提供了一个普遍的原则,让普遍化成为可能。

个人成为原子个人是通过摆脱家庭实现的。在家庭中,个人是家庭的成员,家庭成员克服了单纯的主观性,而有了内容。但是,一方面,家庭成员的原则是特殊性原则,"特殊物对我来说应当成为最初规定者"②。另一方面,随着子女的长大,家庭自然会发生分解。因此,从家庭走向市民社会,也是不可避免的,作为市民社会的成员,个人是一个独立个体。

家庭是直接的伦理,但其建立在特殊性之上,法律不是首要的原则,其首要原则是爱。这一点在古代中国表现得更为明显:首先,家庭的爱是有差等的,是逐级递减的爱;其次,古人常把家庭原则推广到国家原则中,以家庭的原则构建国家的原则,"以孝治天下"便是一例,有所谓的"家国同构"。这典型地反映了家庭中原则的特殊性,人是特殊的人,难以形成普遍规范,因此,走出家庭,走出特殊性,获得一般意义上的普遍性,是不可避免的一个环节,而这个环节必须首先通过市民社会来实现。因此,我们说,市民社会对普遍规范的首要贡献就是形成了独立个体,使得个体成为了目的本身。

3. 形式的司法

市民社会对普遍规范的第二个贡献便是司法。因为在市民社会之中,每个人都以自己为目的,每个人都是无差别的原子个人,原子个人之间的冲突必须要通过司法才能解决,这就对普遍的司法提出了要求,"必须予对象以普遍性的形式,同样,也必须按照某种普遍物来指导意志"③。

市民社会的司法是无差别的司法,它为每一个人提供无差别的平等的保

---

① 希克斯:《黑格尔伦理思想中的个人主义、集团主义和普世主义》,载邱立波编《黑格尔与普世秩序》,华夏出版社2009年版。
② 黑格尔:《法哲学原理》,范扬、张企泰译,商务印书馆2007年版,第196页。
③ 同上书,第218页。

护,在其中,每个人都能感受到一个普遍的规范在起作用,正如蒂莫西·C.路德(Timothy C. Luther)指出的,"对于黑格尔来说,市民社会包含有让人们按照纯粹人类自由去生活的制度"①。虽然,这个规范尚未成为真正的普遍规范,但它的确提供了一个一般意义上的规范,在市民社会范围内是有效的规范,这一规范可以作为普遍规范的一个环节,经过实际内容的补充,成为真正普遍的规范。

经过市民社会的这两个原则,总体上形成了形式的普遍性原则,虽然这个原则还是形式的,但其普遍性具有重要意义。普遍性是普遍规范必要的原则,因此,这一原则对于国家、对于普遍规范是有重要意义的。

四 正确处理国家与市民社会的关系

近年来,国家与市民社会的关系成了学界讨论的一大热点。有人过分突出国家的作用,否定市民社会的意义。也很多学者提出"市民社会对抗国家",主张通过培育成熟的市民社会,以此推动民主国家建设。这些观点貌似合理,其实值得检讨。为此,我们有必要全面考察、正确处理国家与市民社会的关系。

1. 国家与市民社会的公私界限

在黑格尔那里,市民社会关注的是特殊利益,"市民社会的一条基本原则就是特殊的人,是那种把自己利益当成目标的人"②,而国家关注的是普遍利益。市民社会是一个"外部国家",不涉及国家真正理念的东西,在其中,警察和同业公会"把特殊利益作为共同利益予以关怀"③。市民社会的"福利是单个人的特殊福利。所谓普遍福利、国家的福利,也就是现实而具体精神的法,属于一个完全不同的领域,在这个领域,形式法以及个人的特殊福利和幸福同样都是次要的环节。把私权和私人福利作为与国家这一普遍形式相对抗的、自在自为的东西,是抽象思维所常犯的错误"。④ 可以说,黑格尔已经清楚表达了两者的界限。

长期以来,自由主义学者们认为是国家高于市民社会带来了对市民社会利益的剥夺。其实从黑格尔的立场来看,那些号称"国家利益"的东西本不是黑格尔意义上的"国家"的,它仍然是特殊的利益。这些特殊的东西之所

---

① Timothy C. Luther, *Hegel's Critique of Modernity, Reconciling Individual Freedom and the Community*, Lexington Books, 2009, p. 227.
② 米蒂亚斯:《黑格尔论作为国家基础的法律》,载邱立波编《黑格尔与普世秩序》,华夏出版社2009年版。
③ 黑格尔:《法哲学原理》,范扬、张企泰译,商务印书馆2007年版,第203页。
④ 同上书,第129页。

以被说成是普遍之物,主要原因在于生活中没有把国家和市民社会的界限划清楚。在法哲学中,国家本该关注普遍性,但哪些才是真正的普遍性,而非任意性、特殊性,这需要作出清晰界定。对此,黑格尔一再批评卢梭主张的公意实际上是单个人意志,只是徒具"公意"之名称。如果把特殊化的个人意志当作公意必然会走向专制,20世纪之所以会出现极权主义,很大程度上就在于"国家"的名义被盗用了,爱国主义成了实现极权目标的工具,特殊利益被包装成国家利益,这是混淆国家与市民社会界限的一种方式。

2. 坚持国家高于市民社会

市民社会表达特殊,国家表达普遍。"市民社会是一种国家,一种外在的国家;这还不是一种成熟的、公民们在其中可以被一个共同目标和命运有意识地、自觉地组织起来的国家。"①市民社会带来的是任性与特殊性,它不但不扬弃人的不平等,反而从中产生不平等,甚至带来在理智和道德教养上的进一步不平等,因此它在自身中还保持的自然的、亦即任性的特殊性必须通过国家来扬弃,黑格尔于是提出了"国家高于市民社会"。"跟市民社会中的政府不同,国家相对于自己的成员来说,并不表现为一个他者。"②但是,主张国家高于市民社会并不是说国家可以任意的践踏和掠夺市民社会,而是指市民社会的无序和偶然性需要在国家中才能得到克服,市民社会在价值上是低于国家的,它不能成为最终的目的,市民社会的原则不能取代国家的原则。

3. 保障市民社会的自治

国家是具体自由的实现,它并不扼杀特殊性,甚至可以说,没有特殊性的普遍只是一个抽象的普遍。在国家中,特殊性仍然应该得到发展,市民社会的自治也应该得到保障,而且市民社会本身在其特殊性范围内也是可以发挥自治的。"在市民社会的范围以内和在国家本身的自在自为的普遍物之外的特殊公共利益是由自治团体、其他职业与等级的同业公会及其首脑、代表、主管人等等来管理的。一方面,他们经管的事务关系到这些特殊领域的私有财产和利益,并且他们在这方面的威信部分地建立在本等级成员和全体市民的信赖上;另一方面,这些集团必须服从国家最高利益。"③"只有在深入分析

---

① 米蒂亚斯:《黑格尔论作为国家基础的法律》,载邱立波编《黑格尔与普世秩序》,华夏出版社2009年版。
② 同上。
③ 黑格尔:《法哲学原理》,范扬、张企泰译,商务印书馆2007年版,第308页。

市民社会的基础上,古希腊所丧失了的统一性才能得以恢复。"①因此,除了关涉国家最高利益,市民社会的自治都应该得到保障,为此,黑格尔甚至批评法国缺少同业公会和地方自治团体,直接带来了特殊利益与普遍利益无法沟通,为此黑格尔进一步指出,"国家的真正力量有赖于这些自治团体"②。当前,学者们提出发展市民社会来培育民主是有道理的,只不过不应该简单地主张"市民社会来对抗国家",在成熟的国家制度中,两者不是对立的关系。

当前,很多学者批评黑格尔没有保障市民社会。的确,这些批评有可以成立之处,黑格尔的法哲学需要有一系列的制度安排来保证市民社会自身作为家庭与国家的中介。在制度保障上,黑格尔的确论述不多,特别在市民社会自身的中间组织、法律制度、市民认同方面论述较少,这为后来政治实践中随意压缩市民社会的空间提供了可能。学者们对苏东社会主义国家的批评也是有一定道理的。在苏东等社会主义国家,一切协会、学会、社团组织都必须由政府来控制,这些本属市民社会的组织变成了政府的一个分支机构,市民社会本身的自治功能得不到发挥,这样的政治实践必然会出现诸多问题。我们主张国家在价值上高于市民社会,并不是说可以取消市民社会,市民社会的独立地位还是需要尊重的。但是,如果一味地强调以市民社会对抗国家,则又是一种知性上的抽象思维,把国家与市民社会抽象地对立起来,把市民社会也当作普遍,来要求市民社会的普遍性,比如要求市民社会领域超越特殊性,要求市民社会对抗甚至取代国家,这是违背市民社会本质规定的,也是混淆国家与市民社会关系的另一种方式。

五　区分国家与市民社会的意义

区分国家与市民社会,是黑格尔国家学说的核心观点,也是黑格尔国家学说的重要创举。这一区分,在黑格尔的国家学说中具有重要意义。具体说来,它主要表现在:第一,可以展开对自由主义国家学说的批判。自由主义的国家学说停留于黑格尔的市民社会阶段,本身是不完备的,它以契约为特征,本质上是私人性的权力,它最终使得权力仰仗于私人利益。在这个维度上,马克思称市民社会的等级为资产阶级(Bürger),把资本主义的国家权力看做是私人性的、资产阶级的特殊权力,这一观点可以说是从黑格尔法哲学那里顺理成章发展出来的,市民确实具有私有财产特征。第二,可以说明国家的

---

① J. 根尔:《论黑格尔的国家学说》,载中国社科院哲学所编《国外黑格尔哲学新论》,中国社会科学出版社1982年版。
② 黑格尔:《法哲学原理》,范扬、张企泰译,商务印书馆2007年版,第311页。

特殊地位,国家在本性上高于市民社会,两者的界限不可混淆,之前的国家学说没有认识到国家的特殊地位,国家不是契约的产物,不是随心所欲的结果,国家更不是简单的权利保护工具,它是"地上的精神"(in der Welt steht),这是黑格尔国家学说的独特特征,这一特征对于完整理解黑格尔法哲学尤为重要。

同时,正如前文已经指出的,市民社会尚不是真正的普遍,它只提供了形式的普遍性原则,缺少真实的内容。而从市民社会与国家的区分来看,市民社会尚且停留在私法阶段,它依然以特殊性为原则,根本上是要把公共权力私有化,无法建立真正的普遍性,因此,市民社会无力承担普遍规范的重任。而国家以普遍性为原则,它的原则是公法的原则,它不同于契约国家,是真正建立在普遍性之上的,只有具备公共性,才可能有普遍规范,国家具有市民社会不具备的公共性,因此,承担普遍规范的任务只能落在国家身上。为此,我们需要跳出市民社会的框架,进入黑格尔的国家之中,了解并分析黑格尔的国家制度,了解黑格尔国家学说的主要定位。

第三节 黑格尔的国家制度

对于黑格尔法哲学来说,国家是普遍规范的实现,只有通过国家制度,才能建立整全性的国家制度。黑格尔作为一个现代思想家,他对近代以来国家制度的基本学说是认同并予以吸收的,在此基础上黑格尔建立了较为完整的制度框架,具体包括君主立宪、三权监督、等级议会等制度。黑格尔国家的上述制度框架,值得肯定,这些制度框架也有力地回应了对黑格尔思想之专制特征的批评指责。

一 国家的基本建制

1. 君主立宪

如果以一句话来归纳黑格尔国家学说的基本建制,那便是君主立宪制,虽然他对君主立宪的理解可能与时下的理解有很多区别。在黑格尔看来,"国家成长为君主立宪制乃是现代的成就,在现代世界,实体性的理念获得了无限的形式"①。黑格尔之所以主张君主立宪制,而没有主张近代占主流地位的共和制形式,是有原因的。

---

① 黑格尔:《法哲学原理》,范扬、张企泰译,商务印书馆2007年版,第287页。

首先,因为只有君主立宪制才符合黑格尔所要求的普遍(A)—特殊(B)—单一(E)形式,符合意志概念的逻辑发展,反映了实体性关系,因为,在他看来,"古代把国家制度区分为君主制、贵族制和民主制,这种区分是以尚未分割的实体性的统一为其基础的。这种统一还没有达到它的内部划分,从而也没有达到深度和具体合理性"。① 共和制同样不符合 A—B—E 的逻辑结构。

其次,因为共和制多是契约的产物,不像君主制那样是历史的产物。君主制反映了历史的延续,能够更多体现黑格尔所主张的国家制度须具有伦理性特征,共和制是不具备这个伦理性特征的。

当然,黑格尔主张的君主立宪制是具有现代形式的君主立宪,他并没有赋予君主过多的权力,而更多只是一个象征代表,这在下文对君主权力问题中会专门探讨。

2. 三权关系

黑格尔同样认识到现代国家内部存在三种不同的权力,但他的划分不同于后来成为现代主流的孟德斯鸠的划分办法。黑格尔把国家权力分为立法权、行政权、王权,孟德斯鸠划分为立法权、行政权、司法权,对比可见,黑格尔强调的是王权,孟德斯鸠强调司法权。黑格尔对三权划分之所以不同于近代一般学说,主要原因在于黑格尔对三权关系的理解,黑格尔在《法哲学原理》第 273 节提出:

(一)立法权,即规定和确定普遍物的权力;

(二)行政权,即使各个特殊领域和个别事件从属于普遍物的权力;

(三)王权,即作为意志最后决断的主观性的权力,它把被区分出来的各种权力集中于统一的个人,因而它就是整体即君主立宪制的顶峰和起点。②

可见,黑格尔是依据概念的不同环节来对三权做出区分的,立法权对应普遍(A),行政权对应特殊(B),王权对应单一(E),它们是实体性的关系。在这实体性关系基础上,黑格尔提出,它们的关系是有机的而非对立的,它们不是孤立和对立的。黑格尔从概念上对国家内部不同权力做出了区分,但并未采纳近代自由主义通常所主张的三权分立、三者绝对对立,而是主张三者保持一个合理的关系。

---

① 黑格尔:《法哲学原理》,范扬、张企泰译,商务印书馆 2007 年版,第 287 页。
② 同上书,第 286—287 页。

二　君主与国家人格

近代以来,民族国家纷纷形成,民族国家本身需要有一个理论上的说明。而同时期的德国在国家统一、民族国家发展的道路上受阻,也需要理论进行反思。黑格尔法哲学承继了这个时代任务,在国家制度中对国家主权、国家人格进行规定,为主权理论做出了重要贡献。

1. 国家主权

"主权概念是一个典型的近代概念。"①近代以来,民族国家的兴起,提出主权理论从而成了时代的需要,博丹、霍布斯、卢梭都对主权理论进行了丰富和发展。最早开始论述国家主权理论的是博丹。在《主权论》中,博丹提出"主权是共同体所有的绝对且永久的权力,拉丁人称之为'maiestas',希腊人称之为'akra exousia'或者'kurion politeuma',意大利人称之为'segiora',他们认为'主权'这个词既属于那些全权控制国家的人,也可以用于私人;而希伯来人则称该词为'Tomech shévet',即最高的支配权"②。在《主权论》的拉丁文版中,博丹极其自豪地宣称在他之前还没有法学家来专门论述过主权这一极其重要的概念。他的主权内容主要包括:立法权、宣战媾和权、任免官职权、司法终身权、赦免权、要求臣民尽忠权、铸币权、要求臣民改变语言权等等③。实际上,博丹的主权概念并未完成,它更多论述的是管理国家的权力内容,而非国家本身的地位,本应讨论国与国之间关系的主权概念并没有得到完整的表达,他甚至认为主权是可以转让的。在博丹之后,霍布斯对主权的认识更深入了一步,他看到主权是绝对的、统一的,主权建立在一个不可撤消的契约之上,"一大群人相互订立信约、每人都对它的行为授权,以便使它能按其认为有利于大家的和平与共同防卫的方式运用全体力量和手段的一个人格。承当这一人格的人就称为主权者,并被说成是具有主权,其余的每一个人都是他的臣民"④。并且,霍布斯正确地认识到主权的人格性,遗憾的是,霍布斯没有对主权人格性给予更多的论述。卢梭进一步提出了主权不可转让,"主权既然不外是公意的运用,所以就永远不能转让;并且主权者既然只不过是一个集体的生命,所以就永远只能由他自己来代表自己;权力可以转移,但意志不可以转移"⑤。卢梭在论述主权不可分割时所表达的很多也

---

① 科维纲:《现实与理性——黑格尔与客观精神》,张大卫译,华夏出版社 2018 年版,第 324 页。
② 让·博丹:《主权论》,李卫海等译,北京大学出版社 2008 年版,第 25 页。
③ 同上书,第 109—144 页。
④ 霍布斯:《利维坦》,黎思复、黎廷弼译,商务印书馆 1997 年版,第 132 页。
⑤ 卢梭:《社会契约论》,何兆武译,商务印书馆 2001 年版,第 35 页。

是国内权力不可拆开,对外权力的论证也不充分。他们的学说都没有明确把国家界定为一个个体,没有把国家看作是一个有意志的人格。

黑格尔从主权的人格特征发展了他的主权理论。黑格尔认为每个共同体(伦理实体)都是有人格的,人格具有至高地位,国家主权就是一个国家的人格,所以国家主权具有至高的地位。黑格尔在论述家庭时也强调家庭的人格,家庭财产是家庭人格的定在。在论述主权时他继续从人格出发,提出国家是一个单一体,单一体要有自己的人格。在国家学说中,黑格尔继续强调国家的人格性,从人格的至高地位来说明主权至上不可侵犯,"人间最高贵的事就是成为人格"①,人格是全部自由的定在,侵犯人格便是对一个个体全部尊严的侵犯,国家人格也是如此,国家人格至上,国家主权不可侵犯。从中可以看出,黑格尔扭转了论证主权的角度,完全是以主权概念为近代民族国家作理论奠基。20 世纪,著名的国际法专家奥本海默提出"主权国家排他性地成为国际人格——即国际法主体"②,某种意义上这不过是重复黑格尔的观点。

2. 国家人格与人格代表

在黑格尔法哲学中,作为国家意志的意志主要表现在"我要这样","国家是自我规定和完全主权的意志,是意志的最后决断"③。"我要这样"是国家作为单个意志的集中体现,反映了意志层面的国家意愿,这个"我要这样"必须得到满足,因此,从国家这个单一体来讲,国家主权是至高无上的,因为其他权力都是国家内部的职能,不可以和主权平起平坐。而且对黑格尔来说,国家的"我要这样"并不是国王本人的"我要这样",它不是随意和任性的。"'国家'包含一个普遍的原则和它的一种应用。这种应用必须是一个主观的意志、一个决议和决定意志的工作。……那么决断的意志怎样是一个意志呢?"④这就要需要人格代表来代表这个人格。

黑格尔认为国家的人格代表就是君主。王权是国家主权的人格化,对内而言,主权至上,因此也需要建立配套的制度保障国家人格的象征地位,这个象征就是君主;对外,主权必须独立,必须确保民族独立性。黑格尔说,"国家是具有个体性的,这种个体性本质上就是个人,而现实的直接的个人就是国君"⑤,同时"在国家中,普遍意志必须将自我集合为一个'整体',集合为

---

① 黑格尔:《法哲学原理》,范扬、张企泰译,商务印书馆 2007 年版,第 46 页。此处后两个"人格",原译为"人",改译为"人格"。
② 篠田英郎:《重新审视主权》,商务印书馆 2004 年版,第 63 页。
③ 黑格尔:《法哲学原理》,范扬、张企泰译,商务印书馆 2007 年版,第 300 页。
④ 黑格尔:《历史哲学》,王造时译,上海书店出版社 2003 年版,第 442 页。
⑤ 黑格尔:《法哲学原理》,范扬、张企泰译,商务印书馆 2007 年版,第 338—339 页。

一个单个的权力机关,反过来它又必须与权力的承担者即法人以制约精神产物的形式发生关系"①。这样的单个权力机关就是国家元首,他是国家的人格代表。所以君主是普遍性和特殊性的统一,是单一性。

为了表示对王权的尊崇,黑格尔在行政、立法、王权三权中还把本代表单一性的王权放在第一位来论述,要知道,单一性本应排在第三位的。黑格尔认为,如果国家是一个法人,那么君主就是法人代表,用现代政治话语来讲,这个"法人代表"就是国家元首。国家元首是自然人,国家元首制度的核心是国家元首代表国家(除了极少数国家,如瑞士联邦联邦委员会代表国家,苏联是最高苏维埃主席团代表国家,我国也曾以全国人大常委会对外代表国家,行使国家礼仪),这一制度的合理性,在黑格尔的论述中得到了阐发。

黑格尔认为,主权之所以至高无上,不可分割,是因为主权就是国家权力,所以在现代国家制度中,国家元首作为国家的代表,就需要拥有象征性的国家最高权力。对此,黑格尔也有论述,"君主主权产生赦免犯罪的权力……赦免权是对精神的尊严的一种最崇高的承认"②。君主有权赦免犯罪,但这并不破坏法律,因为赦免的过程并不取消法,另外君主作为国家代表,享有宣布战争或媾和的权力。其实称它是君主的权力只是名称上的用法,这也是国家元首的权力,司退士(S.T.Stace)说:"在国家的首脑地位必定有一个单一的人,他协调国家的所有职能,国家的一切五花八门的活动都汇合在他身上……共和国的总统,甚至军事专制制度的独裁者,同样是处在国家首脑地位的单一的个人。"③国家对外是一个单独体,需要以单一体的身份进行活动,国际法中国家是一个单一体。

可以说,黑格尔的国家主权和国家人格的论述,既是对近代民族国家的理论表达,也是对德国现状的反思。德国四分五裂,需要形成一个统一的国家,国家主权和人格需要得到尊重,国家对内权威需要得到保障,以进行有效管理,同时德国需要作为一个个体出现在国际社会中。如何让德国成为一个独立主权国家,这是黑格尔当时面临的紧迫任务;当前,很多人批评黑格尔的国家学说,其实,如果他们能够理解黑格尔时代的紧迫任务,他们的批评也许就不那么直接了。但是,黑格尔以国王个人等同于国家人格,他的逻辑推导也有不够严密之处。马克思曾批评黑格尔,认为黑格尔本应强调君主"个人"的政治性质,而不是"个体性质",更不是他的"肉体性质",即不应该以君主特殊性的特征代替君主本应作为人格代表的身份。马克思指出,黑格尔

---

① 霍耐特:《为承认而斗争》,上海人民出版社2005年版,第65页。
② 黑格尔:《法哲学原理》,范扬、张企泰译,商务印书馆2007年版,第305页。
③ 司退士:《黑格尔哲学》,宋祖良译,中国社会科学出版社1989年版,第386页。

"忘记了特殊的个体性是人的个体性……'特殊的人格'的本质不是人的胡子、血液、抽象的肉体的本性,而是他的社会特质"①。马克思的批评是成立的,作为国家人格代表的君主和作为自然人的君主,二者如何划上等号?一个经验意义上的自然人如何必然地成为抽象意义上的人格代表?这的确是需要黑格尔做出进一步论证的问题。

3. 君主地位的澄清

黑格尔主张君主制,主张国王的权力高于行政、立法,居于首要地位。此观点一直受到批评。批评者认为,黑格尔是在主张绝对君主,是在为普鲁士国王辩护,并以此贬斥黑格尔的国家学说。为此,我们有必要对黑格尔国家学说中的君主地位做进一步澄清:

第一,黑格尔重在论述国家的理念。

正如米蒂亚斯所说,"黑格尔不止一次提醒我们,对于'国家'的哲学思考应该关注国家的概念或者理念,而不能只关注这个或那个国家,也不能只关注特定国家借以产生出来的那些条件"②。黑格尔在《法哲学原理》中一再声明:"在谈到国家的理念时,不应注意到特殊国家和特殊制度,而应该考察理念,这种现实的神本身。根据某些原则,每个国家都可以被指出是不好的,都可以被找到有这种或那种缺陷,但是国家,尤其是现代发达的国家,在自身中总含有它存在的本质的环节。"③在这里,黑格尔讲得非常清楚,如果按照理念来讲,所有的国家都有缺陷,但这些有缺陷的国家都部分地反映了国家的理念。国家的理念应该和现实的国家区别开来,"国家必须表达理性的法,同时它的公民也应该是充满生气的,不管这个国家是民主制还是君主制"④,究竟采取哪种形式,它具有偶然性,不影响黑格尔要表达的国家的本质。

第二,现实中只有君主立宪制符合单一性的形式。

前文已经指出,黑格尔之所以主张君主立宪制的国家,主要因为只有君主立宪制的国家最符合国家的单一性形式。国家作为一个整体的人格需要由一个人来代表,在现存国家中无疑只有立宪君主是符合这一理念的。国家是具有个体性的,这种个体性本质上就是个人,而现实的直接的个人就是君主。人们常以为君主制带来偶然性,其实君主的决断只是形式上的偶然性,君主可以对抗激情。"国家必须表达理性的法,同时它的公民也应该是充满

---

① 《马克思恩格斯全集(第三卷)》,人民出版社2002年版,第29页。
② 米蒂亚斯:《黑格尔论作为国家基础的法律》,载邱立波编《黑格尔与普世秩序》,华夏出版社2009年版。
③ 黑格尔:《法哲学原理》,范扬、张企泰译,商务印书馆2007年版,第259页。
④ Alan Patten, *Hegel's Idea of Freedom*, Oxford University Press, 2002, p.188.

生气的,不管这个国家是民主制还是君主制。"①

第三,黑格尔并没有赋予君主绝对权力,他也批评专制的君主制。

黑格尔法哲学中的君主并不具有广泛性的权力,更没有赋予君主随心所欲的权力,君主的权力至多是象征性的,"国家权力不是君主个人的意志,而是本质性的意志"②。"国家是自我规定和完全主权的意志,是自己的最后决断……这不等于说君主可以为所欲为,毋宁说他是受咨议的具体内容束缚的。当国家制度巩固的时候,他除了签署之外,更没有别的事可以做"③,国王的签署只是象征性的,国王只是一个君主立宪的国王,而不是大权在握的专制君主,"国王只是国家作为整体的象征"④。黑格尔称专制国家只有类似的君主,是不发达的君主制,其决断是偶然和外在的。"在处于较不发达形态中的那些国家里,总得有为首的人;或者他早已自为地存在着……因为一切行动和现实的事都得由一个领导人作出统一的决断来开始和完成的。"⑤而且,在黑格尔看来君主立宪制并不冲突,它可以与自由相容。君主立宪制并不是像一般人想象的那样,只要有君主,就没有自由,黑格尔认为两者是可以相容的,"一般的公共自由和王位世袭制是彼此互相保障、并处于绝对联系中的,因为公共自由是合乎理性的国家制度"⑥。

第四,关于君主世袭与选举。

在很多人看来,如果一个国家的最高领导是世袭的,而不是民主选举的,那么这个国家一定是专制的。但黑格尔不这么看,在他那里,选举与世袭不是区分专制与否的标准。他认为君主世袭是合理的,有其必然性,相对于选举的主观任意来讲,世袭更是有其有利之处,它可以让国家摆脱了私利的干涉,"在更高政治领域中出现的长子继承权连同不可让与的宗族财产,却不是一种任性,而是从国家的理念中产生出来的必然结果"⑦。同时,"世袭权和继承权构成了正统性的根据,这不仅是一种实定法的根据,而且也是包含在理念中的根据"⑧。王位世袭既有实际中的有利结果,又符合理念的要求。而且,在黑格尔看来,王位世袭是一种自然的继承,可预防在王位出缺时发生派系的倾轧和可能给国家带来的混乱。

---

① Alan Patten, *Hegel's Idea of Freedom*, Oxford University Press, 2002, p. 188.
② 黑格尔:《精神现象学(下卷)》,贺麟、王玖兴译,商务印书馆1997年版,第53页。
③ 黑格尔:《法哲学原理》,范扬、张企泰译,商务印书馆2007年版,第300页。
④ Shlomo Avineri, *Hegel's Theory of the Modern State*, Cambridge university Press,1972, p. 188.
⑤ 黑格尔:《法哲学原理》,范扬、张企泰译,商务印书馆2007年版,第299页。
⑥ 同上书,第308页。
⑦ 同上书,第194页。
⑧ 同上书,第303页。

而关于选举,在黑格尔看来,主张君主选举或契约其实只是多数人的任性与偏好的结果,"君主选举制看来当然是最自然的想法,即最接近于肤浅的思想。因为君主所应照料的是人民的事务和利益,所以谁应受托照料人民福利,就必须听由人民选举,只有通过这种委任才产生统治的权利。这种观点,正如君主即国家最高官吏的观念、君主与人民之间契约关系的观念以及其他等等,是从多数人的意志即偏好、意见和任性出发的"①。选举符合市民社会的原则,但它不符合家庭、国家的原则。因此黑格尔说国家实行所谓的民主制、贵族制还是君主制,如果不能克服任意性,那么它们在本质上都是没有区别的。

三 官员与行政权

在黑格尔法哲学中,行政权是使特殊从属于普遍的权力,行政权由官员群体行使。行政权的范围是什么,行使行政权的官员群体具有什么特点,黑格尔在《法哲学原理》中作了说明。

1. 行政权的范围

在黑格尔看来,行政权是执行和实施君主决定的权力,其主要范围在于"贯彻和维护已经决定了的东西,即现行的法律、制度和公共设施等等"②。可见,黑格尔对行政权范围的规定是具体明确的,与我们一般理解的行政权范围并无根本区别。但是,黑格尔随即指出,"行政权包括审判权和警察权"③。这就带来了一个问题,因为市民社会也存在司法权和警察权,其中警察负责照管福利、维持治安等内容,那么警察权和行政权的差别究竟在哪?其实,黑格尔考虑到了这个问题,在他看来,行政权与警察权的根本区别不在于照管的范围,而在于照管的性质。行政权是关于普遍事务的权力,而市民社会警察权是关于特殊事务的权力,前者关注普遍性,后者关注个人利益。国家的行政权的要求在于处理普遍事务,使特殊成为普遍,因此,仅仅处理特殊的事务、私法的范围注定不能成为行政权,只是私法的权力,而不是公法之权。

2. 官员的特点

首先,官员来源于普遍等级,他们以普遍利益为出发点,自身受过教育,能够把教育用于工作,展示高级的水平。官员负责普遍利益,某种意义上,他们就是社会的"精英群体",所以,履行公职不同于履行其他偶然职务,其履职也不是特殊性的契约,而是出于内在精神。

---

① 黑格尔:《法哲学原理》,范扬、张企泰译,商务印书馆2007年版,第303—304页。
② 同上书,第308页。
③ 同上。

其次，行政权要服从君主，行政权"执行和实施国王的决定"①，这也说明了君主权对行政权的指导作用，某种意义上，黑格尔的行政权变成了君权的一个部分；而另一方面，君权是形式性的，君主不掌握实际管理权力。它们究竟谁是主导，行政事务的"第一推动力"是谁？黑格尔似乎未做明确界定。其实，这也是黑格尔关于国家权力区分的一个难处。黑格尔把司法权放到了市民社会，把行政权分为君主权和官员的行政权，既要尊崇君主，认为行政权是君权的延伸，又担心君主专制，提出君主是"虚位"，只是行使权力，在这方面，确实存在一定矛盾。

3. 官员阶层的普遍性

黑格尔为了保证行政权的普遍性，对官员阶层赋予厚望，希望官员阶层履职不是出于契约，而是出于精神，官员阶层能否堪此重任呢？马克思曾批判过黑格尔的官员阶层根本不代表国家，而是与国家对立的特殊官僚集团。官员如何不成为特殊的集团？黑格尔认为，为了防止公职群体有悖使命，防止他们滥用职权，公职人员群体不能成为独立的集团，要让公务群体做到"大公无私、奉公守法和温和敦厚"②。可见，黑格尔的解决主要靠精神，这是与他对国家精神职能的论述联系在一起的。如果以权力制衡、制度约束一般观点来考察黑格尔，黑格尔对公职人员的监督是有欠缺的；但如果从黑格尔对国家作为精神实体的定位出发，考虑黑格尔对精神的强调，黑格尔的这一点有其深刻之处。

四 等级与立法权

"立法权"是规定和确立普遍事物的权力，是普遍性的环节，它对于确立国家制度具有重要意义。

1. 国家成员的等级划分

在《法哲学原理》中，等级分为农业等级、工商业等级和普遍等级，前两者属于私人等级，官员阶层是普遍等级，不同等级有不同的利益。总体而言，黑格尔以法哲学的逻辑描述了西方的等级状况，不同等级分别代表单一性、普遍性和特殊性。同时，黑格尔的叙述也反映了西方社会的等级传统。西方近代思想家多关注到了不同等级的不同状况，马克思也提出"至今一切社会的历史都是阶级斗争的历史"③，这样黑格尔的观点就不显意外和突兀了，只是各人对阶级的关系可能有不同的看法，而黑格尔接受社会的阶级，提出以

---

① 黑格尔：《法哲学原理》，范扬、张企泰译，商务印书馆2007年版，第308页。
② 同上书，第314页。
③ 《马克思恩格斯选集（第一卷）》，人民出版社1995年版，第272页。

阶级为基础参与立法。

2. 等级议会与立法权

黑格尔明确讨论了立法权，认为立法权是和行政权并列的一种权力，是国家权力的重要部分，并且，立法权的行使不在政府或国王，而在民众。只不过，黑格尔赋予的立法权是一种间接权力，民众并不直接去行使立法权，而是需要通过等级议会来行使，等级议会是普遍规范的主观性环节，"等级要素的作用就是要使普遍事务不仅自在地而且自为地通过它来获得存在，也就是要使主观的形式的自由这一环节，即作为多数人的观点和思想的经验普遍性的公众意识通过它来获得存在"①。黑格尔之所以要把立法权交给等级议会。主要基于以下考虑。第一，只有通过等级议会，才可以给民众以定型。黑格尔说过，人民（Volks）就是不知道自己想要什么的那一批人，其言下之意是，人民是一个抽象的概念，只有通过等级议会，才能得以形成意见。第二，等级议会比较符合黑格尔对国家阶层的划分。黑格尔把国家成员分为农业阶级、工商阶级和普遍等级，分别代表普遍性、特殊性和单一性，普遍等级是国家管理者，是单一性的等级，这是和黑格尔 A—B—E 逻辑结构相关的，反映了黑格尔的逻辑观念。

在等级议会问题上，黑格尔还主张实行两院制，"等级会议必须分为两院"②。与此相应，议员就分为两类，一类是政府大臣，另一类通过选举产生的等级议员。黑格尔认为，不应该把行政权与立法权完全对立起来，而"把政府成员从立法机关中排除出去……这是对国家的一种错误观点"③。通过两院制度，不仅可以消除等级情绪的偶然性，还可以使得议会和政府不至于太过对立，议会不会直接反对政府从而影响国家的统一。

总体上，在议会权力方面，黑格尔的主张与当时的一般政治学说并无太大区别，只是在黑格尔的国家学说中，他对无序的政治参与比较担忧，坚决主张通过等级实现参与政治；关于安全关系，黑格尔更多考虑到国家的整体性，防止三权的对立对国家的危害，并在议员产生等问题上实际赋予了国王较多主导权，当然，这一做法也招到了很多批评。

3. 等级因素与普遍性

黑格尔主张国家是普遍性的代表，各个等级是特殊性代表，至于特殊性的等级如何代表普遍，这是一个问题。在近代的思想家中，卢梭反对等级因素参与立法，认为等级因素所形成的只是"众意"，还不是"公意"，真正的法

---

① 黑格尔：《法哲学原理》，范扬、张企泰译，商务印书馆2007年版，第318—319页。
② 同上书，第330页。
③ 同上书，第318页。

离不开公意,公意是全体人民的意志,而不是某一等级的意志,总体上可以说,卢梭质疑的是等级议会制无法反映公民的全体意志。而马克思在《黑格尔法哲学批判》中也讨论过黑格尔的"立法权",认为黑格尔的立法权并未突破西方封建社会以来的传统,根本上主张的是以私有制财产为基础的立法制度,违背了黑格尔对国家与市民社会的区分,是以市民社会取代了国家,马克思指出,"黑格尔不是首尾一贯的"①。

某种意义上讲,国家立法权的普遍性的确是一个问题,近代政治哲学关于此的讨论一直晦暗不明。自由主义的政治学说往往不再追求所谓普遍,认为各阶级只要代表自己,各阶层有自己的利益表达机制,这就是正义。黑格尔既主张各等级的作用,又主张把普遍性交给国王和官员,既有对当时通行学说的总体继承,也考虑到阶层自身的局限,还为了充分尊崇君主而赋君主一定发言权,最终使得他的观点之间出现抵牾。在此意义上,马克思进一步批判黑格尔,指出"黑格尔应该受到责难的地方,不在于他按照现代国家本质现存的样子描述了它,而在于他用现存的东西来冒充国家本质"②。应该说,黑格尔关于国家建制的表述遭遇普鲁士现实时,受其环境和个人身份限制,确实是有不够彻底之处。

五 公民参与政治的其他方式

黑格尔法哲学经常会遇到这样的质疑:"黑格尔的国家理论有没有为公民参加宪法的改革与实践提供什么途径呢?"③对于政治参与问题,黑格尔是主张每个人都有政治参与的资格的,但是另一方面"黑格尔得到一个结论,即普遍且完全的参与不啻为天方夜谭"④。在黑格尔的时代,自由的原则已经深入人心并成为了一般的政治制度,黑格尔接受这些制度,并在此基础上把它们吸收进国家建制之中。同样,黑格尔并不反对政治自由,在他的著作中同样充满了对现代政治自由的表述,黑格尔把这些观点变成了具体设计。除了参与立法事务,黑格尔还在以下几个方面提出了公民参与政权政治的具体方式。

1. 监督

在黑格尔的国家中,公民还可以对权力机关和官员进行监督,防止个别官员的主观任性,"要使国家和被管辖者免受主管机关及其官吏滥用职权的

---

① 《马克思恩格斯全集(第三卷)》,人民出版社 2002 年版,第 117 页。
② 同上书,第 80 页。
③ 米蒂亚斯:《黑格尔论作为国家基础的法律》,载邱立波编《黑格尔与普世秩序》,华夏出版社 2009 年版。
④ 查尔斯·泰勒:《黑格尔与现代社会》,徐文瑞译,吉林出版集团 2009 年版,第 169 页。

危害,一方面直接有赖于主管机关及其官吏的等级制和责任心,另一方面,又有赖于自治团体、同业公会的权能,因为这种权能自然而然地防止官吏在其担负的职权中夹杂主观的任性,并以自下的监督补足自上的监督无法顾及官吏每一细小行为的缺陷"①,只是,黑格尔的监督不是三权分立意义上的专门监督,更多依靠上对下的监督。

2. 发表见解与公共舆论

黑格尔看到了公共舆论和言论自由的重要地位,指出政府的议事记录的公布既使公众了解政府事务,又让他们学会了才能。这类似于现代社会经常主张的民众知情权。除此以外,黑格尔还特别强调公共舆论,虽然黑格尔一方面主张公共舆论可以不必重视,因为只代表一般意见,但是公共舆论还是隐约表达了事物的真实基础,"公共舆论不仅包含着现实界的真正需要和正确趋向;而且包含着永恒的实体性的正义原则,以及整个国家制度、立法和国家普遍情况的真实内容和结果。这一切都采取常识的形式,这种常识是以成见形态而贯穿在一切人思想中的伦理基础"②。黑格尔还指出,言论自由乃是现代世界的原则,"现代世界的原则要求每一个人所应承认的东西,对他显示为某种有权得到承认的东西"③,主张公民"公开发表的自由"④。从这些方面看,黑格尔对于现代知情权、言论自由、舆论监督等内容都是有所涉及的,这都是现代政治自由的基本内容。

3. 市民社会的参与

在黑格尔那里,市民社会不单是司法和需要,还包括警察和同业自治,这就包含了市民阶层关乎自身利益的政治参与问题,通过参与市民社会的相关事务,为政治参与进一步打开了通道(相关内容笔者将在第四章第一节详细展开)。

六 对黑格尔国家制度的评价

1. 具体制度

一般认为,黑格尔在具体国家制度上并无特别的根本创见,对此,马克思还说过,"黑格尔关于'行政权'所讲的一切,不配称为哲学的阐述。这几节大部分都可以原封不动地载入普鲁士邦法"⑤。黑格尔的"无根本创见"是有

---

① 黑格尔:《法哲学原理》,范扬、张企泰译,商务印书馆 2007 年版,第 313 页。
② 同上书,第 332 页。
③ 同上书,第 334 页。
④ 同上书,第 335 页。
⑤ 《马克思恩格斯全集(第三卷)》,人民出版社 2002 年版,第 57 页。

原因的,而且该批评也并不完全正确。就其"有原因"来说,黑格尔的国家建构本身就不是要完全推翻当时的主流学说,他对启蒙以来的一般政治成果是能够接受的,所以,正如前文指出的,黑格尔与近代政治学说并无根本区别,他在总体上接受了近代政治学说,如果对黑格尔的总体国家制度视而不见还忙于指责黑格尔的专制独裁,这种论调可以休矣。

但是,黑格尔"无根本创见"并不等于毫无创见,黑格尔在国家学说中还是有重要创见的,其创见性首先体现在国家与市民社会的区分上。黑格尔通过此一区分,已经理清了很多国家职能,为政治参与问题、权利范围问题划清了界限,也是因为有了国家与市民社会的区分,黑格尔在国家权力部分才没有专门论述"司法",因为在他看来,裁断个人利益争端的"司法"属于市民社会。其次,黑格尔对王权的单一性、选举制度等问题,也有他的独特性见解,黑格尔主张君主立宪,反对原子个人的政治参与与选举,这是和他对契约论的批判与国家实体的主张相关的,这些可以算作黑格尔国家学说的创见。

最后,客观地说,黑格尔的国家制度也存在不足,比如作为普遍等级的官僚本身能否存在,官僚等级能否代表普遍性,议员的选举制度与长子继承制之间的冲突等等。在一些细节问题上,黑格尔从逻辑理念出发,对部分权力的规定确实有值得商榷之处。对于这些问题,我们应当正视,但不必拘泥于细节,而应从逻辑入手,从黑格尔的问题意识入手,整体理解黑格尔国家制度的独特意义。

2. 国家学说的整体地位

正如前文已指出的,黑格尔以国家制度来实现自由,在具体国家制度设计上,黑格尔与同时代的思想家并无根本区别,甚至在不少思想家看来,"在《法哲学原理》中描述的立宪君主制也是非常自由主义的"[①]。黑格尔对国家中自由的论述与保障也得到了当代绝大多数黑格尔研究者的肯定,这些制度可以看作是黑格尔对现代自由理论的肯定与提炼。

但是,这不是黑格尔国家学说的全部。当前很多研究者忽视了黑格尔国家学说中还有更为特殊的内容,这也是不对的。黑格尔国家学说的特殊内容便是黑格尔对国家的特殊定位,这一定位既凸显了黑格尔法哲学对当代问题的诊断与思考,凸显了黑格尔对同时代思想家的超越,也为黑格尔的国家学说招致很多批评,为此,我们更有必要了解黑格尔对国家的特殊定位。

---

① 伍德:《黑格尔的伦理思想》,黄涛译,知识产权出版社2016年版,第423页。

第四节　黑格尔对国家的独特定位

前文已指出,实体性普遍意志要超越单个意志,必须要有一整套的国家制度来保障,这些制度是国家的主要建制。只有建立了基本的制度框架,才有可能实现普遍规范。黑格尔与近代政治哲学一般观点在这一点上并无根本分歧。但这并不是黑格尔国家学说的全部内容。在制度建制之上,黑格尔对国家还有更高的定位,那就是把国家理解为国家有机体和伦理共同体。某种意义上,这一定位凸显了黑格尔国家学说的独特内容与独特意义。

一　国家有机体

1. 三权关系的由来

洛克最早提出了三权分立的理论,他把权力分为立法权、执行权、对外权,立法权居于最高的地位,"有一个最高权力,即立法权,其余一切权力都是而且必须处于从属地位"①。现代国家广泛采纳的三权分立是孟德斯鸠提出的,他把权力分为立法权、行政权、司法权三种,孟德斯鸠说:"当立法权和行政权集中在同一个人或同一个机关之手,自由便不复存在了。因为人们将要害怕这个国王或者议会制定暴虐的法律,并暴虐地执行这些法律,如果司法权不同立法权和行政权分立,自由也就不存在了。如果司法权同立法权合而为一,则将对公民的生命和自由实行专断的权力,因为法官就是立法者。如果司法权同行政权合而为一,法官将拥有压迫者的力量。"②可见,现代意义的立法权、行政权、司法权三权分立主要是为了保证权力的有效监督和制衡。但是,在黑格尔看来,这样的三权划分是外在的、对立的,"跟所有有机的结构一样,当部分与整体割裂开来的时候,整体就会丧失其同一性和本质,而当所有的部分都不能协调一致地发挥作用而各行其是的时候,整体就会分崩离析"③。

因此,在黑格尔之前,卢梭就已经开始批判这样的三权分立理论,"我们的政论家们既不能从原则上区分主权,于是便从对象上区分主权:他们把主权分为强力和意志,分为立法权力与行政权力,分为税收权、司法权、战争权,

---

① 洛克:《政府论(下卷)》,叶启芳、瞿菊农译,商务印书馆 2005 年版,第 94 页。
② 孟德斯鸠:《论法的精神(上册)》,张雁深译,商务印书馆 2005 年版,第 185—186 页。
③ 米蒂亚斯:《黑格尔论作为国家基础的法律》,载《黑格尔与普世秩序》,邱立波编,华夏出版社 2009 年版。

分为内政权和外交权。他们时而把这些部分混为一谈,时而又把它们拆开"①。康德在国家权力划分这个问题上受到了卢梭的影响,但又不愿放弃三权分立,所以态度就显得有些暧昧。康德认为,"国家的三种权力,首先是作为三个道德人格相互并列,也就是说,为了国家宪政的完备性而一方是另一方的补充"②,但它们又都从属于一个更高的人格,"它们也是相互隶属的,以至于一方不能同时篡夺另一方所执掌的职能,而是有其自己的原则,就是说,虽然是以一个特殊人格的品质,但毕竟是在一个更高人格的意志条件下来发布命令"③。这样从主权角度来讨论国家内部权力,启发了黑格尔。

2. 权力的有机关系

在黑格尔看来,权力之间的关系是有机的,而不是单纯分离、对立的关系。国家有机体服从于一个目的,不同权力只是不同功能的划分。黑格尔说:"政治制度首先是国家组织和国家内部关系中的有机生命过程;在这种关系中,国家把自己区分为自己内部的几个环节,并发展它们,使它们能巩固地存在。"④可见,各个权力只是内部的有机环节,它们必须服从于一个目的而保持合作,而不是"闹独立",对此黑格尔说:"国家是机体,这就是说,它是理念向它的各种差别的发展。这些不同方面……永远导源于国家,而国家也通过它而保存着自己。如果双方脱节分离,而机体的各个不同方面都成为自由散漫,那末政治制度所创造的统一不再是稳固的了。这正与胃和其他器官的寓言相合。机体的本性是这样的:如果所有部分不趋于同一,如果其中一部分闹独立,全部必致崩溃。用各种谓语和基本原理等等来评断国家,那是无法做好工作的,国家必须被理解为机体。"⑤权力划分本应该包括差别,但黑格尔反对洛克、孟德斯鸠的那种外在的划分,因为在黑格尔看来,权力之间的差别应该由事物的理念发展而来,不是抽象理智的随意划分,"权力划分的原则包含着差别这一本质的环节,实在合理性的环节。但是抽象理智对这一原则所领会的是:一方面,在其中存在着各种权力彼此绝对独立的规定,而这是错误的,另一方面,各种权力的相互关系是否定的,彼此限制的,而这种解释是片面的。依据这一观点,每一种权力都敌视和害怕其他权力,反对它们像反对邪恶一样;它们的职能就在于彼此之间互相抗衡,并通过这种抗衡而造成一个普遍均势,可是决计不是促致一个有生命的统一。"⑥

---

① 卢梭:《社会契约论》,何兆武译,商务印书馆2001年版,第37页。
② 康德:《康德著作全集(第六卷)》,李秋零主编,中国人民大学出版社2007年版,第326页。
③ 同上书,第326—327页。
④ 黑格尔:《法哲学原理》,范扬、张企泰译,商务印书馆2007年版,第283页。
⑤ 同上书,第268页。
⑥ 同上书,第284—285页。

总体说来,黑格尔在讨论国家内部制度时,看到了依据职能对国家权力进行划分的必要性,但是他又不认同近代以来流行的三权分立制度,他的权力划分依据的是国家权力有机关系。黑格尔的国家也有三种权力,它们分别是王权、行政权、立法权,但这三种权力不是对立的。黑格尔的立法权是决定和确立普遍物的权力,行政权是使特殊服从于普遍的权力,因此他主张多数人分享立法权,少数人享有行政权;王权是普遍和特殊的统一,而且是国家作为单个意志的代表。立法权所形成的是国家的普遍意志,但这个普遍意志必须是有内容的,它的内容从何而来,这就需要立法,需要等级会议参与立法协商产生国家法律,使得单个意志成为普遍的意志。国家权力是有机的统一,因为黑格尔所理解的国家就是一个有生命的有机体,是一个单一体,"有机自然的生命既包括实在存在的各部分的差异面和这些部分中单纯地自为地存在着的灵魂,同时却又包括这些差异面作为经过调和的统一,所以,生命比起无机自然要较高一层。只有有生命的东西才是理念,只有理念才是真实的"①。有机体自身有内部的目的,而不是被随意创造的,就此,可以说,黑格尔在他的法哲学中包含着目的论的恢复。

除此以外,在权力类型上,黑格尔主张的三权也不同于孟德斯鸠和洛克。上文已提到,洛克主张的三权是立法权、行政权、外交权,孟德斯鸠把国家三权分为立法权、行政权和司法权(这也是现代国家最常用的划分权力的办法),但是,黑格尔并没有把司法权看作是国家权力,而是把司法权放到了市民社会。这又是出于什么原因呢?黑格尔自己说过,市民社会是外部的国家,它处理的仍然是特殊性的领域,司法解决特殊性的冲突。这就说明,黑格尔把法律理解为只是私法性质的,法律调停解决的还都是私人之间的冲突,公法的发展在当时还不成熟,比如说当时还没有"行政诉讼"制度,黑格尔所看到的法院解决的都是私利性质的案件,因此在当时看来,把司法权放在市民社会也是合情合理。

3.国家有机体的特征

国家有机体的首要特征在于有机体是"活"的,而不是"被造"的,查尔斯·泰勒评价黑格尔的国家有机体时也说:"生物是功能的统一体,而不仅仅是诸部分的结合。……黑格尔乃复原了先前遭受笛卡尔主义毁坏的各类生物之间的连续性意义。"②黑格尔主张国家是一个有机体,其意义在于国家是"活"的,有生命的,整体大于部分之和。在自由主义理论中,国家只是一

---

① 黑格尔:《美学(第一卷)》,朱光潜译,商务印书馆1984年版,第152页。
② 查尔斯·泰勒:《黑格尔与现代社会》,徐文瑞译,吉林出版集团2009年版,第31页。

个外在的工具,是契约产生的为保护财产的工具。国家有机体的另一重要特征还在于国家的意志特征。在一般理解中,意志具有人格性的特征,意志都是从属于个人的,而黑格尔的国家是具有人格性的,作为人格的单一性,国家是一个有机整体,有自己的人格特征,就此而言,国家具有意志也是可以理解的。其实,近代以来,德国浪漫派一直主张国家有机体的学说,认为国家不是机械的、人造的,而是有机的,我们虽不能说黑格尔的国家有机体主张直接脱胎于浪漫派,但浪漫派对国家整体功能的肯定,反对肢解国家,反对国家的功能主义理解,这些主张一定深深影响了黑格尔。黑格尔说:"自在自为的国家就是伦理性的整体,是自由的现实化;而自由之成为现实乃是理性的绝对目的。国家是在地上的精神(in der Welt Steht),这种精神在世界上有意识地使自身成为实在。"①这里强调的也是国家的精神性与单一性。

二 伦理共同体

1. 作为伦理共同体的国家

国家作为一个有生命的有机体,它不是被造的,这样的国家究竟是什么样子的?它有没有现实说明呢?查尔斯·泰勒说过,黑格尔"心目中的榜样不是弗雷德里希大帝的国家,他对那个国家从来没有敬佩过,而是古希腊城邦"②。某种意义上,希腊城邦的确是黑格尔心目中的榜样,它是一个伦理共同体。

在亚里士多德对古代城邦的论述中,人是要过城邦的生活的,"人天生是一种政治动物,在本性上而非偶然性上脱离城邦的人,他要么是位超人,要么是位鄙夫"③。亚里士多德认为人要过自足的生活,只有城邦才能实现自足,"城邦在本性上先于家庭和个人"④。这是因为人的本性追求自足,这只有在城邦中才能实现。人们在城邦中联系的纽带是友爱,"友谊是城邦最高的善,而且是消除城邦动乱的最佳手段"⑤。城邦以完美自足的生活为其目标,婚姻、家族、祭祀、消遣是共同生活的表现,也都是友爱的结果。这样的伦理共同体归纳下来就是:城邦是善的实现,城邦中爱是联系的纽带,人不能脱离城邦。黑格尔高度评价了这样的伦理共同体,他同样主张国家是一个伦理共同体。具体而言,国家作为伦理共同体既指它的伦理性,也指它的现实性。

---

① 黑格尔:《法哲学原理》,范扬、张企泰译,商务印书馆2007年版,第258页。
② 查尔斯·泰勒:《黑格尔》,张国清译,译林出版社2002年版,第594—595页。
③ 亚里士多德:《政治学》,颜一等译,中国人民大学出版社2003年版,第4页。
④ 同上。
⑤ 同上书,第35页。

2. 伦理共同体的"伦理性"

伦理共同体的"伦理性"首要体现便是成员的"家园感",这种家园感是通过伦理共同体对其成员的"关照"来实现的。我们知道,贫困是现代社会的痼疾,市民社会不但未能解决反而加大了贫困,因而需要作为伦理共同体的国家对自己成员的福利予以照顾。当然,自由主义阵营并不认同国家对福利的照料,与黑格尔同时期的德国自由派代表威廉·冯·洪堡就提出了福利的两条原则来反对国家照顾公民积极福利,第一条是"国家不要对公民正面福利作出任何关照,除了保障他们对付自身和对付外敌所需要的安全外,不要再向前迈出一步"①,国家只应该关注公民的负面福利——即国家应该保护好公民的福利不受侵犯即可,由此提出第二条限制性原则:"既防范外敌,又防范内部冲突,维护安全,必须是国家的目的。"②这两条原则也就成了国家职权的界限,国家不能超出这两条界限半步。

黑格尔的伦理共同体不是这样的。成员的财产是受照顾的,"个人从他的义务说是受人制服的,但在履行义务中,他作为公民,其人身和财产得到了保护,他的特殊福利得到了照顾,他的实体性的本质得到了满足,他并且找到了成为这一整体的成员的意识和自尊感;就在这样地完成义务以作为对国家的效劳和职务时,他保持了他的生命和生活"③。国家也是个人赖以存在的家,这个家超过市民社会中的"同业公会",是爱和正义原则的统一。而且,黑格尔的国家对成员的照料,"并未像把他指责为极权主义者那样,试图通过强力和宣传使人民大众都完全地、不假思索地认同国家的优先地位。从市民社会向国家过渡并不意味着一方完全否定另一方。像往常一样,黑格尔既未打算否定特殊性,也未打算否定个体性"④。

伦理共同体的"伦理性"还体现在国家与成员的关系上。长期以来,常有思想家把国家和个人对立起来,要么认为共同体是个虚构,除了个人利益的总和之外没有什么整体,要么认为国家中个人自由就得不到发展。在黑格尔看来,恰恰是"整体大于部分之和",整体是高于部分的;所谓的国家限制个人自由也是虚妄之言,其实"伦理性的东西就是自由,或自在自为地存在的意志,并且表现为客观的东西,必然性的圆圈。这个必然性的圆圈的各个环节就是调整个人生活的那些伦理力量。个人对这些力量的关系乃是偶性对实体的关系,正是在个人中,这些力量才被观念着,而具有显现的形态和

---

① 威廉·冯·洪堡:《论国家的作用》,中国社会科学出版社1998年版,第54页。
② 同上书,第60页。
③ 黑格尔:《法哲学原理》,范扬、张企泰译,商务印书馆2007年版,第263页。
④ 理查德·贝米拉:《重新思考自由主义》,王萍等译,江苏人民出版社2005年版,第17页。

现实性"①。国家的各种制度不是对人的压制,"伦理性的实体,它的法律和权力,对主体来说,不是一种陌生的东西,相反地,主体的精神证明它们是它所特有的本质。在它的这种本质中主体感觉到自己的价值,并且像在自己的、同自己没有区别的要素中一样地生活着"②。个人在普遍性中进一步获得了自己的确定性,在国家的普遍性里,每一个人都有自己的确定性。

3. 伦理共同体的"现实性"

就伦理共同体的现实性来讲,国家是与生俱来的,"国家并不是为了公民的缘故而存在在那儿;可以说,它是目标而他们是它的工具。但是,这种目的和手段的关系在这里十分不适当。因为国家不是某种抽象的东西,高高凌驾于公民之上;相反地,他们是有机生命中的诸环节,在其中没有一个成员是目的,也没有一个是手段……国家的本质乃是伦理生活(die sittliche Lebendigkeit)"③。人生来就是一个国家的公民,就如亚里士多德主张的人生来是城邦的动物。自由主义的论述并非如此,洛克在《政府论》中主张只有经过本人同意,才成为一国的公民,而在成为一国公民后也可以自由脱离。但洛克的这一主张不足以说明为什么大多数人生来属于一个国家的事实,为此,他进一步解释,因为政府的性质是保护财产,当财产属于一国时,就附带规定了财产所有人必须遵守该国法律,因此,子女只要接受他们父母的财产,就要成为该国的公民。成为一国公民的方式有明示和默示两种,明示就是签订契约,这样就不得退出,默示的方式是继承财产,只要放弃或转手该财产就可以退出。④ 霍布斯虽然提出人的政治属性,但是"人本性上是政治的,因为他爱社交怕孤独"⑤。对于国家的优先性,有人会举现代国家中公民的脱离权这样的例子来反驳黑格尔,即主张在现代国家,公民有权利放弃一国国籍而加入到另一个国家,以此说明洛克的主张似乎更有道理,即国家是契约的产物,个人可以选择国家。其实,一方面,黑格尔强调的是逻辑优先,讲的是事物本性,单个人脱离一国加入另一国并不改变国家的逻辑优先性。另一方面,如果把黑格尔的国家理解为文明和文化状态的话,黑格尔的主张则更为深刻,人在精神上、逻辑上必然属于一个国家,亚里士多德的"人生来是城邦的动物"也是强调人在本性上从属于城邦。

施特劳斯的《政治哲学史》批评黑格尔在国家的起源问题上有一个内在

---

① 黑格尔:《法哲学原理》,范扬、张企泰译,商务印书馆2007年版,第165页。
② 同上书,第166页。
③ 查尔斯·泰勒:《黑格尔与现代社会》,徐文瑞译,吉林出版集团2009年版,第135页。
④ 洛克:《政府论(下卷)》,叶启芳、瞿菊农译,商务印书馆2005年版,第71—78页。
⑤ Alfredo Ferrarin, *Hegel and Aristotle*, Cambridge University Press, 2004, p.358.

的矛盾,"国家既表现为最终的结果,又表现为先决条件"①,认为在黑格尔的著作中,国家既是个人发展的归宿,是个人自由的实现,同时,国家又是个人的条件。按照施特劳斯的看法,黑格尔解决这一矛盾的办法是把它笼统地归为"理性的狡计"。在理性的狡计中,个人不自觉地成了国家理性中的工具。其实,这样的解释是站不住脚的,黑格尔的确没有从经验的层面上来讲国家的起源问题,但这不代表在他那里存在着矛盾。大家都清楚在黑格尔那里谈国家是从逻辑的理念而不是实际经验生活来谈的。在逻辑上国家的优先性既包含它是逻辑的起点,也包含个人以国家为最终目标,这种逻辑不同于社会契约论,不同于从原子个人出发来结合为国家,也不同于国家出发发展出个人——上述两种方式只是抽象的理智——个人在逻辑上从属于国家,所以国家在逻辑上看既是起点又是终点,这才是完整的黑格尔思想。施特劳斯在这点上混同了逻辑与实际历史经验的界限。

三 伦理共同体的精神内容

精神问题是伦理共同体的核心问题。在这个问题上,伦理共同体是有精神内容的,这些内容具有独特而重要的意义。

1. 国家本身的精神性

在黑格尔的精神哲学体系中,国家作为实体性意志,它不是物理上的实存,必定是精神性的存在物。黑格尔高明而独特地看到了国家的实存有其精神根据,客观精神在外化后得到认识,在国家中得到体现。

黑格尔一直主张国家是精神,在《历史哲学》中称赞希腊城邦时就说过:"'精神'在国家之中,不仅是像那些神祇的对象,也不仅是主观地造成的美的体格,而是一个有生命的、普遍的'精神',同时又是个别的个人自觉的'精神'。"②在古希腊,人需要趋于完善,"人一旦趋于完善就是最优良的动物,而一旦脱离了法律和公正就会堕落成最恶劣的动物"③,完善是精神的完善,是精神向上的要求,精神要依靠理性。查尔斯·泰勒也指出"黑格尔除了认为共同体是一个生命之外,又主张共同体的'自我意识'"④,共同体必须有自己的精神,"国家是伦理理念的现实——是作为显示出来的、自知的实体性意志的伦理精神,这种伦理精神思考自身和知道自身,并完成一切它所知道的,

---

① 列奥·施特劳斯、约瑟夫·克罗波西:《政治哲学史》,李天然等译,河北人民出版社1998年版,第850页。
② 黑格尔:《历史哲学》,王造时译,上海书店出版社2003年版,第248—249页。
③ 亚里士多德:《政治学》,颜一等译,中国人民大学出版社2003年版,第5页。
④ 查尔斯·泰勒:《黑格尔与现代社会》,徐文瑞译,吉林出版集团2009年版,第136页。

而且只是完成它所知道的"①。亚里士多德的城邦追求完美自足的生活,伦理共同体也要实现一种善。这里,黑格尔不仅接受了古希腊关于城邦国家伦理整体的思想,同时也受到了卢梭的影响,卢梭反对把政治与道德分别对待,认为"好的社会制度是这样的制度,它知道如何才能够最好的使人改变他的天性,如何才能剥夺他的绝对存在,而给他以相对的存在……把'我'转移到共同体中去"②,因此要在国家中融入精神的要求。

2. 国家培育精神

现代国家伦理共同体,发展道德因素和精神的力量,其目的也是培育公共精神,让国家不再是利益的工具,而是理性的实现。因此,国家有责任培育公民的公共精神;而在同时代,自由主义者在国家教化、精神方面,是坚决反对国家干预的,威廉·冯·洪堡就认为,"倘若整个民族仅仅维持一种确定的性格教育,就会缺乏任何对立力量,因而缺乏任何均势……公共教育完全处于国家作用范围之外"③。在宗教问题上,洪堡同样主张"一切设计宗教的事务都处于国家发挥作用的界限之外,如同整个宗教仪式一样,传道是教区里一种被允许的机构设置,无需国家的任何特别监督"④。黑格尔主张宗教必须处于警察的照管之下,宗教和国家有共同的伦理基础。在社会习俗方面,黑格尔与自由主义也有明显的对立,比如洪堡主张"国家一般必须完全放弃一切直接或间接地对民族的习俗和性格施加影响的努力……尤其是对教育、宗教机构和奢侈法律等等所有特别的监督,都是在国家的界限之外"⑤。在这些方面,都可以看出作为伦理共同体的国家与自由主义的国家在精神方面的巨大差别。在黑格尔看来,伦理共同体本身就是精神性的,有自己的意识,同时还致力于培养公共精神,这样才是它的本来含义。其实,后来的自由主义者们也反对国家在教育、精神等事务上的自由放任,密尔在《代议制政府》中的讨论就提出了政治制度教育要用来促进社会普遍精神的上升,要用来改善人类精神,要培养公民的公共精神等等主张,只是在如何培养上、实施的方式上,自由主义者们更多提倡宽松的教育方式。

3. 国家与民族精神

某种意义上,伦理共同体就是一个充满民族精神的文化实体。霍耐特指出,"用承认理论来构想伦理生活,其前提在于,只有当社会一体化从社会成

---

① 黑格尔:《法哲学原理》,范扬、张企泰译,商务印书馆2007年版,第253页。
② 卢梭:《爱弥儿(上卷)》,李平沤译,商务印书馆2004年版,第10页。
③ 威廉·冯·洪堡:《论国家的作用》,中国社会科学出版社1998年版,第74—75页。
④ 同上书,第95页。
⑤ 同上书,第109页。

员那里得到文化习惯的支持"①。作为伦理共同体的国家,当然要有自己的民族精神,保持自己的民族风俗伦理。传统文化习俗支配着"我",使得我不是一个单个的人,而是和文化中每个人都具有同质性的,维系着共同体成员的身份。

在民族精神的问题上,黑格尔面临两方面的敌人。一方面是德国的浪漫派和历史法学派,另一方面是自由主义。德国浪漫主义和历史法学派主张民族精神的优先地位,认为制度应该顺应民族习俗,并由此带来了后来的民族主义运动。另一方面,自由主义从抽象观念出发要求建立一种抽象的普遍性。在这个问题上,黑格尔对二者进行了综合扬弃。

黑格尔认可民族精神的重要作用。黑格尔认识到,民族精神贯穿于一国法律之中,同时也构成国内民众的风尚和意识。每一个民族的国家制度总是取决于该民族的自我意识的性质和形成;民族的自我意识包含着民族的主观自由,因而也包含着国家制度的现实性,国家作为伦理共同体应该保持并尊重民族精神,尊重民族精神的延续性。黑格尔还赋予民族精神以普遍性和理性,认为民族精神是对自己民族习俗的思维把握,主张"在伦理中思维着的精神,这个精神在自身内扬弃它作为民族精神在其国家和国家的暂时利益里、在法律和风俗习惯的体系里所具有的那种有限性,并把自己提高到对在其本质性中的它自己的知;这是一种还自身具有民族精神的内在局限性的知"②。但民族精神毕竟不是精神的全部,它只是精神因素的一个部分,它需要理性来把握,需要通过理念自身的发展来实现。民族精神不是固定不变的,而是处于发展之中的。这便是黑格尔的历史维度,他把逻辑与历史结合起来,赋予历史以理性,有学者如此总结,"黑格尔对民族精神的论述有一个历史的维度,而这个维度是孟德斯鸠和卢梭著作所没有的。民族精神不是一个静止的整体,它和教育联系在一起,用准生物学的隐喻就是:它是一个成长、变化、发展的过程"③。

四 黑格尔国家独特定位的意义

在黑格尔生活的年代,现代国家制度已经基本成型。黑格尔也论述了一般国家制度,这一国家制度与同时代的政治学说并无明显区别。但黑格尔在一般国家制度基础上,进一步主张国家有机体和伦理共同体。黑格尔为什么要主张国家有机体和伦理共同体?它们对于普遍规范具有什么意义?笔者

---

① 霍耐特:《为承认而斗争》,上海人民出版社2005年版,第64页。
② 黑格尔:《精神哲学》,杨祖陶译,人民出版社2006年版,第360页。
③ Steven B. Smith, *Hegel's Critique of Liberalism*, The University of Chicago Press, 1989, p.42.

以为，它们的意义非常重要，正是有了国家有机体和伦理共同体的思想，才使得黑格尔的普遍规范得以实现，也才使得黑格尔的普遍规范具有独特价值。原因在于：

1. 赋予国家价值内涵

某种意义上说，主张国家有机体在现代社会不是一件"讨好"的事。现代政治哲学很少接受对国家的拟人化，很少把国家看作是一个生命体。在很多批评者看来，对国家制度的拟人化，把国家说成一个超越于所有个体之上的独立行走、有独立思想和独立需求的超级"利维坦"，这是有很大风险的。新黑格尔主义者鲍桑葵说，"意志是具体表现在法律和制度之中的，这就是说体现在作为一个运转中的整体的社会之中，而这个整体又反映在组成它的整个意识系统之中"①。这种定位是对国家的神化，极易忽视个体利益而走向专制。既然如此，黑格尔为何还主张国家有机体呢？

首先，在黑格尔的法哲学中，国家是经过特殊性环节而来的。国家虽有目的，但其目的反映了其成员的目的在内，国家与个体并不是完全对立的。如果不是以知性的、抽象对立的思想去看待法哲学，而是从黑格尔的法哲学体系出发，是可以避免上述风险的，对此，黑格尔应是充分乐观的。

其次，也是更为根本的，黑格尔要赋予国家以精神维度。只有主张国家是个有机体、生命体，突破了近代契约论给国家的工具意义，才有可能建立普遍的规范，否则，这个国家难以实现普遍规范，不能成为价值来源。我们知道，黑格尔在《法哲学原理》中一再批判契约论国家，根本原因在于契约论国家的工具属性。契约论使得国家成了无生命的、随意组成的东西，它不是建立在神圣的伦理基础之上，这样的国家既不具有现实性，也不具有精神维度，无力承载价值规范的要求。当前，我们应首先领会其国家有机体主张的深刻性，认识到国家有机体对于精神的重要意义，而不是简单地反对或批判国家有机体，因为简单批判与怀疑并不能解决现代政治的精神难题。

2. 克服主观性原则

首先，伦理共同体指的是国家并非原子个人的集合体，而是一个大的家庭，国家成员之间不是冷冰冰的外在关系，而是伦理性的关系。现代政治学说是以主观性原则为基础的，其理论根据是原子个人，是个人的权利本位，每个人从自己的利益和偏好出发订立契约、成立国家。但是，现代自由的最大问题也在于主观性的泛滥，公共性难以确立，自由走向悖论，这就需要借助伦理共同体、借助伦理性来消除主观性，所以，黑格尔坚持把国家作为一个伦理

---

① 鲍桑葵：《关于国家的哲学理论》，汪淑钧译，商务印书馆2006年版，第192页。

共同体,其根本原因就是对主观性原则的扬弃,这也是黑格尔国家学说超出一般政治学说的重要特征。

其次,在于伦理共同体的伦理性。所谓伦理性根本上指的是国家的既定性,国家是"自然"而非"人为"的产物,国家不是随意制造的产物,不是主观任意的产物。伦理共同体要扬弃个体性,"黑格尔并不认为,对于社会和文化的基础,个人主义具有隐秘的真理"①。伦理共同体立足于伦理,"伦理是精神性的,因为它处于本性之上。……在伦理中,风俗成了第二本性"②。同时,正如前文指出的,黑格尔的伦理共同体与古典的伦理社会是有根本区别的,其区别在于对主体性的发展和特殊性环节的吸收。在意志的发展与普遍规范的形成过程中,个体意志非常重要,普遍规范只有经过反思、经过特殊性环节,才能成为自己的规范,就此意义而言,国家制度必然不是外在的,而是内在的。

再次,伦理共同体还有一点重要意义,那就是作为伦理共同体的国家可以承担培育精神的职能,这是仅仅作为权利保护工具的国家所不具备的,在此意义上,也需要主张国家是一个伦理共同体。正如有研究者指出的,"黑格尔事实上是将'伦理实体'作为价值合理性的根据,并从'伦理实体'中寻求对伦理关系与伦理秩序的理解的"③。价值秩序问题是黑格尔把国家定位为伦理共同体的又一重要原因。

国家作为伦理共同体,是作为一种普遍意志出现的,它是对特殊意志的扬弃,同时,作为伦理共同体的国家,既关注每个成员的福利,又能够培育、倡导一种整体的精神,既解决了当代政治的异化与合法性危机,又能关注到贫困问题建立社会正义,更能克服当代精神的虚无主义,更好应对价值秩序问题。就此而论,黑格尔把国家看作是伦理共同体,并不是一种历史的倒退,而是反映了他对现代政治的深刻洞见。

3. 黑格尔国家定位的"实体性意义"

黑格尔把国家看作是有机体和伦理共同体,其根本的主张在于,个人和国家不是外在的契约关系,而是实体性的关系。何谓实体性关系?我们得从"实体"意义上来理解,高兆明指出,"黑格尔将'绝对精神'或'绝对理念'视作世界的本原,因而在黑格尔那里,'绝对精神'或'绝对理念'就是'实体'"④。伦理

---

① Timothy C. Luther, *Hegel's Critique of Modernity*, *Reconciling Individual Freedom and the Community*, Lexington Books, 2009, p.227.
② Ibid., p.141.
③ 高兆明:《黑格尔"伦理实体"思想探微》,《中国人民大学学报》1999 年第 4 期。
④ 同上。

实体的真实意义——它就在那,它是值得尊敬的、有精神的,它不是我们造出来的,国家可以承担更多使命,成为地上的神。在这个问题上,黑格尔的国家学说进一步凸显了与近代国家学说的区别。

回顾本章来说,在前三节笔者论述了黑格尔的国家不同于市民社会,他的国家学说也不是主张革命、斗争的学说,而是主张赋予国家更多重任,国家才是普遍规范的实现,这些观点与近代政治学说并无根本差别;但比之近代政治学说,他更注重古典政治学说。然而,上述特征并不足以构成黑格尔国家学说的本质特征,黑格尔对国家的真正本质规定在于有机体和伦理共同体思想。在这个问题上,可以集中说明黑格尔的观点,即国家是一种实体性的存在,这个实体乃是西方哲学传统中实体—属性意义上的范畴。在黑格尔看来,国家就是一个实体,它不是被造出来的,是历史文化的延续,也是精神性的实存——这才是黑格尔国家学说要表达的核心内容,当然,这也是黑格尔国家学说最易引起争议之处。

五 黑格尔国家定位的逻辑说明

诚如我们在本章前三节的研究所展示的,如果仅仅把黑格尔的学说看成国家制度实现了普遍规范,这点定位其实相当于说黑格尔的政治学说与近代主流政治学说无异,霍耐特、伍德、泰勒等诸多当代黑格尔研究者的研究也说明了这一点。

但是,我们更应看到,黑格尔与近代主流政治哲学还存在着重要差别,黑格尔不同于近代主流政治学说之处就在于他提出了国家有机体与伦理共同体,这些观点非常独特。在本节的叙述中,作者也力图表明,黑格尔对国家制度的上述定位才能进一步凸显黑格尔普遍规范的独特内容。只有国家才能具有价值使命,只有国家才能够成为自在的伦理实体,这是黑格尔国家学说的特殊之处。对此,可能会有读者提出疑问,既然按照意志逻辑的发展,国家是普遍规范的实现,国家制度是最重要的承认,也是实现自由的最主要形式,那么作为伦理共同体和国家有机体如何在逻辑上得到说明呢?

首先,黑格尔的逻辑不是一般的思维工具,而是包含历史在自身自内的精神发展历程的说明。这样说来,国家的独特定位是包含在黑格尔的逻辑体系之中的。黑格尔的法哲学始终以 A(普遍)—B(特殊)—E(单一)的逻辑结构展开。从逻辑上讲,国家是普遍规范的实现,国家制度自然是伦理的最高阶段,也是自由的集中体现,但是需要指出的是,E 是包含 A 和 B 在自身之内的,国家制度不是现代的创制,而是吸收了之前的历史阶段的,所以,E 之中自然包含了伦理,包含了古典,仅仅从国家制度的"创制"层面来理解,是无法说明伦理的,也无法说明国家真正的伦理来源和精神内涵,这就必须通过伦理共同体才能真正完成逻辑的过程,伦理共同体才是 E(单一性)的真正完成。

其次,从定位来讲,我们一直主张,黑格尔的法哲学既是现代自由的理论总结,更是自由的进一步实现,这种实现是具体的,是对现代性危机的应对。一般制度是黑格尔对现代性的确认,独特定位便是应对现代性,黑格尔的同时代的很多思想家并没有意识到现代性危机的来临,而黑格尔能在现代性展开之际便捕捉到危机,提出诊断方案,这方案便是通过黑格尔对国家的定位来实现的。

最后,与黑格尔独特定位相联系的便是普遍规范的主要内容,这些内容集中在本书第四章第一、第二、第三节之中,这些内容便是黑格尔法哲学对现代性的具体应对,更是黑格尔法哲学当代意义的具体说明。为此,我们有必要进入到下一章内容之中。

第四章 普遍规范的内容与特征

由意志发展而来的普遍规范是有具体内容的,它包括政治、社会、精神三个方面,这三方面内容相互交织、逐次递进、紧密联系,涉及现代社会生活方方面面,其中很多内容还对当代社会产生了重要影响。同时,普遍规范具有鲜明的特点,既表现在它的来源上,还表现在它的问题意识和逻辑结构上。这些内容和特点都具有深刻的现时代意义,体现了黑格尔法哲学对现代社会的基本诊断,可看作是黑格尔法哲学的现代性方案。

第一节 政治异化与政治规范

现代政治的发展面临着严重困境。现代政治成了自由的束缚,带来的政治参与、权利公共性等一系列问题都很突出。要克服这些问题,必须重建政治的道德维度,对此,卢梭做出过探索,只是最终因其激进浪漫而失败。现代政治还需借助于黑格尔的法哲学来克服上述问题,发展政治的德性,实现法与道德的和解,建立现代政治的真正合法性认同,让政治成为正义与自由的实现。

一 现代政治的主要困境

1. 自由的束缚

现代社会以来,人们常把国家看作理性的产物,认为国家体现了人们的自由与理性能力,但这也常陷入一种矛盾:一方面,"理性的要求是,人生活在一个依照'概念'而架构起来的国家之中"①,这就要求作为理性产物的政治制度要内在于理性,要体现人们的自由;另一方面,在现代社会,"人是生而自由的,却无往不在枷锁之中。自以为是其他一切主人的人,反而比其他

---

① 查尔斯·泰勒:《黑格尔与现代社会》,徐文瑞译,吉林出版集团2009年版,第126页。

一切更是奴隶"①。政治更多时候成了自由的束缚,"在政治共同体中,个体所享有的自由要少于在自然状态中享有的自由,国家是对我们自由能力的限制"②成了一个不争而又无奈的现实。"只要客观世界不是由理性来建构的,个体任凭其意志的决定就必然要与法律、道德发生冲突。现有的法律与道德必然成为他们自由的限制。"③作为理性产物的政治成了对个人自由的束缚,这不能不说是现代政治带来的异化。当然,近代以来的很多思想家都意识到了这种异化,并努力消除它,"自卢梭以降,历经马克思、无政府主义思想家,以迄当代参与式民主理论,一脉相承,都乞求重建社会,以消除他律,克服异化,或恢复自发性"④。但如何消除异化始终是现代政治的一大难题。

2. 政治的恶

诚如很多研究者指出的,"从马基雅维利到博丹,从霍布斯、斯宾诺莎到洛克,最明显的后果是:国家的目标不再提升德性,或者哪怕是把零散的个人聚在一起来追求共同的善;国家更多的是保证内部的和平和法的规则"⑤。霍布斯所描述的自然状态,是一切人对一切人的战争状态(everyone against everyone),为了寻求安全保住自己的生命,人们交出自己的权力而加入国家;洛克也遵循这样的思路,只是因为自然状态缺少有执行力的、公正的裁判者,人们为了更好保护自身权利,这才让渡出一部分权力来建立政治权力。在这种契约论模式的国家中,国家的职责在于保证内部的和平,国家不但不关心政治善的问题,甚而至于,政治只是一种为了保护个人权利的必要的恶,"国家权力对它来说已是一种压迫性的本质、坏的东西、恶"⑥。为了维护国内秩序,国家必须要对个人自由做出很多限制,政治不需要追求更高的理想,只需维护必要的秩序。这样说来,政治就是人们为了保持和平相处而不得不忍受的外在压迫,是一种必要的恶。但是,"绝对自由的渴求,可以说是企图弥补现代社会政治理论的这项缺憾,希望完全从现代主体性的精神中人与社会认同的根据"⑦,现代政治需要为自己确立价值依据,需要消除政治的恶。

---

① 卢梭:《社会契约论》,何兆武译,商务印书馆2001年版,第8页。
② Alan Patten, *Hegel's Idea of Freedom*, Oxford University Press, 2002, p.163.
③ Timothy C. Luther, *Hegel's Critique Of Modernity, Reconciling Individual Freedom and the Community*, Lexington Books, 2009, p.92.
④ 查尔斯·泰勒:《黑格尔与现代社会》,徐文瑞译,吉林出版集团2009年版,第175页。
⑤ Alfredo Ferrarin, *Hegel and Aristotle*, Cambridge University Press, 2004, p.354.
⑥ 黑格尔:《精神现象学(下卷)》,贺麟、王玖兴译,商务印书馆1997年版,第49页。
⑦ 查尔斯·泰勒:《黑格尔与现代社会》,徐文瑞译,吉林出版集团2009年版,第175页。

3. 权力的私有性与公共性

现代政府治理通常采取代议制民主形式。代议制形式不同于直接民主，并非每个社会成员都能参与政治决策，因此政治权力是否具有普遍的公共性也经常受到质疑。近代以来，卢梭发现，"作为国家主权的意志，它要么是人民共同体的意志，要么就只是一部分人的"①。对于卢梭来说，体现全体人民共同意志的政治权力才是值得追求的，因此国家权力应该建立在"公意"之上，而不是"众意"，"众意和公意之间总有很大的差别；公意只着眼于公共的利益，而众意则着眼于私人的利益，众意只是个别意志的总和"②。众意无法保证国家权力的公共性。因此卢梭主张公意高于众意，提出建立在公意基础之上的主权至高无上，不可分立；其实他是看到权力三分背后的"众意"根本上属于分化的社会团体的意志，不能反映全体社会成员的共同意志。黑格尔也有这样的担忧，认为如果"国家制度就等于当选者的誓约，这就是说，等于使国家权力仰仗私人意志的恩赐，结果，各种特殊的国家权力变成了私有财产，国家的主权削弱而丧失了"③。它使得国家最后会仰仗于私人利益，国家权力变成私权。因此，如何保障国家权力的公共性、普遍性也是现代政治的一个难题。

4. 政治之累与政治参与

在现时代，一方面，在很多国家人们还不享有政治参与的权利，人们尚需为获得政治参与的权利而斗争；另一方面，在一些国家特别是代议制国家，民众的政治参与热情不高，民主选举的参选率不高，政治参与似乎又成了公民的累赘。一方面民众要为政治参与而斗争，另一方面很多民众并没有政治参与的热情，这个尴尬的原因何在？正如贡斯当在《古代人的自由和现代人的自由》中曾描述的，古代人对于政治具有充分的热情，对于他们来说，参与公共生活、行使公共管理才是自由的体现。对于现代人来说，人们更关心自己的私人事务不受干涉，现代自由看重的更是个人的权利保障，而不是政治管理，这样说来，"政治之累"似乎就不难理解了。现代社会完整的政治参与需要包含以下两个方面：既要保障政治参与向每个公民开放，让每个公民都有机会参与公共事务；又要保障有足够的政治参与热情，而不是对政治事务采取一种冷淡的态度。在这两者之中，如何让现代社会成员更加关注公共事务、消除个体对于政治的冷漠显得更为重要，这也是现代政治必须面对的难题。

---

① 卢梭：《社会契约论》，何兆武译，商务印书馆2001年版，第36—37页。
② 同上书，第39页。
③ 黑格尔：《法哲学原理》，范扬、张企泰译，商务印书馆2007年版，第304页。

二　卢梭的道德政治方案

1. 卢梭的方案

近代以来的政治思想总体上遵循社会契约论的国家模式，主张政治与道德的分离，但它带来了上述一系列问题。因此，很多思想家认识到，政治并不能截然割裂与道德之间的联系，相反，政治应该体现道德、实现与道德的融合，这其中最典型的代表便是卢梭。

可以说，如何化解政治对个人自由的束缚一直是卢梭政治学说的主题。在《爱弥尔》《论不平等的起源和基础》甚至包括《论科学与艺术》等论文中，卢梭集中讨论了自然自由，认为自然自由是每人与生俱来的自由形式。但是人类必须要走向文明状态，为了人在文明状态中继续享有与生俱来的自由，卢梭做出了探索。

卢梭认为，进入政治状态以后，为了让每个成员内在自由与外在秩序得以协调，就得有两方面措施。一方面，要让个人和道德一致，社会成员要培养形成自己的道德感，道德成为个人的内在要求，甚至成了每个人的"内在上帝"，"由自然状态进入社会状态，人类便产生了一场最堪注目的变化；在他们的行为中正义就取代了本能，而他们的行动也就被赋予了前所未有的道德性"①。另一方面，让道德和政治制度一致，要让政治制度体现社会成员的意志，政治制度本身具有道德性。为此，制度就必须建立在"公意"基础之上，因为"公意永远是公正的，而且永远以公共利益为依归"②。通过这两方面措施，卢梭使个人自由和政治制度得以一致，而这两方面措施也是内在一致的，培育社会成员的道德感是为了建立合理的政治制度，制度本身是人们意志的体现，因为"唯有服从人们自己为自己所规定的法律，才是自由"③。这样卢梭实际上是通过道德，实现个人自由和政治制度的一致，以此消除异化，建立起了道德政治学说。

2. 黑格尔对卢梭的批判

第一，卢梭意志概念的抽象性。

卢梭通过让个人和道德一致，道德和制度一致，实现个人自由和政治制度的一致，以此消除异化，建立起了道德政治学说。在卢梭的政治建构中，"公意"是个关键概念，必须被赋以道德性。但正如黑格尔多次批评的，卢梭的"公意"中存在一种空白。公意的内容究竟是什么，卢梭没有讲清楚；而且

---

① 卢梭：《社会契约论》，何兆武译，商务印书馆2001年版，第29页。
② 同上书，第39页。
③ 同上书，第30页。

卢梭的公意没有实现的途径,这使得个人道德直接成为政治道德,"公意"最终只是个别人的意志。而且,在相当长时间内政治对德性的追求似乎都以失败告终,法国革命追求政治的"美德",产生了罗伯斯庇尔、"美德罗兰"等一批革命领袖,但就如斯蒂文·B. 史密斯(Steven B. Smith)指出的,"革命领袖们遵从卢梭的观点,认为法兰西共和国要以简朴的、自我牺牲的公民道德为基础,公民道德必须无情的从属于对公共善的追求。但是,就如我指出的,德性的观念需要靠事先的法律和机构来维持"[1]。美德的追求依然是失败的,革命最终吞噬了自己的孩子。

按照黑格尔在《精神现象学》中的分析,无论是卢梭以个人道德代替政治的道德,还是法国革命的实践,都是现代性思维的反映,把个人的原则提高到"公意"至善的高度,同时把一切原有的信仰拉到地上,这样"天上降到人间,人间升到天上",最终带来了秩序的混乱。而在《法哲学原理》中,黑格尔以伦理超越道德,也是基于如下原因:道德还处于抽象阶段,是个人主观性的体现。因此,黑格尔对卢梭的批判,根本原因就在于该种方式根本上属于近代抽象思维,没有现实性,只具有主观性特征,要让政治的道德属性具有扎实的根基,还需要通过伦理阶段来实现政治与道德的和解。

第二,卢梭的浪漫主义特征。

卢梭方案还具有明显的浪漫主义特征,可以说,卢梭的根本立场是从自然自由走向政治自由。卢梭认为在自然状态中人们享有充分的自由,但是自从人们进入文明状态,这一自由便不复存在,因此卢梭主张以政治自由来实现自然自由,人们在文明状态下重新订立社会契约便是这一工作的基本定位。

与卢梭不同的是,黑格尔不能接受也从未讨论过自然状态。黑格尔认同卢梭的政治自由,但是不认同卢梭的自然自由。自然自由既是抽象的,也是对过去的无限怀旧,黑格尔的哲学既不是抽象的,也不是怀旧的。自然状态的设想,自然自由的设定充分体现了卢梭政治思想的浪漫主义特征,这一浪漫主义特征是黑格尔哲学坚决反对的。

三 市民社会的政治参与

近来,很多学者也注意到,黑格尔法哲学市民社会不同于一般意义上的社会,它实际履行了一定的公共权力,而不是完全自治的领域。[2] 在黑格尔那里,市民社会是一个外部国家,本身承担了司法、警察等部分自我管理职

---

[1] Steven B. Smith, *Hegel's Critique of Liberalism*, The University of Chicago Press, 1989, p. 91.
[2] 丛日云:《论黑格尔的市民社会概念》,《哲学研究》2008 年第 10 期。

能,这个职能已经类似于自由主义的国家职能。在市民社会中,民众是可以充分参与自我管理的。黑格尔主张公民在市民社会的政治参与,他从私法与公法区分的角度来讨论政治参与问题。

在黑格尔法哲学中,市民社会作为外部国家,可以解决人们对自己利益的关心,因此可以鼓励民众通过参加同业公会来解决个人利益相关问题,实现个人利益问题的政治参与,消除政治冷漠。因此,在市民社会对于政治参与的价值就在于,"公民参加国家普遍事务的机会是有限度的。但是人作为伦理性的实体,除了他私人目的之外,有必要让其参加普遍活动。这种普遍物不是现代国家所能常提供他的,但他可以在同业公会中找到"[1]。按照黑格尔的国家与市民社会的区分,市民社会作为私人利益的战场,人们的个人利益层次的内容在其中得到初步解决与回应。就此而论,人们对于自身利益的关切以及由自身利益关切引起的政治参与,在黑格尔法哲学中通过市民社会就完成了,这种政治参与对于消除政治冷漠是有重要意义的。而传统自由主义话语往往只是批评黑格尔国家太过专制独裁,却忽视了这个重要实情,即自由主义的国家本身只相当于黑格尔的市民社会,对于市民社会,黑格尔是赋予充分自由的,这种自由能够解决自由主义契约论国家的利益关切的。

某种意义上,政治之累的原因在于代议制形式的政府,很多政治运转与个人的利益并不直接相关。在很多人看来,契约论的国家本身只是一个利益解决的工具,如果利益与自身并不直接相关,那么对政治没有热情自然可以理解了。黑格尔认为市民社会为政治参与打开通道,直接解决个人利益关切,这对于消除政治冷漠,扩大公共问题的公众参与,具有重要意义,应该受到重视。只不过,在黑格尔看来,市民社会的权力来自于等级议会,来自于民众需求的偶然性,其权力范围并无客观性,而国家权力不是这样的,国家克服了主观任性,国家权力与制度是普遍规范的要求,是普遍的权力。所以,黑格尔坚持认为,国家应该关注普遍事务,它超越了市民社会所关注的特殊利益问题,政治异化的最终解决还得在国家中才能完成。

四 国家阶段的总体方案

对于现代社会出现的政治异化等诸多问题,卢梭提出过激进方案,这个方案虽为黑格尔所不取,但也启发了黑格尔的思路。同时,对于这个问题的解决,黑格尔在市民社会阶段事实上已经作了重要尝试,将个人利益性的事

---

[1] 黑格尔:《法哲学原理》,范扬、张企泰译,商务印书馆2007年版,第251页。

务交给了市民社会,但这都不是最终方案,最终方案是在国家阶段才能完成的。

1. 个人与国家的和解

政治异化的主题是国家与个人的关系。要消除异化,根本在于消除国家的外在性,让国家得到个人的认同,通过国家实现个人的自由。黑格尔的法哲学同样面临着如何消除政治异化的问题,也需要使理性的国家体现人的内在自由,而不是一种外在束缚。对此,黑格尔通过对个人和国家关系的论证来解决这个问题。

在黑格尔法哲学中,国家是客观精神发展的最高阶段,是具体自由的实现。在国家中,"意志终于认识到,国家之下的公民法律是自己的产物;制度对于人们来说不再疏远和外在,人民也不是在忍受法律压迫,法律并不意味着暴虐和对自由的限制,公民制定法律并通过在日常活动中的坚持加强了法律"①。其实,现代国家的本质就在于它是普遍物,普遍物是同特殊性的完全自由和私人福利相结合的,"但是,目的的普遍性如果没有特殊性自己的知识和意志——特殊性的权利必须予以保持,——就不能向前迈进。所以普遍物必须予以促进,但是另一方面主观性也必须得到充分而活泼的发展"②。扬弃不等于绝对的否定,"具体自由在于,个人的单一性及其特殊利益不但获得它们的完全发展,以及它们的权利获得明白承认"③,在黑格尔那里,完全的否定是不存在的,扬弃的特点就在于把否定的东西在下一环节中保存下来。对于黑格尔来说,国家是自由的实现。在黑格尔的政治哲学中个人的权利和自由并未被取消,而是被有所保留地承认,因为它是意志的一个环节;个人只有在绝对自在自为的理性的普遍物(国家)当中才是现实的。黑格尔追求的是一种个人与国家的和解,国家不是剥夺自由,而是自由的实现。

2. 道德政治立场

如何赋予国家以道德性,这不仅仅是卢梭面临的问题,也是黑格尔面临的主要问题,在这方面,黑格尔与卢梭具有高度一致性。

黑格尔坚持道德政治的立场,反对政治与道德分离,反对政治的非道德化,并多次表达了这一立场。对于黑格尔来说,政治和道德的融合才是值得追求的,"只有出于自由的道德意志的社会,才能重新获得我们像效忠传统社会那般效忠它,因为这种社会再度反映或体现了某种绝对价值"④。黑格

---

① Alfredo Ferrarin, *Hegel and Aristotle*, Cambridge University Press, 2004, p.362.
② 黑格尔:《法哲学原理》,范扬、张企泰译,商务印书馆2007年版,第261页。
③ 同上书,第260页。
④ 查尔斯·泰勒:《黑格尔与现代社会》,徐文瑞译,吉林出版集团2009年版,第175页。

尔对于政治与道德关系的首要立场是道德政治的立场,政治应该体现道德,它表现在以下三个方面。

首先,国家是客观精神的最高阶段,道德包含于其中。在黑格尔的法哲学体系中,客观精神经历了法—道德—伦理的发展,国家处于客观精神的最高阶段,道德内容已内在于伦理之中。在伦理阶段,国家超越市民社会,乃是因为国家才能实现真正的普遍性,而不是着眼于特殊利益,"国家的根据就是作为意志而实现自己的理性的力量"①。这就使得黑格尔的国家区别于工具主义的国家观,国家不是人为设计出来的工具,而是自身具有精神内涵的。这种精神性的内涵把道德因素包含于其中,因此,国家也是具有道德内容的,虽然国家的道德内容并不体现于具体的道德原则。

其次,黑格尔虽然在更多情况下并不直接主张道德政治,但他坚持认为国家作为伦理共同体,应该反映伦理精神,承担道德职责。黑格尔指出,"国家是伦理理念的现实——是作为显示出来的、自知的实体性意志的伦理精神"②。关于国家的道德职责,黑格尔和同时期的自由主义者们有着显著区别,同时期的自由主义者洪堡提出,国家只承担消极职能——保障民众的法制环境,而不是提供任何道德教化,"国家一般必须完全放弃一切直接或间接地对民族的习俗和性格施加影响的努力,尤其是对教育、宗教机构和奢侈法律等等所有特别的监督,都是在国家的界限之外"③。黑格尔认为洪堡所言只是市民社会中的警察职能,国家是伦理精神的体现,要培育具有公共精神的公民,因此要承担道德职能。

最后,黑格尔批判了政治与道德分离立场自身的虚幻性。黑格尔认为作为契约论立论根基的原子个人是不存在的,政治共同体中成员是具有历史文化背景的具体的人,而不是脱离一切道德关系约束的原子个人,因此,政治必然受到道德的约束。对于原子个人通过契约组成国家的流行说法,他一直质疑群氓怎么可以组成政府。黑格尔主张政府的成员从普遍等级中产生,并且这个普遍等级不再直接治理产业,以超脱于市民社会中的个人利益而把普遍利益作为目标追求,这都是在保持政治的德性。

3. 国家体现伦理风俗

黑格尔主张道德政治的立场,至于道德如何体现在政治之中,黑格尔提出的解决思路就是伦理。"道德,虽然它也寻求普遍性,但只有体现于制度

---

① 黑格尔:《法哲学原理》,范扬、张企泰译,商务印书馆2007年版,第259页。
② 同上书,第253页。
③ 威廉·冯·洪堡:《论国家的作用》,中国社会科学出版社1998年版,第109页。

和风俗中它才能够实现。"①伦理可以赋予道德以丰富内容,给予道德以具体的规定性。卢梭缺乏实现从个人自由到政治自由的实现途径,而黑格尔的伦理其实构成了从自然自由、道德自由到政治自由的过渡。

当前,在对黑格尔的伦理思路的讨论中,人们常想到亚里士多德,认为亚里士多德对黑格尔的伦理思路产生了重要影响,卡尔·波普尔在《开放社会及其敌人》中甚至称黑格尔为亚里士多德的现代翻版。其实,说亚里士多德的影响了黑格尔还不如说亚里士多德笔下的希腊社会影响了黑格尔。在黑格尔眼里,希腊社会是一个没有异化的社会。黑格尔也多次表达了对希腊政治的向往,称在希腊才有家园的感觉,"希腊表示着精神生命青春的新鲜、欢欣的状况。在这里,那个进展的'精神'才第一次拿它自己做它的意志和知识的内容;但是它采取的方式是,国家、家庭、法律、宗教同时都是个性的目的,而且个性之为个性也全靠那些目的"②。在希腊人那里,公共生活就是自己的内在生活,"对于他们不得不生活于其间的政治架构,他们并没有相外之感。相反的,那架构就是自我的本质或'实体'"③。现代社会中,政治是理性的产物,政治必须要摆脱外在偶然性——政治自由的最大束缚——让人们感受到对自己不是束缚。只有依靠伦理性的国家才可能解决这样的束缚,因为"国家的伦理性在于,它是主体意识和客观秩序的统一"④。

其实,在近代思想家当中,孟德斯鸠对黑格尔的伦理思路也产生了重要影响。诚然,孟德斯鸠也提出了政治道德的概念,并指出民主政体需要德性来维持,"在一个平民政治的国家,便需要另一种动力,那就是品德"⑤,但孟德斯鸠主张的政治道德主要内容是"爱民主、爱共和国",而不是泛化的个人道德。而孟德斯鸠对黑格尔的影响更在于伦理风俗的思路。孟德斯鸠讨论了风俗对于制度的影响,认为风俗影响政治。黑格尔把风俗提炼为伦理,并通过反思把风俗界定为更真实的存在,它超越了一般道德而具有了外在规定性。这样,黑格尔对道德的追求就获得了一种更高的制度安排,以此来超越主观道德。对此,查尔斯·泰勒就曾指出,"孟德斯鸠以'民德'(vertu)为共和政体的主要原则,黑格尔的'伦理'可以说是这'民德'的化身,"⑥伦理不

---

① 列奥·施特劳斯、约瑟夫·克罗波西:《政治哲学史》,李天然等译,河北人民出版社1998年版,第849页。
② 黑格尔:《历史哲学》,王造时译,上海书店出版社2003年版,第222页。
③ 查尔斯·泰勒:《黑格尔与现代社会》,徐文瑞译,吉林出版集团2009年版,第141页。
④ Shlomo Avineri, *Hegel's Theory of the Modern State*, Cambridge University Press, 1972, p. 178.
⑤ 孟德斯鸠:《论法的精神(上册)》,张雁深译,商务印书馆2005年版,第23页。
⑥ 查尔斯·泰勒:《黑格尔与现代社会》,徐文瑞译,吉林出版集团2009年版,第132页。

同于道德在于伦理是外化的、具体的,不像道德那样是完全主观的,而且伦理可以通过法律和机构来维持。

伦理的根本作用在于,使得个人与国家都存在于伦理之中,而黑格尔之所以能够超越康德、卢梭,就是因为黑格尔的普遍意志中是有内容的,卢梭并没有提供一条自己给自己立法的道路,康德的义务取消了一切特殊性而求得的自由与普遍性,只可能是形式自由而无具体内容。而黑格尔的伦理本身是有具体内容的,不是主观无内容的,更非形式主义的。

五 对黑格尔政治方案的评价

现代政治的基本问题在于,政治作为外在秩序与内在自由的相融合的问题,以此建立法与国家的正义性。对此,德国当代哲学家赫费(Otfried Höffe)提出,历史上有两种路径来讨论法和国家的正义性:一种是实证法的角度,主张法和道德分离,法本身就是既定的,不体现价值立场;另一种是无政府主义,反对任何法和国家。它们都否定法的正义性,"法和国家实证主义和无政府主义,这两者都以各自的方式怀疑正义性讨论的意义和可能性"[1]。赫费主张的政治的正义性根本上是以下三对关系的和解(versöhnen)[2]:法与道德和解,个人与国家和解,自由与秩序和解。而要真正实现这三对关系的和解,就必须借助于黑格尔的伦理思想,因为"法对于黑格尔来说,不是限制,而是一种自由。黑格尔既有一种宽泛意义的法,也有狭义的法的观念。在最可能的宽泛意义上,法(Recht)不仅包括了市民法,而且承担了希腊 dike,或正义,以此来指出社会理性要求的合适的秩序"[3]。就此而论,黑格尔法哲学的首要意义就在于,他对政治与道德融合立场的坚持,并以此建立现代政治合法性,以政治实现自由与正义。黑格尔批判了近代占据主流地位的政治与道德分离模式,使得政治不再是自由的束缚,而是自由的实现,政治本身也具有了善的价值;外在立法与内在道德不再截然对立,而是内在一致。这样,政治有了道德的根基,真正的政治认同感与合法性才能得以建立。黑格尔的目的在于让政治成为自由的实现。现代政治停留于权利,对人们变得可有可无,不再是德性实现的方式,而黑格尔的道德政治取径则是他对这问题的基本立场。

---

[1] 赫费:《政治的正义性——法和国家的批判哲学之基础研究》,庞学铨、李张林译,上海人民出版社 2005 年版,第 5 页。

[2] Versöhnen 一词在德语中有双方和解、调解的意思。黑格尔著作中译本中多译为"和解",庞学铨先生在赫费的《政治的正义性》中译为"融洽"。为与通常译法保持一致,笔者称为"和解"。

[3] Steven B. Smith, *Hegel's Critique of Liberalism*, The University of Chicago Press, 1989, pp. 145-146.

其次，在追求道德政治的路径上，黑格尔法哲学对现代政治主观性原则做出了深刻批判。政治与道德的融合是人类一直以来的追求，并非自黑格尔才开始的。黑格尔虽然坚持政治与道德融合的立场，但他看到了道德与政治必须借助于伦理的中介，主观道德不能直接成为政治原则。也许学界对黑格尔的伦理思路能否真正超越卢梭、实现政治与道德的融合尚有争议，但毋庸置疑的是，黑格尔对卢梭的批判是深刻的，黑格尔认识到卢梭的道德仍属于主观性的体现，自身没有现实性。黑格尔对主观性的批判具有开创意义。在之后的政治哲学发展中，马克思把政治的道德性问题转化为社会经济领域的平等问题，其实这也可以看作是对现代社会主观精神的一种批判，而这种批判的开启者正是黑格尔。

最后，黑格尔法哲学开启的政治参与必须得到足够重视。正如本书多次指出的，很多批评者指责黑格尔的国家的专制倾向，其中重要原因是他们忽视了黑格尔的国家与市民社会的区分。某种意义上说，黑格尔的国家不同于自由主义一般而论的国家，后者更类似于黑格尔的市民社会。黑格尔在市民社会环节是为政治参与打开大门的，人们可以广泛参与私人利益的事项，既可以直接参与，也可以通过行会组织参与，还可以通过非政府组织参与，这种参与就等同于当前自由主义学说主张的国家政治参与；在此基础上，黑格尔主张国家是普遍性领域，不能以个人利益为原则参与政治，在国家层面对市民社会的原则作出限制。可以说，黑格尔在国家阶段关上一扇窗之前，早已在市民社会中打开了一扇门，市民社会的政治参与必须得到重视。

黑格尔以伦理的形式来实现国家的道德性，通过伦理赋予政治道德以具体的规定性，对道德的滥用与泛化提出了反思。这样，他对自由主义传统的政治非道德化做出了反思，也是对激进主义的政治泛道德化做出了反思。无论是社会契约的自由主义，还是道德政治的激进主义，在黑格尔看来它们根本上是现代政治的一体两面，都是现代性的体现。据此，无论是对于当下的政治异化状态，还是对于周期性出现的政治浪漫主义，黑格尔政治思想的启示都尤为深刻。

第二节　权利本位与社会正义

意志自由的自由绝不是自我保护的消极自由，强调自然权利、原子个人只是自由主义对意志自由的误解。但是当前社会生活的运转遵循的正是这样的消极自由，片面强调个人是原子的个人，个人的自然权利天赋不可侵犯，这带来并加剧了社会贫困。本节就从贫困的社会问题出发,讨论以往福利国家和权利理论的困境,探索黑格尔法哲学提出的承认的法权与社会正义原则对于实现社会正义的重要意义,说明黑格尔在这方面的理论地位。

一 现代经济后果

现代社会,人们通过劳动形成财富,既通过技能来分享到财富,也通过劳动来增加财富。但是财富的分享是不均衡的,它既受到个人资本的制约,也受到技能的制约,因此在市民社会中,人自然的不平等不但没有消除,反而扩大了。而且就如普兰特指出那样,"贫困并不是出于衰落和瓦解状态的某个工业社会的特征,而毋宁说是当该社会顺利发展时,正如他(指黑格尔——引者注)所说'当市民社会处在顺利展开活动的状态时'所具有的特征"①。而从自由的角度来讲,贫困限制了人的自由能力,要提高贫困者的自由能力,也要让人趋于完善,不再因此而产生"贱民",贫困问题亟须解决。

黑格尔一直关心贫困问题,正如有学者指出的,"黑格尔是最先意识到以下这一点的重要哲学家之一:贫困问题是现代经济生活的主要问题"②。一方面他看到了商业活动有其合理性,在这点上他不同于同时代的很多思想家特别是浪漫主义的批评家——他们要么对贫困进行道德谴责,要么一味地反对私有制,而黑格尔认为近代商业结果和交换制度不是简单的道德堕落或者退化,而是现代世界进程的一个环节。另一方面,黑格尔关注到贫困带来的"贱民"问题。在《法哲学原理》中,黑格尔还分析了这种状况,认为机器生产的发展,带来大批手工业者和农民破产,沦为雇佣工人、流民、"贱民",因此贫困等社会问题也日益突出,成为一个较普遍的社会问题。黑格尔认识到"贱民"不仅仅是经济的贫困,更是精神的贫困,他说:"贫困自身并不使人就成为贱民,贱民只是决定于跟贫困相结合的情绪,即决定于对富人、对社会、对政府等等的内心反抗。此外,与这种情绪相联系的是,由于依赖偶然性,人也变得轻佻放浪,害怕劳动。"③"贱民"的产生伴随着精神的倒退与腐化堕落,这种社会精神状态也成了黑格尔理论思考的出发点。

关于经济贫困,我们不妨回顾一下黑格尔所钟情的斯图亚特经济学。斯图亚特是晚期重商主义的重要代表,重商主义一直保持着国家干预与管制经

---

① 普兰特:《黑格尔政治哲学中的经济和社会的整体性》,载中国社科院哲学所编《国外黑格尔哲学新论》,中国社会科学出版社1982年版。
② 斯蒂芬·霍尔盖特:《黑格尔导论:自由、真理与历史》,丁三东译,商务印书馆2013年版,第322页。
③ 黑格尔:《法哲学原理》,范扬、张企泰译,商务印书馆2007年版,第244—245页。

济的传统。与比他稍晚的斯密主张的经济完全自由放任所不同,斯图亚特在著作中提出借助政府管制去限制商业方面的有害活动,主张"在处理每一个政治经济学问题时,我总是建议一个充当政府首脑的政治家要系统地指导政府的每一个部分,以防止方法的变动和革新所引起的直接后果损害任何国家的利益"①。斯图亚特的国家干预思想本是为重商主义国家管制经济的主张,却让黑格尔在看到贫困问题的同时,重新思考借助国家干涉解决贫困问题。

二 应对贫困问题的现代探索

1. 福利国家的主张

现代社会以来,化解贫困问题的首要措施便是福利国家的措施。福利国家作为一种理想和政策,出现在20世纪初的英国,它主张国家对富人征收高额税赋,通过公共财政保障穷人的生活。上世纪70年代,罗尔斯还从社会公正的角度,对社会福利的实践做出理论说明。罗尔斯提出,要求实现社会的整体正义,必须做到分配正义和机会平等,因此有必要借助国家实现分配正义,以此最大限度地帮助改善处境最差者的地位。出于此,罗尔斯提出了正义的两个原则:

> 第一个原则:每个人对其他人所拥有的最广泛的基本自由体系相容的类似自由体系都应有一种平等权利。
>
> 第二个原则:社会的和经济的不平等应该这样安排,使它们(1)被合理地期望适合于每一个人的利益;并且(2)依系于地位和职务向所有人开放。②

第二个原则讨论的是分配和福利国家,要坚持依靠第二原则来化解社会和经济的不平等,其重要措施便是"通过税收和对财产的必要调整来维持分配份额"③。社会的不平等应该这样安排,使它们"适合于最少受惠者的最大利益"④,这样罗尔斯的第二原则体现了一种社会"基本善",体现了平等主义的倾向,从平等的方向对社会成员的财富占有进行社会调节。

2. 社会福利理论的权利制约

对于罗尔斯依靠国家进行收入分配再调节的主张,诺奇克做出了尖锐批

---

① 斯图亚特:《政治经济学原理研究》,载中国社科院哲学所编《国外黑格尔哲学新论》,中国社会科学出版社1982年版。
② 罗尔斯:《正义论》,何怀宏等译,中国社会科学出版社2005年版,第60—61页。
③ 同上书,第278页。
④ 同上书,第83—84页。

评。在诺奇克看来,主张政府进行再次分配,是没有权利根据的。在诺奇克那里,个人权利是"神圣不可侵犯的。这种不可侵犯性表现在'不要以某种特定的方式利用人们'"①,个人不存在为别人进行负担的义务,社会上也不存在专门承担公共利益的载体,国家没有资格以公共利益自居,因此国家也不可以对此提出要求,而应该在公民之间保持中立。诺奇克主张一个最弱意义上的政府,其道德根据就在于判定它是否侵犯了个人权利,"因为并不存在拥有利益的社会实体,这种社会实体能够为了自己利益而承受某种牺牲……国家或政府必须在其公民之间是严格中立的。"②

德沃金曾对罗尔斯、诺奇克的争论做出批评,指出争论双方所依据的都是自然权利,这个批评无疑是正确的。今天,我们如果从黑格尔的立场来对罗尔斯、诺奇克的争论做个回应的话,那就是:他们之间的争论都是从人的自然权利、抽象权利出发的,只不过罗尔斯要求的是一种平等尊重的权利,诺奇克要求的是一个自我保护的权利,它们都是一种虚幻的观念,因而都无法根本解决问题。罗尔斯的两个原则虽然追求平等,但是第一原则仍然优先于第二原则,自由是前提不容侵犯的;而在诺奇克那里,人的天赋权利根本不容怀疑,从个人权利角度出发,福利国家永远是没有根基的,因为权利都是既定的。在他们那里,国家和个人之间,个人与个人之间的关系是僵硬的、对立的;而在黑格尔那里,个人的存在是以意识到另一个主体的存在为前提的,国家与个人、个人与个人之间是有机的伦理性的关系。

因此可以说,在自由主义的理论路径中,贫困问题的解决始终是个两难问题。自由主义一方面认为存在着天赋权利——这是人类的基本权利;另一方面实际政策效果又要求限制这些权利,主张对财产进行再次分配,这明显侵犯了基本权利。进一步讲,对于贫困问题,国家是否应该干预,干预的限度在哪？理论上并没有讲清楚,政策上也缺少一致性和连贯性。因此,要解决贫困问题,必须绕开权利本位,进行新的理论探索。

三 应对贫困问题的初步方案

1. 市民社会自身解决的缺陷

在黑格尔的法哲学中,贫困是市民社会不可避免的难题,"正是市民社会的经济扩张,带来并加剧了社会两极分化"③。但在市民社会的三个环节

---

① 诺奇克:《无政府、国家与乌托邦》,姚大志译,中国社会科学出版社2008年版,第38页。
② 同上书,第38—39页。
③ Shlomo Avineri, *Hegel's Theory of the Modern State*, Cambridge university Press, 1972, p.148.

当中,警察和司法只关心形式的公正,并不关心贫困问题,因此贫困只有放到同业公会来解决。同业公会是一个伦理性的实体,它是成员的"第二家庭",它的职责有:"照顾它内部的本身利益;接纳会员……;关心所属成员,以防止特殊偶然性,并负责给予教育培养,以获得必要的能力。"①因此,同业公会成员是得到特殊照顾的,但问题在于,同业公会的照看是特殊的、有限的,它只针对本公会的成员,无法解决普遍的贫困。

不仅如此,市民社会解决贫困还会遇到以下根本的两难问题。一方面,市民社会应该只关心个人利益的保护,而不应负责增加洪堡所言之"积极权利",即不应谋划增加他们的福利,对财富分配进行干涉是违背市民社会的原则的。市民社会中同业公会所关照的是本公会的成员,他们之间是一种委托关系,不能把福利放开到所有人;而救助机构也是偶然的,它们单薄的财力不足以支撑整个社会的救济。另一方面,如果不对经济生活进行控制,这种"对个人利益不受控制的追求最终会导致循环出现的、生产过剩的市场危机"②,这也将最终导致市民社会的解体,这是一个两难问题。

2. 国家解决贫困的探索

市民社会对贫困问题的解决是偶然性的、不彻底的,而且与市民社会的原则相违背,因此需要借助国家来解决。普兰特看到了《法哲学原理》中市民社会无力解决贫困,但他认为"黑格尔能够看到的唯一解决办法是殖民"③,这一观点过于偏颇。黑格尔在市民社会部分中是论述了殖民,但黑格尔认为殖民最终仍然无法解决贫困问题,因此他并没有把殖民看作解决贫困的最终办法,遑论唯一办法。解决贫困的唯一办法在于国家对市民社会的超越。国家是一个伦理共同体,在国家中伦理的精神相互照顾,而且也能照顾到贫困者的尊严。

四 化解贫困问题的根本方案

1. 权利的根基问题

历史上对贫困问题的解决,多是从抽象平等出发,提出财产的平等,或者主张完全的公有制。黑格尔意识到主张抽象的财产平等最后无异于是一种空想,也根本没有看到财产私有作为人格意志的反映包含的合理性。在《法哲学原理》中,黑格尔就多次申明,他所主张的平等只应该在人格平等的意

---

① 黑格尔:《法哲学原理》,范扬、张企泰译,商务印书馆2007年版,第249页。
② 理查德·贝米拉:《重新思考自由主义》,王萍等译,江苏人民出版社2005年版,第25页。
③ 普兰特:《黑格尔政治哲学中的经济和社会的整体性》,载中国社科院哲学所编《国外黑格尔哲学新论》,中国社会科学出版社1982年版。

义上去理解,人格都有占有财产的能力,但并不要求每个人占有均等财产。财产平等或者公有制并不是解决之道,贫困问题的真正解决离不开对权利本位的彻底扬弃,离不开以新的原则代替权利本位。这就有必要从权利本位的历史说起。

近代以来,人们特别是自由主义者们总把天赋人权看作是一个不可怀疑的公理,法国《人权宣言》第一条规定:"在权利方面,人们生来是而且始终是自由平等的。"洛克在《政府论》中也同样把天赋权利看作不可怀疑的,"就自然理性来说,人类一出生即享有生存权利"①,财产权是通过劳动确立的,"我的劳动使它们脱离原来所处的共同状态,确定了我对它们的财产权……尽管原来是人人所共同享有权利的东西,在有人对它施加劳动以后,就成为他的财物了"②。特别强调权利的诺奇克在总体同意洛克假设的基础上反驳他:"洛克把对无主物的所有权看作是由某个人把他的劳动同无主物相混合而产生的。这引起了许多问题。劳动所与之相混合的东西的界限在哪里?如果一位私人宇航员在火星上清扫一块地方,那么他使他的劳动与之相混合的是整个火星,是整个宇宙,还仅仅是一小块特殊的地方?"③诺奇克的补充是"也许该换一种想法:施于某物的劳动使它得到了改善,使它更有价值了;任何人在一个物上面创造了价值,他就有资格拥有这个物"④。可见天赋人权的财产权是靠不住的,但是,自由主义传统还是牢固树立了权利天赋且神圣不可侵犯的传统,所以福利国家的主张不时会遇到有力的质疑,因为无法绕过洛克主张的"最高权力,未经本人同意,不能取去任何人的财产的任何部分"⑤,而要主张福利国家,就必须对天赋权利进行限制。

在近代哲学家当中,卢梭较早开始揭露天赋人权、天赋财产权的虚妄。"谁第一个把一块土地圈起来,硬说'这块土地是我的'并找到一些头脑简单的人相信他所说的话,这个人就是文明社会的真正缔造者。"⑥在卢梭看来,所谓权利不过是虚妄的欺骗,让别人相信了他的谎言,他就取得了权利,权利并不是生而俱来的。康德在《法的形而上学》中也曾指出,自然状态不存在权利,最多只有权利的预设,权利只有进入文明状态通过法律才能确立,"把某种外在东西当作自己的来拥有,这唯有在一种法权状态中……亦即公民状

---

① 洛克:《政府论(下篇)》,叶启芳、瞿菊农译,商务印书馆2005年版,第17页。
② 同上书,第19页。
③ 诺奇克:《无政府、国家与乌托邦》,姚大志译,中国社会科学出版社2008年版,第208页。
④ 同上书,第209页。
⑤ 洛克:《政府论(下篇)》,叶启芳、瞿菊农译,商务印书馆2005年版,第87页。
⑥ 卢梭:《论人与人之间不平等的起因和基础》,李平沤译,商务印书馆2007年版,第85页。

态中,才是可能的"①。在此意义上,康德提出了一个重要问题,那就是真正的财产权必定不是先天的、自然的。康德指出,在自然状态中的占有最多只是临时的占有,要想获得永久的占有,必须进入文明状态,必须通过法律制度作出规定,由此可见,通过法律制度,才有"你的"和"我的",得到法律制度规定的权利才是真正的权利。这是对权利根基问题的初步反思。

2. 承认的法权

在卢梭、康德对先天权利做出反思的基础上,黑格尔提出了承认的法权,以此化解天赋权利,他指出:"任何权利都不能建立在我随心所欲的基础上。"②在洛克那里,只要我施加劳动,即刻便享有了对该物的权利,这个权利先于国家而存在。但在黑格尔那里,虽然他是从意志来建立权利的,但根本上讲,最终确立权利的依据不是个人意志而是普遍意志。在法哲学中,个人意志赋予某物时,不同的意志会发生冲突,也就演变成权利之间的冲突。要化解权利的冲突,首先,意志必须外化,并且以特定的方式便于他人承认,当然这是基本要求。其次,也是更为根本的,要让意志成为真正的普遍的意志,对于权利的规定不能随心所欲,它必须借助国家制度作出规定,在此意义上,真正广泛的、社会性的权利要靠承认来确立,最终需要国家和法来保障。这样一来,被国家和法承认的权利才是真正的权利。黑格尔通过普遍意志化解了主观意志的随意规定,对于个体基础上的权利本位的确具有针对性。在当代政治中,当前面临着各种权利的乱象,对权利的界定非常模糊,且没有一以贯之的标准,承认问题的重要性正逐渐显露出来。从单个主体的"权利"出发常带来权利的冲突,而且从个人出发每个权利都是"正当"的。此时,在黑格尔的法哲学中,只有依靠承认,引入普遍意志才能成为真正的权利,这对于化解权利的纷争与冲突是具有重要意义的。

但是,很多自由主义者是不会接受黑格尔以国家意志来规定私有权的,因为在他们看来,人们成立国家本来的目的是保护权利,现在的问题变成了:有国家才有权利,没有国家就没有权利。那么,个人的权利保护与权利的基础就变薄弱了,由此他们宁可接受康德的学说,毕竟康德承认在自然状态中还是有权利预设的。其实这个担忧多少有点多虑了。黑格尔多次批判否定私有制的观点,强调财产是自由的定在,在此意义上,他又怎会否定私有财产。只不过黑格尔强调的是对主观性权利任意扩展的限制,也就是说,权利离不开承认,要靠承认才能获得,没有承认就没有权利,所谓的自然权利也

---

① 康德:《康德著作全集(第六卷)》,李秋零主编,中国人民大学出版社 2007 年版,第 263 页。
② 鲍桑葵:《关于国家的哲学理论》,汪淑钧译,商务印书馆 2006 年版,第 213 页。

好,天赋权利也好,本不是既定的。没有什么自在的"权利","权利"是在国家中、通过相互承认的过程、以法的形式确立下来的,这才是真正的权利;反之,天赋的个人权利只是个人的任意,要真正建立社会的正义,必须对所谓不可动摇的天赋权利作出限定。

3. 社会正义原则

除了建立承认的法权,黑格尔还通过确立新的社会原则代替原子个人,霍耐特曾总结出法哲学的爱、法律、团结三种承认模式来对应《法哲学原理》中"伦理阶段"的家庭、市民社会、国家三个阶段。家庭的基础在于"爱",市民社会的基础是"正义",国家是家庭和市民社会的统一,把家庭和市民社会的原则涵盖在自身之内,"国家是有自我意识的伦理实体,家庭原则和市民社会原则的结合"①。所以,可以说,黑格尔的国家中是"爱"和"正义"的结合。

某种意义上,人们不太容易接受国家是"爱"和"正义"的结合,毕竟在很多人看来,国家只是一套制度,它怎会包含伦理? 为此,我们可以通过同属于伦理的家庭来进一步理解黑格尔的意图。在法哲学中,国家把家庭的原则吸收在内,成为一个大的家庭,对待共同体的成员犹如对待家庭成员。家庭的首要原则不是权利,也不是法律。为此,黑格尔一再嘲笑康德把契约当作婚姻的基础,黑格尔认为婚姻的基础是爱情,是伦理性的东西。只有家庭成员成长最终脱离了家庭,进入市民社会之后,才会成为原子个人,原子个人以法律为原则,而国家是家庭和市民社会的统一,把家庭的爱的原则吸收在内了。在此意义上,我们可以认识到,就国家的实际情况来看,如果没有团结,也难以统一,国家社会不是契约的产物,而是文化的产物,是一个历史文化共同体,共同的文化历史身份产生的纽带,才使得成员之间紧紧团结,否则,这样的社会迟早会走向解体,这是国家作为伦理共同体对于新正义原则的贡献。这样,黑格尔通过对个人抽象权利作出批判,重新思考正义的基础,"在对个人自由的阐述中,也同时将自由的机制构成包括进去,这样就能在相同的等级上,也同时展现一种正义的社会秩序的轮廓"②。这个基础是爱、是正义、是团结,只有建立起新的社会原则,才能最终克服权利本位。

4. 社会正义问题的抽象观念

在社会正义问题上,贫困问题只是一个引子,它反映了西方近代以来的权利本位思想带来的问题。这个问题不仅仅出现在经济结果上,还体现在社

---

① 黑格尔:《精神哲学》,杨祖陶译,人民出版社 2012 年版,第 341 页。
② 霍耐特:《自由的权利》,王旭译,社会科学文献出版社 2013 年版,第 92 页。

会后果上，社会层面的原子个人表现在社会所有方面，权利带来了原子个人的格局，政府无力整合社会，导致个人价值、政治与公共善、社会团结、社会福利等问题都无法落实。在这方面，尤其需要黑格尔的法哲学，对社会的原则重新做出说明与划分，对原子个人基础上的权利本位做出反思和限制，真正建立社会的团结。

而正如本书第一章已经指出的，近代政治学说以自然权利和原子个人两个观念最为典型，黑格尔仔细分析了这两个抽象观念的来源与限度，指出了二者的虚妄不实。这两个观念同样是经济与社会正义问题的症结。黑格尔最终要解决贫困问题，确立社会正义，必须在理论上对权利本位与原子个人做出批判。近代政治哲学未能触及这两个根本问题，所以一直在权利本位问题上进退维谷，未能实现根本突破，黑格尔在这方面的突破是根本性的。他说明了社会正义问题的真正本源，由此进行批判，这样的方案才可算作是根本性的方案。

五　黑格尔社会正义方案的影响

黑格尔对社会正义问题的探讨，产生了深远影响，尤以对马克思的社会正义理论影响最为突出。

一方面，马克思指出，所谓的正义是特定生产方式基础上的社会观念。正义并不是固定一成不变的，它们反映的是抽象的价值观念，属于资本主义的意识形态，这些观念本身没有任何普遍性。马克思在批判抽象思维与抽象观念的基础上，还进一步把它们归为"意识形态"。在马克思看来，无论是自然权利还是原子个人等观念，在根本上它们都是意识形态。因此，总体说来，马克思接受了黑格尔对正义问题的看法，认识到当代正义问题的症结是权利问题；马克思也接受了黑格尔对自由主义的批判，并把自由主义的相关抽象观念进一步总结为"意识形态"。这些观点是非常深刻的，也典型地反映了马克思对黑格尔的继承。

另一方面，二者显得明显不同的是，对马克思来说，黑格尔依然在传统的政治制度路径上试图解决正义问题，这是一种抽象的解决方案。而正如我们知道的，青年马克思在步入社会不久就经历了物质利益难题，"第一次遇到要对所谓物质利益发表意见的难事"[1]。那时的马克思就已经认识到，"法的关系正像国家的形式一样，既不能从它们本身来理解，也不能从所谓人类精神的一般发展来理解，相反，它们根源在于物质的生活关系"[2]。正因

---

[1] 《马克思恩格斯选集（第二卷）》，人民出版社1995年版，第31页。
[2] 同上书，第32页。

为此，马克思最终没有接受黑格尔的方案，"马克思认为，法权制度在社会生活中仅仅扮演次要的角色"①。在此基础上，马克思对资本主义作了深入研究，认识到资本主义生产方式所占的支配地位，以及当前的社会正义问题离不开资本的作用，为此马克思还重点批判资本主义经济与生产方式，考察资本的运动过程，发现为人熟知的"剩余价值规律"，并提出通过改变社会经济关系（即经济基础）来重新建立正义，根本上否定了这种私有制基础上的权利，并把法律制度看作是资产阶级意志的表达，在这些方面，马克思走得更远。

第三节　主观道德与价值秩序

黑格尔提出意志即自由，但是意志的自由也带来了严重的后果，尤其表现在价值和精神领域。现代社会在强调意志自由的时候恰恰忽视了意志的普遍性和理性意义，片面强调意志的主观放任，因此带来了主观自由的泛滥，普遍性的精神性的东西迟迟得不到确立，社会整体的善一直处于缺失状态，公共的精神没有得到尊崇。因此，还得依靠普遍规范的精神内容来克服这个问题。

一　神圣价值的没落

1. 基督教与价值传统

黑格尔在《精神现象学》中多次提到宗教改革与启蒙，认为它们导致了宗教的没落，从价值秩序角度来讲，它带来了严重的后果。

传统意义上，基督教代表的是神圣秩序，启蒙摧毁了社会价值的神圣来源，把一切价值秩序建立在主观性基础上，从此世上再无神圣价值，价值的崇高性逐渐丧失了。而且，宗教本质上是一种精神的安顿，美国当代神学家保罗·蒂里希（Paul Tillich）称之为"终极关怀"，如果没有终极关怀，如果失去神圣价值的呵护，人类本来就脆弱的心灵将无所安顿，最终只能寄身他处，甚至可能走向极端。

而宗教的这一变化正是从宗教改革和启蒙运动开始的。"正如黑格尔理解的，这一有意识的运动带来了'根本的变化'。"②从宗教改革开始，包括

---

① 艾伦·伍德：《马克思对正义的批判》，载李惠斌、李义天编《马克思与正义理论》，中国人民大学出版社 2010 年版。
② Robert Pattman, "Commitments to Time in Reformation Protestant Theology, Hegelian Idealism, and Marxism", in *Hegel Today*, ed. by Bernard Cullen, Gover Publishing Company, 1988.

启蒙运动在内,神圣秩序受到了理性怀疑的解构,一切神圣秩序都失去了其神圣性,作为终极价值保证的上帝退隐不见了,价值秩序的根本保证动摇了。"新教改革所带来的伦理改善是短暂的,因为伦理需要'秩序',但像任何'革命'一样,'改革'也会导致旧体系的崩解,而新秩序又不能马上建立起来,于是灾难不可避免。"①"启蒙在战胜传统和信仰的同时,也切断了人类习惯的生活方式的连续性。在传统的统一的生活方式瓦解后,人类的生活陷于分裂。"②在失去价值保障之后,人愈发显得孤立无助。

2. 启蒙的原则

启蒙与宗教改革是同一时期的运动,如果说宗教改革对神圣价值带来动摇的话,那么启蒙不仅进一步否定了信仰,还进一步取代信仰,进行新的建构。启蒙"以纯粹否定的态度对待信仰"③,在黑格尔看来,比起怀疑主义,启蒙才是最为高级的否定哲学,启蒙"把精神所认为的永恒生命(永生)和神圣精神(圣灵)都当成一种现实的、无常的事物"④,"注重抽象理智的启蒙派凭借它的形式和抽象的无内容的思维已把宗教的一切内容都排除净尽了。"⑤这也是黑格尔说的启蒙的否定意义。

就启蒙的新的建构来说,也就是黑格尔说的启蒙的肯定意义来说,启蒙消除了迷信与狂热,但是启蒙也把信仰变成了空无内容的东西,对于信仰,可以随意填充内容,"启蒙以感性世界的表象来启发那个天堂世界。"⑥在这个过程中,虽然通过启蒙牢固地确立了人的主体地位,甚而至于,"哲学把个体的人推尊到上帝的地位"⑦。自此,单个意志也就成了个人的出发点,虽然启蒙高举理性的旗帜,但这种理性是以个人理性为基础的,往往只是单个意志的外包装。启蒙取消了高高在上的道德价值,取消了外在的价值权威,道德变成了主体的自律,外在权威变成了内在权威,个人的良心成了道德评判的唯一标准,人们只服从于自己内心的上帝——良心,"但什么是真正的自由的良心所包含的理性原则和律令,什么是自由信仰和自由思想所具有和教导的内容,诸如此类设计内容实质之处,他们皆不能切实说明"⑧。

---

① 邓安庆:《以现代精神为妻的鳏夫——从德国宗教改革看宗教现代性与现代伦理问题(上)》,《道德与文明》2010 年第 5 期。
② 张汝伦:《黑格尔与启蒙——纪念〈精神现象学〉发表二百周年》,《哲学研究》2007 第 8 期。
③ 黑格尔:《精神现象学(下卷)》,贺麟、王玖兴译,商务印书馆 1997 年版,第 100 页。
④ 同上书,第 91 页。
⑤ 黑格尔:《小逻辑》,贺麟译,商务印书馆 2007 年版,第 28 页。
⑥ 黑格尔:《精神现象学(下卷)》,贺麟、王玖兴译,商务印书馆 1997 年版,第 105 页。
⑦ 黑格尔:《小逻辑》,贺麟译,商务印书馆 2007 年版,第 26 页。
⑧ 同上书,第 28 页。

二 主观性的虚无

1. 空虚无意义

现代社会追求的是个体的自由,得到的却是主观的虚无,在虚无中人不再体验到自己的主体地位,相反,是一种茫然无措,是一种慌张,霍耐特称之为"不确定性的痛苦:个体自由的病症"①。对此,弗罗姆的分析也很深刻,他看到现代意志的发展既带来了主观的自由,也带来了深深的不安全感,指出"中世纪教会强调人的尊严,强调人的意志自由,强调人靠自己的努力使自己获救……在中世纪后期,随着资本主义萌芽的出现,人们开始感到不知所措和不安全"②。这种主观性的自由,"它们使人发展了个性,但同时又使人孤独无缘;它们增加了人的自由,但同时又创造了一种新的束缚"③。总之,现代自由在赋予人空前自由的同时,也带来了不确定和不安全,带来了空虚和无意义,在这种"不确定"的状态下,人们无法为自己找到价值归属。

弗罗姆曾提出,"摆脱这种状态的道路有两条:一、向'积极的自由'方向发展,通过爱和工作使自己自发地与世界联系起来,借此表现自己的情感、感性和理性方面的能力,在不放弃自我尊严和独立性的前提下实现自己、自然和他然的融合;二、向后倒退,放弃自由,通过填平自我和世界之间的鸿沟来克服孤独感"④。其实,弗罗姆所指出的第一条道路正是黑格尔主张的伦理性道路,人们必须通过和别人联系,才能在伦理生活中获得安全和意义,而不是总是固守于原子个人。但不幸的是,弗罗姆所说的第二条道路最终成了当前很多人的选择,人们选择逃避这种自由,重新寻求外在的权威,因此黑格尔在《法哲学》说道:"为了摆脱空虚性和否定性的痛苦,就产生了对客观性的渴望,人们宁愿在这种客观性中降为奴仆,完全依从。最近有许多新教徒之所以转入天主教,就因为发现内心空虚,于是便抓到某种结实的东西、某种支持或某种权威,虽然,其结果是他们所拿到手的不是思想上稳固的东西。"

2. 相对主义

现代是主观的意志自由得到发展的时代,黑格尔指出,"现代世界是以主观性的自由为其原则的"⑤。黑格尔讨论了主观自由原则的根基,"单个人

---

① Axel Honneth, *Leiden an Unbestimmtheit, Eine Reaktualisierung der hegelschen Rechtphilosophie*, Reclam, 2013, p.49.
② 弗罗姆:《逃避自由》,陈学明译,工人出版社1987年版,第101页。
③ 同上书,第141页。
④ 同上书,第186—187页。
⑤ 黑格尔:《法哲学原理》,范扬、张企泰译,商务印书馆2007年版,第291页。

独立的本身无限的人格这一原则,即主观自由的原则,以内在的形式在基督教中出现,而以外在的从而同抽象普遍性相结合的形式在罗马世界中出现,它在现实精神的那个纯粹实体性的形式中却没有得到应有的地位。这个原则在历史上较希腊世界为晚,同样,深入到这种程度的哲学反思也晚于希腊哲学的实体性理念"①。这种主观性原则发展的最高形式便是康德哲学,良知是康德哲学的最高要求,"从新教到康德哲学的近代思想发展的主要特征就是由内在权威取代外在权威……人自己的良心占据了外在权威曾经占据的位置"②。但是,如果把形式良知当作真正的良知,就会出现它的自我否定,因为它还不是真理,主观的良知只是良知的自我确信。在这种状况下,不再有普遍的道德标准,就像麦金泰尔所分析的,生活中充满了分歧,"诸如此类的当代分歧无非是些敌对的意志冲突罢了,而每一个意志都是由自身的一系列武断选择所决定的"③。良知的自我确信是没有规定性的,"由于对善的模糊不清的规定,一般说来就有各种各样的善和多种多样的义务,它们的差异是彼此辩证地对立的,并使它们陷入冲突之中"④。而且,在麦金泰尔看来,这些冲突甚至是无法沟通的,因为站在不同的道德立场上,不存在一个共同的道德权威,所有的冲突变成了自己的偏好,是"断言"与"反断言"之间的争吵。这些形态的主观性"不仅使权利、义务和法的一切伦理的内容变成虚无——它就是恶,甚至是彻头彻尾的普遍的恶——而且还加上它的形式是一种主观的虚无性,它知道自己是缺乏一切内容的虚无"⑤。

3. 公共善的缺失

主观道德之下,一方面"每个人都以自身为目的,其他一切在他看来都是虚无"⑥。每个人都从自己出发,每个人都追求自己的利益,相互利用,尔虞我诈,为了利益钩心斗角。另一方面,在当代社会里,道德被看作完全是个人的,道德只是个人的事务,与他人、与整体无关,德性被看作是个人的修养,成了个人的"私德",而不是出于整体关怀的公共德性。这样的主观道德建立不起普遍的公共善,因此齐格蒙特·鲍曼称之为"遵守道德的个体,道德沦丧的世界","'合乎道德的结合'的'团结精神'脆弱无力,易于受到外界的攻击,不稳定地生活在永远相距不远的死神的阴影之下"⑦,在这种主观虚无

---

① 黑格尔:《法哲学原理》,范扬、张企泰译,商务印书馆 2007 年版,第 200 页。
② 弗罗姆:《逃避自由》,陈学明译,工人出版社 1987 年版,第 221 页。
③ 麦金泰尔:《追寻美德》,宋继杰译,译林出版社 2003 年版,第 11 页。
④ 黑格尔:《精神哲学》,杨祖陶译,人民出版社 2006 年版,第 326 页。
⑤ 黑格尔:《法哲学原理》,范扬、张企泰译,商务印书馆 2007 年版,第 158 页。
⑥ 同上书,第 197 页。
⑦ 齐格蒙特·鲍曼:《个体化社会》,上海三联书店 2002 年版,第 227 页。

中,永远存在着公共善的真空。而且,在自由主义者看来,国家整体只不过是个人利益的相加,国家、整体没有超越于个人之上的特殊地位,因而对于自由主义者,公共是没有地位的,个人才是唯一真实的,这也是公共善缺失的一个重要原因。

由此可见,现代意义上的善、自由都只是个人的,是私人性质的,它缺乏整体的关怀。这正是单个意志的后果,从单个人的意志出发,从个人的主观道德出发,它不能产生整体性的善,因此,它必然会带来现代社会中公共善的缺失,这是现代道德的困境。要走出现代道德的这一困境,我们只能再次求助于黑格尔法哲学。

三 价值规范的寻求

1. 对主观道德的批判

在法哲学里,黑格尔批判了道德的主观性。近代以来,主观性道德在康德哲学中得到了最普遍、最抽象的表达,康德的道德是一种绝对的命令,是主体自身出于理性法则的绝对命令。但在黑格尔看来,这种道德是主观的意志,善是一种抽象的理念,"由于善的抽象性质,所以理念的另一环节,即一般的特殊性,是属于主体性的,这一主体性当它达到了在自身中被反思着的普遍性时,就是它内部的自我确信(Gewissheit),是特殊性的设定者,规定者和决定者,也就是他的良知(Gewissen)"①。在黑格尔看来,人作为良知的意义上,才摆脱了特殊目的的束缚,一切外在的东西和限制才消失了,这具有了不起的意义,但是,这样的良心没有任何特殊内容,"跟它的这种内容即真理有别,良心只不过是意志活动的形式方面,意志作为这种意志,并无任何特殊内容。"②良心的主体性是完全的自我确信,本身没有任何规定性,由此,良知完全可以成为伪善和恶。

因此,需要以伦理来扬弃道德,达到普遍意志,解决当代社会的主观性泛滥问题。艾伦·W.伍德所谓"伦理之所以超越道德,不在于对价值优先性的不同态度,而在于以抽象或具体的方式去看待实在性"③,强调的便是伦理的具体性,而非抽象性。黑格尔在《法哲学原理》第 156 节补充说:"伦理性的东西不像善那样是抽象的,而是强烈地现实的。精神具有现实性,现实性的

---

① 黑格尔:《法哲学原理》,范扬、张企泰译,商务印书馆 2007 年版,第 139 页。此处引文有改译。
② 同上。
③ Allen W. Wood, "Hegel's Critique of Morality", in *Grundlinien der Pgilosophie des Rechts*, ed. by Ludwig Siep, Akademie Verlag GmbH, 2005.

偶性是个人。因此,在考察伦理时永远只有两种观点可能:或者从实体性出发,或者原子式进行探讨,即以单个的人为基础而逐渐提高。后一种观点是没有精神的,因为它只能做到集合并列,但是精神不是单一的东西,而是单一物和普遍物的统一。"①因此,必须要借助伦理的普遍性,通过伦理的内容来克服主观道德。

可以说,当代道德的混乱其实源于意志自由的放任,意志自由等同于不受限制,主观性被无限放大了。叔本华说意志就是人的欲望和冲动,意志才是真实的力量。从这点上讲,黑格尔和叔本华都看到了时代状况,看到了欲望的泛滥。只不过叔本华是以一种悲观的态度去描述,而黑格尔则是要拯救这种状况,建立普遍规范的精神维度。

2. 回到伦理

普遍规范的养成离不开对社会习俗的继承,在这方面黑格尔多次表达了对孟德斯鸠的肯定。在《论法的精神》中,孟德斯鸠多次表达的是立法必须依据风俗习惯来,只有尊重风俗习惯,才有可能建立真正好的法律。这一观点对黑格尔的伦理与普遍规范很有启发。

我们看到,在传统社会,伦理标准是既定的,M.I.芬来指出,"社会的基本价值是既存的、先定的,一个人在社会中的位置以及随地位而来的特权和义务也是既存的、先定的"②。艾伦·W.伍德也指出,"黑格尔'伦理生活'的重要方面在于,它是理性标准的一个重要理念,而不是简单地把社会要求看作有条件的存在"③。这就是伦理,伦理不是可有可无,不是可以随意摆脱的,它是我们生活在其中的前提,是不可改变与选择的。"黑格尔指出,正是民族精神的原则,确立了人们去了解善的方式。"④正因为伦理是既定且不可选择的,所以,我们应该接受伦理对文化的规定性,把伦理看作是生活前提予以尊重,把伦理转化到规范中去。"对于黑格尔来说,伦理的态度直接等同于一个人的社会自我。"⑤如果每个人都从自己个体出发,伦理价值难以确立,怀疑主义盛行,既定的价值权威隐退,共同的道德基础缺失,这样,普遍规

---

① 黑格尔:《法哲学原理》,范扬、张企泰译,商务印书馆2007年版,第173页。
② 转引自麦金泰尔:《追寻美德》,译林出版社2003年版,第153页。
③ Allen W. Wood,"Hegel's Critique of Morality", in *Grundlinien der Pgilosophie des Rechts*, ed. by Ludwig Siep, Akademie Verlag GmbH, 2005.
④ Ardics B. Collins, "Hegel's Critical Appropriation of Kantian Morality", in *Beyond Liberalism and Communitarianism, Studies in Hegel's Philosophy of Right*, ed. by Robert R. Williams, State University of New York Press, 2001.
⑤ Allen W. Wood,"Hegel's Critique of Morality", in *Grundlinien der Pgilosophie des Rechts*, ed. by Ludwig Siep, Akademie Verlag GmbH, 2005.

范将毫无可能。只有尊重习俗,对伦理进行转化,才有可能建立真正普遍的规范。

3. 现代德性

黑格尔虽然批判主观性道德,但他同样认识到现代社会离不开德性。麦金泰尔就指出,"美德恰恰就是维持一个自由人的角色,并在其角色所要求的那些行为中显示自身的那些品质"①。但是,什么才是德性,主观性的世界如何才能培养德性呢？其实,德性(virtue),就其本意来讲,是指事物某方面优秀的性质,比如,善跑就是奥德修斯的德,麦金泰尔也说:"后来才被译为'美德(virtue)'的'aretē'一词,在荷马史诗中用来表示任何种类的优秀(excellence);快跑展示了他双脚的aretē,儿子可以因为任何种类的aretē——如作为运动员、作为士兵以及因为心智能力——而胜过其父亲。"②从这方面讲,德就是自己的角色,是和自己伦理生活相联系的。在古希腊,德性分为理智德性和伦理德性,理智德性需要教育习得,伦理德性需要习惯养成。因此它们也只有在城邦中才能实现,因为城邦之外不能提供教导,也没有习俗。所以我们也可以看到,人的德性中无论节制、勇敢、正义、慷慨、大方还是谙熟科学技艺、明智等等,它们都是通过城邦才能形成的,而不是通过个人玄思得出来的,"只有在现实世界处于空虚的、无精神的和不安定的实存状态的时代,才容许个人逃避现实生活而遁入内心生活。苏格拉底生活在雅典民主衰颓时期,他逃避了现实,而退缩到自身中去寻找正义和善"③。但是希腊社会的伦理性中没有主体性,直到希腊社会晚期,主观性才得以产生并最终带来了希腊社会的覆灭。

因此,黑格尔的法哲学要在坚持伦理的前提下来讨论德性,"伦理性的东西,如果在本性所规定的个人性格本身中得到反映,那便是德"④,要培养德,必须在伦理中来养成,德是"伦理上的造诣"⑤,"一个人必须做些什么,应该尽些什么义务,才能成为有德的人,这在伦理性的共同体中是容易谈出的:他只须做在他环境中所已指出的、明确的和他熟知的事就行了"⑥。在伦理社会中培育德性要靠伦理习惯,"在习惯中,自然意志和主观意志之间的对立消失了,主体内部的斗争平息了,于是习惯成为伦理的一部分,也像它成为哲学思想的一部分一样,因为哲学思想要求训练精神以反对任性的想法,并

---

① 麦金泰尔:《追寻美德》,宋继杰译,译林出版社2003年版,第154页。
② 同上。
③ 黑格尔:《法哲学原理》,范扬、张企泰译,商务印书馆2007年版,第142页。
④ 同上书,第168页。
⑤ 同上书,第170页。
⑥ 同上书,第168页。

要求对这些任性的想法加以破坏和克服,来替合乎理性的思维扫清道路"①。

在关于德的问题上,麦金泰尔和黑格尔还是有分歧的。麦金泰尔的德性伦理学追求的是对传统的继承,他认为当代价值失范的根本原因还在于忽视了对亚里士多德德行伦理的继承,并一再强调道德就存在于传统之中。但是黑格尔看到了古希腊伦理背后的个人主体性的缺失,希腊的伦理性还不是黑格尔所一心要建立的伦理性,因为真正的伦理性中,个体是得到发展的,个体与整体得到调和。黑格尔的伦理是包含主体性在内的,但是,古希腊不能接受这种主体性。只要自我意识得以形成、主体性得以发展,希腊的伦理世界就一定会瓦解,它们本质上是冲突的。因此,对于黑格尔来说,亚里士多德的伦理世界更多是用来分析现代主观性泛滥,但不是黑格尔的理想目标。我们需要在现代社会重新限制主观性,建立起伦理性,而不是简单地继承古希腊的德性,古希腊的诸美德也不能适应现代社会。主观道德背后的无精神、无理性、无目的,赋予抽象道德以客观性。古希腊的伦理传统是具有客观内容的,但它更需要主体性和理性,从这方面讲,麦金泰尔并没有完成黑格尔所提出的任务。

四 国家的精神职能

1. 国家与宗教

现代价值与精神危机源于宗教改革,源于神圣价值的没落,要化解现代精神秩序问题,就必须要回应宗教问题。在《法哲学原理》的国家部分一开始,黑格尔就专门讨论了国家与宗教的关系,角度独特,观点深刻,其论述可以看作是应对价值秩序问题的一个重要视角,因此,有必要在价值秩序问题的范围内来讨论黑格尔论国家与宗教的关系。

首先,在黑格尔看来,国家与宗教并不对立,"教会和国家都以真理和合理性为内容,它们在内容上并不对立,而只是在形式上各有不同"②。在历史上,国家与宗教曾经发生过抽象对立,人们主张精神的东西都属于教堂,国家只承担世俗事务,而实际上,"真正的哲学本身就已经是'对上帝的侍奉'"③。黑格尔认为,那种对立是抽象的对立,在现时代,这样的对立不应再发生,因为国家追求的也是理念的东西,"国家在形式上是普遍物,而这种形式的原则本质上是思想,所以结果是:思想自由和科学自由都源出于国家"④。如此

---

① 黑格尔:《法哲学原理》,范扬、张企泰译,商务印书馆2007年版,第171页。
② 同上书,第277页。
③ 卡尔·洛维特:《从黑格尔到尼采》,李秋零译,生活·读书·新知三联书店2006年版,第442页。
④ 黑格尔:《法哲学原理》,范扬、张企泰译,商务印书馆2007年版,第277页。

说来,黑格尔主张国家与宗教并不对立,根本目的是论证国家介入精神生活的正当性。国家与宗教并不对立,价值秩序问题的最终解决离不开国家,"宗教和政治的原则,保持着最密切的联系"①。这样,如何承担价值秩序,理所当然成了哲学的主题。

其次,国家对于价值秩序问题具有重要优势。一方面,宗教有可能沦为主观任性,"宗教可能采取一种形式,使人们受到迷信桎梏的最残酷的束缚,使人类堕落到低于动物"②。因此,在价值秩序问题上,离不开国家发挥作用。另一方面,国家采取的是理性形式介入精神的,而非感性形式,"它的内容本质上不再采取感情和信仰的形式,而是特定的思想"③。这一理性形式才能真正把握精神,这种形式也是现代社会的普遍形式,精神秩序不能建立在迷信和感情之上,如果"采取感情、表象、信仰等形式"④,必然会破坏真实的伦理关系,这样说来,只有国家学说才能最终应对价值秩序问题。

最后,在国家与宗教的分离问题上,黑格尔虽然肯定国家对于价值的重要作用,但并没有否定宗教的意义。他看到,如果主张国家与宗教统一,那么结果必然是宗教吞噬家庭、伦理和国家,最终只有教会没有国家。因为,国家虽然关心价值精神事务,但是"它的形式必然与权威和信仰的形式有所区别"⑤。国家的目标是"超出特殊的教会而达到思想的普遍性"⑥。在此,"如果以为教会的分立对国家来说是或曾经是一种不幸,那是大错特错了;其实只有通过教会的分立,国家才能成为其所规定的东西,即自我意识着的合理性和伦理"⑦。可见,国家虽然关心精神,但是黑格尔清楚,国家关心精神的方式和宗教是不一样的,国家要求的是法律义务,而宗教更多是诉诸内心,国家所要求的东西是宗教所无法完成的,如果忽视二者的界限,将会失去国家的客观性和伦理性,而堕入主观性的狂热之中。因此,国家虽然应该关注精神,但应恪守国家关注精神的形式与方法,不能适得其反,最终堕入主观性政治之中。

对于价值秩序问题,启蒙时期的一般做法是,政治填补神圣,弥合此岸与彼岸,这种做法以卢梭最为典型,但黑格尔坚决批评这个做法,在《精神现象

---

① 黑格尔:《历史哲学》,王造时译,上海书店出版社2003年版,第51页。
② 黑格尔:《法哲学原理》,范扬、张企泰译,商务印书馆2007年版,第270页。
③ 同上书,第277页。
④ 同上书,第271页。
⑤ 同上书,第279页。
⑥ 同上。
⑦ 同上书,第279—280页。

学》中黑格尔称之为"天地互相交接,天国降入人世"①。卢梭为代表的启蒙过于简单地以为国家可以代替宗教,简单地提出替代方案,简单地打通天地之间的界限。黑格尔不是一个理想主义者,他赋予政治承担精神事物的职责,但并不要求政治去建构一个理想的天国,而是循着传统,国家承担教育职责,在这方面,他更能接受"上帝死了",也更愿意沉着面对上帝死了,并在接受现实的基础上寻找应对方案;而同时期的其他作者,往往不能接受"上帝死了",急于寻找替代方案,提出"重造一个上帝",姑且不论这些观点的主观任性,上帝岂是随便可以造出来的,这样的想法未免过于一厢情愿了,实际上是重新堕入主观任性之中。相比之下,黑格尔的见解既显冷静,更显深邃。

2. 国家与教育

黑格尔不同于很多同时期的思想家,主张国家负有教育的职责。在黑格尔的学说中,国家是一个伦理共同体,本身是精神的产物,国家承担教育教化的职能是理所当然的。让国家承担教育职能,这也是黑格尔倚重古典政治的一个重要体现。以政治的方法,推行教化的手段,重塑价值秩序,这也是黑格尔对于当代价值秩序的重要应对措施。

五 价值危机的哲学方案

1. 国家学说的神正论问题

很多研究者认为,黑格尔的国家学说根本上是一种神正论(Theodizee)。其核心要义在于,神圣价值在现代社会遭遇了践踏,要恢复价值的神圣维度,说明上帝的伟大。黑格尔对价值秩序的论述似乎也是从神圣价值遭到践踏开始,说明现世的罪恶,随后论证摆脱现世罪恶的途径,这样说来,宗教问题的确是黑格尔的出发点,黑格尔的学说的确与神正论观点有几分相似。

但我们不应忽视,神正论的核心是个人的救赎,通过救赎认识上帝的伟大、坚定个人的信仰,但根本上,黑格尔的方案是世俗的,黑格尔并未搬出上帝,某种意义上说,黑格尔虽然希望神圣价值,但他是在理性的路径上寻求普遍的价值规范,而不是诉诸上帝,他已经冷静地接受了上帝之死。所以,我们认为,黑格尔的方案已经不是神正论问题了,他的方案完全是价值秩序的哲学应对,"黑格尔像启蒙学者一样,不再诉诸宗教而是诉诸理性来解决现代问题"②。而且,黑格尔虽然怀念宗教改革前的价值秩序,但是,"对于黑格尔来说,原始基督教的世俗化绝不是堕落,而是恰恰相反,它意味着这一起源通

---

① 黑格尔:《精神现象学(下卷)》,贺麟、王玖兴译,商务印书馆1997年版,第113—114页。
② 邓安庆:《以现代精神为妻的鳏夫——从德国宗教改革看宗教现代性与现代伦理问题(下)》,《道德与文明》2011年第1期。

过其积极的实现而获得了真正的解释"①。

2. 价值秩序的哲学应对

黑格尔在柏林大学的开讲辞中说过,"世界精神太忙碌于现实,太驰骛于外界,而不遑回到内心,转回自身,以徜徉自怡于自己原有的家园中"②。如何让精神返回自身,确立人们的精神秩序,安顿人的心灵,这是黑格尔的任务。近代以来,对于精神秩序来说,最重要的事件便是启蒙和宗教改革,但是启蒙"有一个无法挽回的错误,就是认定那至高无上的理性乃是人的理性,而不是'精神'的理性"③,它们既带来基督教所代表的神圣价值的没落,也带来了主观性的泛滥。这就迫切需要建立普遍规范,但是,黑格尔不是简单地回到基督教,而是重新通过哲学来回应基督教失落所带来的信仰难题。"在习俗和宗教不能提供'意义'之担保时,唯有形而上学能够凭借纯粹范畴建构出的宇宙秩序来守护大地上的存在者的生存意义。"④这也就是卡尔·洛维特(Karl Löwith)所说的,"黑格尔将宗教扬弃在哲学中"⑤。"他直截了当地把理性的知悉与信仰等同起来。"⑥黑格尔的主旨是哲学,他通过法哲学的普遍规范来回应精神秩序问题。而且精神秩序的问题不是仅仅靠复兴基督教所能解决的。对此,黑格尔有清醒的认识,他并没有像同时代的基督教哲学家试图回到基督教中救起上帝,而是冷静地接受了"上帝已死"这个现实,以哲学代替上帝,重塑人类价值;为此他还遭受到克尔凯郭尔、施莱尔马赫等具有宗教背景的哲学家严厉批评。但是,批评不会让黑格尔改变观点,黑格尔并未离开哲学皈依神学,始终坚持以哲学来解决这个问题,提出了一系列的应对措施,并在近代哲学家中首先回应普遍规范的精神维度,在这方面,黑格尔的地位愈发重要。

六 普遍规范内容的小结

国家作为自由的实现,黑格尔的这一观点在近代政治哲学中还是有很多支持者的,当前学界对黑格尔的解读也肯定了黑格尔的这一定位。黑格尔和

---

① 卡尔·洛维特:《从黑格尔到尼采》,李秋零译,生活·读书·新知三联书店2006年版,第44页。
② 黑格尔:《小逻辑》,贺麟译,商务印书馆2007年版,第31页。
③ 查尔斯·泰勒:《黑格尔与现代社会》,徐文瑞译,吉林出版集团2009年版,第158页。
④ 邓安庆:《以现代精神为妻的鳏夫——从德国宗教改革看宗教现代性与现代伦理问题(上)》,《道德与文明》2010年第5期。
⑤ 卡尔·洛维特:《从黑格尔到尼采》,李秋零译,生活·读书·新知三联书店2006年版,第438页。
⑥ 同上书,第25页。

近代多数政治哲学家的不同之处则在于黑格尔提出的规范本身具有超越性,它是对启蒙与现代性危机的应对。这一方案也即普遍规范的内容,是黑格尔同时期很多思想家多不具备的;而且,普遍规范的内容更具有递进关系;无论是普遍规范的内容,还是普遍规范的递进关系,都进一步凸显出黑格尔法哲学的独特地位。

首先,在政治规范基础上,追求政治善。自由主义政治学说建立在权利保护基础之上,政治的唯一目的在于保护个人权利,人们之所以成立国家"只是出于各人为了更好地保护自己、他的自由和财产的动机"①。而黑格尔在权利保护这个需要之上,对政治提出了更高要求,主张追求政治善。这是一个更高的规范,对此,近代政治学说通常无意追求,这是普遍规范对一般规范的第一层超越。

其次,追求社会正义。在自由主义政治学说那里,国家权力的范围不能超越个人权利保护的需要,不应追求经济正义。对于社会经济后果,国家采取一种消极应对的模式,只有当侵犯个人权利时,政府才去应对,在经济不公面前,政府束手无策。而黑格尔的普遍规范探索从根源上限制权利本位,以社会正义代替权利本位,这是对一般规范的第二层超越。

最后,建立价值秩序。如果说当代福利经济学已经看到了经济正义问题,那么价值秩序依然是当代一般政治学说的真空。以自由主义为代表的政治学说,主张政治与道德分离,反对政治干涉道德,并为政治与道德划清界限,明确政治只能关心公共事务,而道德属于私人领域,二者不得混同。黑格尔的普遍规范与此不同,根本上就是对当代价值失序的哲学应对,主张通过伦理、借助政治,解决当代价值秩序问题。这一主张是其他政治学说所不具备的,也是对一般规范的第三层超越。这三层超越关系是逐次递进的,更加凸显了黑格尔普遍规范的独特地位。

进一步说,价值秩序问题的关键在于主观性的泛滥。权利本位、政治异化的根源都在主观性,因为"现代自由以主观性为原则",在价值秩序这里,黑格尔找到了当代规范的一般弊病,政治、经济、精神领域的问题都在于主观性泛滥,这是总的病根,因此,黑格尔的普遍规范三个维度是一体的,既逐次递进,更具有共同根源,这也是黑格尔普遍规范的时代意义。同时这也说明了普遍规范三方面内容的有机关系,这三方面内容是一体的,都是普遍规范的题中之义,不具备这三方面的内容,不足以说明规范之普遍,更不足以说明黑格尔普遍规范之独特意义。

---

① 洛克:《政府论(下卷)》,叶启芳、瞿菊农译,商务印书馆2005年版,第80页。

正如很多研究者指出的,黑格尔哲学是对启蒙的反应,这种反应针对的是启蒙后的精神、政治与社会状况,后启蒙时代需要一个根本性的社会规范,由此,建立普遍规范成了黑格尔哲学的根本出发点,普遍规范体现了黑格尔对现代世界的诊断。黑格尔的问题意识是同时期其他政治思想(比如自由主义)所不具备的。某种意义上说,黑格尔是以自由主义的超越者面貌出现的,当然,这不代表他不接受现代社会的一些基本共识和成果。区别在于,自由主义不是建构性的社会规范,不是积极的社会规范,而是消极保护性的社会规范,它只关注个人权利的保护,缺少建构价值的维度;相反,黑格尔提出了"重建社会"的一揽子方案,最终以伦理代替道德,以团结与爱代替原子个人,以政治善代替政治恶,对现代社会进行了全面的改造,这是一种积极的应对与塑造。

第四节 普遍规范的主要特征

普遍规范主要包括政治、社会、精神三个维度,它们构成了普遍规范的主要内容。而在《法哲学原理》的导论部分,黑格尔就已指出,普遍规范是通过意志的发展得以形成的。导论列出了法哲学的基本结构。那么,意志概念是如何形成普遍规范的,普遍规范的内容来自何处,如何理解普遍规范的普遍性,它具有什么意义,这些都是本节要讨论的问题。

一 普遍规范的意志基础

一直以来,近代政治哲学都努力把规范建立在意志基础之上,因为意志实为主体性的最集中体现,"主体性原则是规范的唯一来源。主体性原则也是现代时代意识的源头"[①]。近代以来的政治学说多把规范奠基于意志之上,但这些学说并未能实现一种普遍的规范,霍布斯等近代思想家所构建的依然是一种经验的规范,卢梭虽开启了普遍化探索,但卢梭的公意仍是特殊性的意志,康德与费希特的普遍化最终沦为一种形式的普遍,并无具体内容,普遍规范并未建立起来。黑格尔通过对意志概念的论证与改造来建立普遍的规范。他把意志分为三个环节,通过意志的发展来实现普遍的规范,从黑格尔的逻辑结构来讲,意志的单一性才有可能产生出普遍的规范。意志的第一个环节的法权是抽象的普遍(A),"人"(Mensch)作为一般"人格"(Per-

---

[①] 哈贝马斯:《现代性的哲学话语》,曹卫东等译,译林出版社2008年版,第44页。

son)具有普遍意义,但这种普遍是抽象的普遍,这个环节对应的是抽象法。第二个环节是特殊(B),它依然是抽象的,意志追求摆脱了一切外在限制的无限,但这种无限毫无内容,所以,它并未实现普遍,这个环节对应的是道德。意志的第三个环节伦理才是真正的普遍(E),它是普遍和特殊的统一,是把外在内容内在化了,这才是普遍的规范。这个普遍规范不是抽象的,而是有具体内容的,它的具体内容在实际生活中得到了充分说明。

二 普遍规范的主体性特征

1. 现代自由的表达

普遍规范须把特殊意志转化到自身之中,这是黑格尔的普遍规范与同时代社会规范的共同之处。黑格尔对现代社会具有深刻洞见,他一再指出,现代自由以主观性为原则。这种原则诚如康德《纯粹理性批判》第一版序言所言,"我们的时代是真正的批判时代,一切都必须接受批判"①,规范要成为普遍的规范,必须经过主体的反思,为特殊主体所接受,才能成为真正普遍的规范。否则,这个规范只是一种外在规范,是一种外在的强制,不会被主体接受。对于黑格尔的普遍规范来说,特殊性是一个不可缺少的环节,普遍规范必须把特殊性吸收在内,对主体给予足够尊重。"根据黑格尔的看法,我没有必要为了实现有序的、有意义的社会共存而放弃自由和个性。相反他认为,我们作为伦理个体的人格,之所以可以得到充分的发展和表达,恰恰是因为我们可以融合进一个有着个别差异和理性结构的共同体里面。"②

就此我们可以断言,黑格尔的规范之所以不同于古典意义上的规范,黑格尔的伦理之所以不同于希腊社会的伦理,其根本原因就在于,黑格尔的伦理和普遍规范是包括主体性在内的。虽然黑格尔多次称赞古希腊伦理社会,每次提起古希腊就有一种家园感,但是,古希腊并不自然就是黑格尔的最终理想,因为,古希腊的伦理共同体中,主体自由是没有地位的,"在希腊城邦的缺点中,最大的缺点是希腊人内在的道德心没有得到发展"③,这里所谓的"内在的道德心没有得到发展",意味着希腊人仍受习惯的支配,而没有进一步的反思。

不仅如此,正如黑格尔研究者希克斯(Steven V. Hicks)指出的,"对于黑格尔来说,古希腊的社会理想至少与现代伦理生活的两个重要方面形成鲜明

---

① 康德:《纯粹理性批判》,邓晓芒译,杨祖陶校,人民出版社2004年版,第3页。
② 希克斯:《黑格尔伦理思想中的个人主义、集团主义和普世主义》,载《黑格尔与普世秩序》,邱立波编,华夏出版社2009年版。
③ Alfredo Ferrarin, *Hegel and Aristotle*, Cambridge University Press, 2004, p.353.

对比。第一个方面是各种自由的、关于人性化的人格的观念。……第二个方面,古希腊的伦理生活跟现代人对于消极自由的强调,也形成鲜明对比。"①关于第二个方面,我们可以借用贡斯当在《古代人的自由和现代人的自由》中的分析。贡斯当指出对于现代人来说,自由是指只受法律约束,不得受处死虐待,自由择业,拥有信仰、出版自由等等,而对于古代人,自由则在于以集体方式直接行使完整主权的若干部分,"在古代人那里,个人在公共事务上永远是主权者,而在个人事务上却都是奴隶。作为公民他可以决定战争与和平,作为个人,他的所有行动都受到限制、监视和压制"②。究其原因,现代主体原则在希腊社会并未得到充分发展,所以需要发展出主体性,并在主体性基础上进一步进入伦理。而且"真正的伦理生活要从自己的组成部分或'环节'出发来表述自我,提炼自我,并且进一步发展出自我"③。"黑格尔不想让人们把他的伦理概念理解成是对固定生活形式的单纯描述……他实际上运用更多的是选择性、典型化和规范性等概念,而这些概念则已经超出了亚里士多德实证主义所允许的程度。"④黑格尔虽然心向雅典,但不会不加反思地接受雅典。

2. 伦理传统的理性化

对于普遍规范来说,伦理习俗与历史传统虽然重要,但它们不会自动成为规范。在《精神哲学》的第 502 节,黑格尔就指出,"伦理和宗教的规定不得仅仅作为某个权威的外在的法则和规范来向人提出遵守它们的要求,而且要在人的心、意向、良心、理解等等里面拥有对它们的赞同、承认,甚至赞同和承认的理由"⑤。在《法哲学原理》的序言中,黑格尔同样指出,"法和伦理以及法和伦理的现实世界是通过思想而被领会的,它们通过思想才取得合理性的形式,即取得普遍性和规定性,这一形式就是规律"⑥。可见,伦理传统要成为规范,必须要经过理性的加工,这个过程是把外在习俗转化为内在内容,实现主客观的统一,在此意义上,正如霍耐特指出的,黑格尔"不是'建构'一种道德秩序,而是一种对道德秩序的'重构'"⑦。而历史传统如何变成规范

---

① 希克斯:《黑格尔伦理思想中的个人主义、集团主义和普世主义》,载邱立波编《黑格尔与普世秩序》,华夏出版社 2009 年版。
② 贡斯当:《古代人的自由和现代人的自由》,阎克文等译,上海人民出版社 2005 年版,第 35 页。
③ 希克斯:《黑格尔伦理思想中的个人主义、集团主义和普世主义》,载邱立波编《黑格尔与普世秩序》,华夏出版社 2009 年版。
④ 霍耐特:《自由的权利》,王旭译,社会科学文献出版社 2013 年版,第 20 页。
⑤ 黑格尔:《精神哲学》,杨祖陶译,人民出版社 2012 年版,第 323—324 页。
⑥ 黑格尔:《法哲学原理》,范扬、张企泰译,商务印书馆 2007 年版,序言第 7 页。
⑦ 霍耐特:《自由的权利》,王旭译,社会科学文献出版社 2013 年版,第 97 页。

的一个部分,这就需要引入理性,黑格尔对历史法学派的批判已经说明,历史传统不会自动成为普遍规范,历史需要理性去把握。

如何对外在规范进行理性的加工,这就需要我们回到意志概念中来讨论。意志最初是抽象的普遍意志(A),第二个环节是特殊意志(B),要把这些普遍意志进行特殊化,首先把它们变成自己的一个部分,把主体性原则补充其中,这才过渡到意志的最后环节——单一性(E)。所以说,单纯的伦理或历史本身只是外在规范,缺少主体性,它们需要主体进行理性的归纳和提炼,外部世界需要理性化。黑格尔在法哲学里提出"体系化,即提高到普遍物,正是我们时代无限迫切的要求"①。用理性对伦理和传统进行思考,思考它的原则,思考它所处的历史阶段,提炼出其中普遍的内容,把它作为一个有益的环节,补充进普遍规范之中,这才是伦理和传统成为普遍规范的必经环节。

三 普遍规范的伦理性特征

1.普遍规范不是创制

黑格尔的普遍规范是一种形成性的普遍规范,而不是全新的创制。近代以来的思想家们如霍布斯、洛克、卢梭、康德,他们所设想的社会规范,从根本上说都是一种创制。

在以规范为创制的众多思想家中,以霍布斯最为典型。在霍布斯的政治学说中,政治是理性的设计,这集中表现中"利维坦"身上。在《圣经·约伯记》中,利维坦是海洋中的巨兽,在犹太教传统中,它身上也肩负着多重隐喻,但在霍布斯的政治哲学中,它就是"人造的人"。首先,它是用技艺(arts)做出来的,它的创造者(artificer)是人,人们制作它的根据是契约(covenants);其次,它的质料(matter)是人,它是由人组成的;最后,它充满力量,人们赋予它足够的力量,使它成为一个在世的、也是会死的(有朽的)(mortal god)上帝。利维坦是人们根据理性需要设计出来的,是理性的产物。洛克的社会契约理论不同于霍布斯的重要方面在于,洛克的自然状态基本属于自足的状态,人们在自然状态中已经取得了私有财产权。但因为在自然状态中缺少众所周知的法律、缺少公认的裁判者、判决缺少执行力等种种不便,为了更好地保护自己的权利,人们才订立契约组成国家,"这只是出于各人为了更好地保护自己、他的自由和财产"②。而对于卢梭的政治学说来说,要实现个

---

① 黑格尔:《法哲学原理》,范扬、张企泰译,商务印书馆2007年版,第221页。
② 洛克:《政府论(下篇)》,叶启芳、瞿菊农译,商务印书馆2005年版,第80页。

人自由可以有两种方式：一是重返自然状态，一是新订社会契约。卢梭在《论人类不平等的起源和基础》中已断言重返自然状态是不可能的，人们早已忘记了回到自然状态的道路。《社会契约论》的目的便是在文明状态中找到一条通往自由之路。因此，要实现这个自由只能重订社会契约，建立公意国家。公意(general will)是所有人的意志中相重合的善的部分，因而也是主权者的意志，"公意永远是公正的，而且永远以公共利益为依归"[1]。在卢梭看来，在公民宗教中，公民对国家的忠诚、对主权者的服从就是对公意的遵从，因为自由就是"服从人们自己为自己所规定的法律"[2]，因此，服从公意国家和个人自由并不对立，正如有学者指出，"他认为建立在社会契约之上的政治体系倒能向它的公民提供一系列不同类型的自由"[3]，公意国家才是自由的实现。在康德哲学体系中，"法权论作为道德论的第一部分，被要求有一个从理性中产生的体系，人们可以把这个体系称为法权形而上学"[4]。它们都源自理性。可见，对于多数近代思想家们来说，规范来自于创制。

但是，黑格尔主张的普遍不是全新的创制，他的"工作不是'在荒地上建一座新城'，而是'改造古老城市，使其根基稳固，获得保持，并继续扩大其基地和占有物'"[5]。"《法哲学原理》的特点恰恰在于，它的目的并不是要造就一个理想的、从来都没有存在过的城邦，这样一种城邦适合玄想跟研究，但不适合于现实存在。"[6]黑格尔在这一点上与近代哲学家相差很大。"黑格尔心目中现代国家的政治构架是欧洲历史的自然结果，而不是社会剧变的产物。"[7]黑格尔一再指出，普遍规范不是人为创作，正如国家不是契约的产物，国家不是出自理性的设计与创制，它出自伦理生活，"国家制度不是单纯被制造出来的东西，它是多少世纪以来的作品……没有一种国家制度是单由主体制造出来的"[8]。在这方面，孟德斯鸠对黑格尔的影响来得更大，孟德斯鸠说，"民族的风俗和习惯同它的法律也有密切的关系"[9]。黑格尔显然支持这样的观点，认为法律制度不是随意的创制，这才是伦理的独特意义。伦理是对伦理习俗的理性反思与提炼，习得习俗后的理性的反思。比起理想的制度

---

[1] 卢梭：《社会契约论》，何兆武译，商务印书馆2001年版，第39页。
[2] 同上书，第30页。
[3] Matthew Simpson, *Rousseau's Theory of Freedom*, Continuum, 2006, p.48.
[4] 康德：《康德著作全集(第六卷)》，李秋零主编，中国人民大学出版社2007年版，第213页。
[5] 伍德：《黑格尔的伦理思想》，黄涛译，知识产权出版社2016年版，第12页。
[6] 马勒茨：《"意志"在黑格尔〈法权哲学〉中的含义》，载邱立波编《黑格尔与普世秩序》，华夏出版社2009年版。引文有修改。
[7] Shlomo Avineri, *Hegel's Theory of the Modern State*, Cambridge university Press, 1972, p.51.
[8] 黑格尔：《法哲学原理》，范扬、张企泰译，商务印书馆2007年版，第291页。
[9] 孟德斯鸠：《论法的精神(上册)》，张雁深译，商务印书馆2005年版，第383页。

创建,现实的社会生活显得更为重要,甚至没有最为美好的理想,只有伦理生活的现实,"从本质上来说,黑格尔的观点主要是为了批判所有那些想从总体上把世界划分为我们居住的世俗世界或者精神摆脱这个世界所追求的那个理想世界的观点"①。

2. 普遍规范与历史传统

对于黑格尔来说,普遍规范的一个主要来源是历史传统。历史传统对于黑格尔的普遍规范具有重要意义。一方面,历史本身是延续的,我们无法摆脱历史传统。规范形成于历史之中,它反映了历史时期的观念,我们都生活在历史之中,历史传统之外的人是抽象的人,而不是具体的。希克斯总结道:"黑格尔对现代伦理生活的各种标准和传统的普世主义态度,并不像很多启蒙主义的自由主义那样,是某种主张非历史性、主张在文化上不受任何条件限制的东西。相反地,黑格尔的普世主义,其基础是一种综合的文化传统,是一种具有历史情境的自我理解。"②

另一方面,不同的历史阶段和历史传统代表了精神发展的不同原则,上一个原则为下一个新的原则补充内容。在历史哲学中,黑格尔把历史阶段分为"东方""希腊""罗马""普鲁士"四个阶段,"世界历史可分为四种王国:(1)东方的,(2)希腊的,(3)罗马的,(4)日耳曼的"③。东方社会没有主体性,只是实体性的自然精神。希腊一方面出现了主体性,另一方面,对特殊性需要的满足未被纳入自由。在罗马社会,罗马王国的无限分裂为私人和自由的抽象普遍性,社会贪婪和权力产生的贱民,最终带来了伦理生活的毁灭,因此,可以说,主体性在罗马社会就已获得充分发展,并在启蒙时期获得哲学表达。而日耳曼世界实现了统一,是历史的最高形态。在历史发展意义上,黑格尔强调的历史,实际上是对精神发展过程的肯定,要把不同的思想观念纳入到统一的历史发展之中。

3. 主客观的统一

普遍规范既不是单纯客观外在的规范,也不是主观任性的规范,而是主客观统一的规范。

长期以来,社会规范常是客观、冷冰冰的规范,是外在的产物,对于个人来说,规范让人陌生。而现代社会以来,外在规范已经失去了存在的空间,诚

---

① 马勒茨:《"意志"在黑格尔〈法权哲学〉中的含义》,载邱立波编《黑格尔与普世秩序》,华夏出版社2009年版。
② 希克斯:《黑格尔伦理思想中的个人主义、集团主义和普世主义》,载邱立波编《黑格尔与普世秩序》,华夏出版社2009年版。
③ 黑格尔:《法哲学原理》,范扬、张企泰译,商务印书馆2007年版,第357页。

如康德所言,"我们的时代是真正的批判时代,一切都必须接受批判"①,人们建立起来自己的规范,这种规范以个人主体性为基础。在《法哲学原理》中,黑格尔多次指出现代自由以主观性为原则,他要突出的便是现代规范必须具备主体性特征。但是,这个完全建立在主观性基础上的规范也带来了很多问题,人人都以自己的规范为规范,必然会带来主观性的泛滥,出现价值虚无,带来社会普遍规范的失落,需要通过补充外在规范的形式,来为这个主观规范注入具体内容。否则,这个规范将毫无内容,成为主观任意的代名词。

在此意义上,黑格尔的普遍规范必然是主客观统一的,"通过文化传统形成的各种形式,个体参与到方案中。任何个体的自我实现的方案必须在社会的和历史的意义中获得理解"②。主体在伦理中实现了统一,规范它既不是外在的强制,也不是单纯内在自我立法,而是把内在与外在统一起来,使得外在规范有了内在认同,也使得内在认同成了外在普遍规范。

四 普遍规范的逻辑学根据

黑格尔追求的是普遍的规范,这种规范以意志为基础。在以意志为规范的基础这个问题上,黑格尔与大多数近代哲学家并无二致,而区别在于,黑格尔依据逻辑学,对意志概念做了改造,这就使得黑格尔的普遍规范具有显著的逻辑特征,它们可以在逻辑上得到说明。

1. 现实与具体

普遍规范必须是现实的规范,而非抽象的规范。黑格尔看来,意志的前两个环节,即普遍(A)和特殊(B)两个环节,以及它们所对应的抽象法和道德,都是抽象的,而所谓抽象,指的是它们都不具备现实性,都不是具体的人,抽象的规范完全是理智的自我游戏。所以黑格尔的普遍规范必须是现实的规范。现实的规范包含了对抽象客观的否定,包含了对单纯主观的批评。在意志自身发展的过程中,自我建立规定性,赋予自己以内容,其规定性的内容在于伦理习俗,规定的建立过程则是把伦理习俗的内容吸收进来,成为真正现实的规范。

因此,虽然说黑格尔追求的是一种普遍的规范,但他所主张的普遍,要对理性存在者都有效,而不是特殊的、抽象的;那些抽象的观念规则最终是部分理性的产物,其效果也是受限的,是一种有限性,因此,普遍便意味着现实。而且,黑格尔不是要提供普世适用的规范,这也是对启蒙乐观主义抽象思维

---

① 康德:《纯粹理性批判》,邓晓芒译,杨祖陶校,人民出版社2004年版,第3页。
② 伍德:《黑格尔的伦理思想》,黄涛译,知识产权出版社2016年版,第31页。

的否定。我们以黑格尔对拿破仑的态度为例,黑格尔虽然对拿破仑抱有极大敬意,在《精神现象学》以及给朋友的信中,称拿破仑是骑在马背上的世界精神,但是,在《法哲学原理》却批评了拿破仑,称"拿破仑想要先验地给予西班牙人一种国家制度,但事情搞得够糟的"①。因为,"宪法也不能作为一个礼物被奉送给一个民族"②。"每一个民族的国家制度总是取决于该民族的自我意识的性质和形成。"③在这个时候,黑格尔并没有一味强调普遍的规范,而是强调除了普遍必须有现实性。

对此,我们可以依据黑格尔在其逻辑学中对普遍与具体的关系的论述,来认识这个问题。一方面,只有先有普遍,才可能有具体,"普遍的东西和特殊的东西必须按照整体的真正规定加以区别。形式地看待普遍的东西,把它与特殊的东西并列起来,普遍的东西也会成为某种特殊的东西"④。否则,没有普遍的规定,我们是无法把握具体的。但另一方面,普遍是要体现在具体之中的,如果只有普遍却无具体,则有可能犯了如下错误,"要求得到水果却拒绝接受樱桃、梨子、葡萄等等"⑤。因为,没有具体支撑的普遍,只是抽象的普遍、没有内容的普遍,也是虚假的普遍。

因此可以说,黑格尔主张的普遍规范是一种具体的普遍,它不是把各自特点排斥在外的形式普遍性,而是有内容的普遍性,内容就是各个国家民族的特殊性,但是,这个特殊性与普遍性并不对立,它最终还是可以为理性把握和认识的。

2. 历史与逻辑一致

在《法哲学原理》中,黑格尔区分了意志发展的三个环节,并以此对应《法哲学原理》主体内容的三个部分以及不同特征的社会规范,这些不同特征的社会规范在历史上还曾得到恰当的说明。在历史哲学中,黑格尔进一步明确了不同社会社会规范所对应的历史阶段,某种意义上,罗马时期对应着抽象的罗马法,启蒙时期对应着主体道德,而普鲁士代表着伦理。当然,这种对应关系还可以进一步理解为启蒙前、启蒙、启蒙后的不同阶段。启蒙之前是抽象的外在规范,启蒙时期代表了主体的自我立法,而作为对启蒙的超越与扬弃,黑格尔追求的是把外在与内在、客观与主观、普遍与特殊统一起来的真正普遍的规范。在这种对应过程中,黑格尔的法哲学统摄了历史哲学,历

---

① 黑格尔:《法哲学原理》,范扬、张企泰译,商务印书馆2007年版,第291页。
② 米蒂亚斯:《黑格尔论作为国家基础的法律》,载《黑格尔与普世秩序》,邱立波编,华夏出版社2009年版。
③ 黑格尔:《法哲学原理》,范扬、张企泰译,商务印书馆2007年版,第291页。
④ 黑格尔:《哲学科学全书纲要》,薛华译,上海人民出版社2002年版,第7—8页。
⑤ 同上书,第8页。

史哲学成为法哲学的一个重要部分,对此,恩格斯曾说,"黑格尔第一次——这是他的伟大功绩——把整个自然的、历史的和精神的世界描写为一个过程,即把它描写为处在不断运动、变化、转变和发展中,并企图揭示这种运动和发展的内在联系"①。霍耐特称,"正义思想从黑格尔开始引入了历史性指数,这使得正义思想不可能再单纯地缩减到普遍的原则或过程上去"②。这些思想家强调的都是法哲学的历史维度。不但如此,洛维特甚至进一步指出,"黑格尔的业绩不仅包含着一种历史哲学和哲学历史,而且与此前的任何哲学都不一样,他的整个体系都是以如此根本的方式被历史地思维"③。可见历史是完全内化于黑格尔的体系之中的。

因此,普遍规范形成过程中,意志的逻辑发展与历史发展是一致的,这是黑格尔法哲学普遍规范的又一重要特点。

3. 逻辑学的根本贡献

当前,很多人主张"思辨逻辑是死的,但黑格尔的思想是活的"④。其实,持这种观点的人,很多都把逻辑仅仅视为黑格尔的认知工具,因为他们认为黑格尔"建构其体系性工作所需要的大多数哲学悖论都是基于肤浅的诡辩,他的体系提出的解决悖论的方法也通常是捏造的"⑤。这一观点明显暴露出批评者们把黑格尔的逻辑仅局限于形式逻辑、一般逻辑方法之中。在黑格尔看来,传统的逻辑根本没有涉及内容,因而也无法触及真理,根本上讲,"真理就是逻辑学的对象"⑥,批判者完全没有认识到逻辑所包含的历史维度和精神历程,没有看到逻辑的根本地位。实际上,对于黑格尔的哲学体系来讲,逻辑学本身就是本体论、认识论、方法论的统一,逻辑学贯穿整个哲学体系,也是认知外物的方式,还是理念自我呈现的方式,"逻辑学的对象不仅是思维的运动和发展的规律,而是思维和存在运动和发展的规律"⑦,离开逻辑学是不能真正理解黑格尔的。

对于法哲学而言,逻辑学具有重要意义。首先,逻辑学包含了意志的不同环节,也就是包含了普遍性(A)—特殊性(B)—单一性(E)。正如前文曾经指出的,在近代政治哲学中,以意志为规范的来源并不少见,但黑格尔通过

---

① 《马克思恩格斯选集(第三卷)》,人民出版社1995年版,第362页。
② 霍耐特:《自由的权利》,王旭译,社会科学文献出版社2013年版,第99页。
③ 卡尔·洛维特:《从黑格尔到尼采》,李秋零译,生活·读书·新知三联书店2006年版,第39—40页。
④ 伍德:《黑格尔的伦理思想》,黄涛译,知识产权出版社2016年版,第7页。
⑤ 同上书,第7—8页。
⑥ 黑格尔:《小逻辑》,贺麟译,商务印书馆2007年版,第64页。
⑦ 杨祖陶:《康德黑格尔哲学研究》,人民出版社2015年版,第241页。

意志的逻辑环节赋予了意志不同内涵,使得意志本身具有丰富性,能够把主体性、伦理性的内容都吸收其中,这一工作离开逻辑学是无法想象的。其次,黑格尔的逻辑学包含了历史维度,黑格尔通过逻辑学把不同的历史阶段总结起来了,逻辑学不仅是思维方法,更是精神发展历程的说明,"在黑格尔那里,逻辑范畴的推演过程也就同时是精神对其本质的认识的发展过程"①。在此意义上,从整个精神发展与历史发展过程来看,逻辑学是对人类历史发展阶段的说明,它并没有过时。最后,在对其他政治学说的批判中,特别是对于知性的思维与抽象的政治观念,逻辑学具有明显的优势,能够认识到这些观念和学说的抽象之处,认识到它们的"非具体性",进而产生出具体的思维,提出现实的观念,这也使得逻辑学不但没有过时,还成了黑格尔的独特武器,使得黑格尔法哲学能够超越同时期诸多政治理论,具有深远的历史意义。

---

① 杨祖陶:《康德黑格尔哲学研究》,人民出版社2015年版,第243页。

第五章　普遍规范的历史地位

黑格尔以意志的逻辑发展过程说明普遍规范的形成过程,并把国家看作是普遍规范的实现,进而对普遍规范的内容做了诸多说明。他的法哲学对当代政治哲学产生了深远影响,其中既不乏赞同者,也受到了很多质疑。我们有必要对这些质疑做出回应,而通过对质疑的回应,通过与当代政治哲学寻求普遍规范之路径的比较,方能显现出其普遍规范的历史地位。总体说来,黑格尔的普遍规范是应对启蒙的一揽子方案,其方案具有重要意义。

第一节　对普遍规范的质疑

长期以来,对黑格尔法哲学的质疑一直不绝于耳。在这些质疑中,很多针对的是作为黑格尔法哲学主旨的普遍规范,既质疑普遍规范"何以形成",也质疑普遍规范"何以普遍"。"何以形成"主要包括普遍规范的逻辑结构、论证方法等内容,"何以普遍"主要包括普遍规范的特殊性环节、普遍规范的伦理特征等内容。对于这些质疑,我们有必要做出回应与说明,以进一步呈现黑格尔法哲学的主要内容与特点,凸显黑格尔法哲学的历史地位。

一　对普遍规范之逻辑结构的质疑

黑格尔的法哲学以意志概念为基础,并把意志的发展过程看作是普遍规范的形成过程,这是黑格尔法哲学的基本逻辑。当前,常有人质疑黑格尔整个哲学体系及意志发展的 A(普遍)—B(特殊)—E(单一)环节,其中有研究者认为黑格尔哲学的逻辑太过僵硬,最终屈从体系而牺牲了哲学,批评黑格尔在诸多方面只是为了迎合逻辑,事实上黑格尔"不是发展政治制度的特定的观念,而是使政治制度同抽象理念建立关系,把政治制度列为它的(观念的)发展史上的一个环节。这是露骨的神秘主义"①。也有研究者批评黑格尔的哲学体系太过庞大,把人类的所有现象都放到他的哲学体系之中,把逻辑学、自然哲学、精神哲学看作是一个整体体系,而这些体系在根本上乃是形而上学的臆想。还有些研究者进一步批评黑格尔逻辑学自身的混乱,提出"黑格尔所谓辩证法仅仅是经验科学(比如心理学)和半逻辑科学的杂烩"②。在这些批评者看来,黑格尔的法哲学虽在思想上有闪光点,但是,逻辑体系太过僵硬,其逻辑推导没有说服力,黑格尔把结论建立在逻辑推导之上存在巨大风险,因为逻辑体系的有效性直接关系到法哲学思想相关观点的有效性。而且,"后黑格尔的哲学思想越来越不倾向于体系,因此,黑格尔理论的体系特征妨碍了它在黑格尔之后的被接受"③。的确,当前很多研究者不是从法哲学的逻辑演绎来研究法哲学的内容,而是从黑格尔的相关观点来研究法哲学,这也是当前黑格尔研究的一个倾向。

应该说,对黑格尔哲学体系的质疑非常重要。它首先关系到黑格尔法哲学体系的有效性,如果黑格尔的逻辑学本身就是一个错误,那么严格建立在逻辑学基础上的法哲学的地位自然堪忧。对此,多位当代哲学家都明确指出了这个问题的严重性,阿尔都塞说:"黑格尔的这种整体是不能被松解的:如果它倒塌了,那么,它的各组部分就会失去与其必然性的所有联系。"④罗伯特·皮平也指出,黑格尔"试图理解这些不同领域的统一,例如科学、伦理、艺术、宗教、政治、哲学等等。……他对整体的论述要能成功,除非这样一种具体的、无所不包的、系统的总体性能够得到辩护"⑤。

其实,对这个问题,我们应该区分层次来看:

第一,黑格尔哲学体系的逻辑问题。黑格尔建立了严格的哲学体系,哲学体系包括逻辑学、自然哲学、精神哲学三个部分,分别对应思维的一般规定、自然世界、精神意识的发展过程,并把这三个部分看作是一个整体,认为精神哲学是自然哲学发展的下一阶段。平心而论,目前的黑格尔研究中确实很少有研究者原封不动地沿用黑格尔的这个逻辑体系,该逻辑体系的影响日渐衰微。特别是黑格尔的自然哲学,"在后黑格尔时代,自然哲学这种观念

---

① 《马克思恩格斯全集(第三卷)》,人民出版社 2002 年版,第 19 页。
② G. 希尔贝克、N. 伊耶:《西方哲学史——从古希腊到二十世纪》,童世骏、郁振华、刘进译,上海译文出版社 2011 年版,第 426 页。
③ 汤姆·罗克摩尔:《黑格尔:之前和之后——黑格尔历史思想导论》,柯小刚译,北京大学出版社 2005 年版,第 203 页。
④ 路易·阿尔都塞:《黑格尔的幽灵——政治哲学论文集[I]》,唐正东等译,南京大学出版社 2005 年版,第 132 页。
⑤ 罗伯特·皮平:《黑格尔的观念论——自意识的满足》,陈虎平译,华夏出版社 2006 年版,第 369 页。

变得令人怀疑"①。因为很多结论与目前的自然科学多有抵牾,自然哲学还常受嘲弄,"在德国,自然科学的兴起很快带来了黑格尔主义的崩溃"②。对此,笔者以为,一方面,就黑格尔哲学体系内的立场来讲,他的逻辑学不同于一般的逻辑学,涉及信仰、知识等问题,"这些思想范畴只有在逻辑学里才得到真正透彻的处理"③。另一方面,就一种体系外的立场来讲,黑格尔的哲学体系的确有不足,突出表现便是体系过于庞大,其自然哲学与当代自然科学的出发点不尽一致,从而对很多自然现象没有解释力。我们应注意到这些不足,不应原封不动地照搬照抄,避免削足适履。

第二,黑格尔精神哲学部分的逻辑问题。精神哲学描述了从意识到精神的发展过程,说明了意识发展过程的不同形态,这些不同的意识形态构成了意识发展的不同环节。在《精神现象学》中,黑格尔还为精神发展的不同阶段配上生动的故事予以说明,很多比喻如"主奴斗争""苦恼意识""美的灵魂"等至今发人深省。对于黑格尔精神哲学的逻辑有效性应该从意识的形成过程来考察,从意识的形成过程来看,黑格尔的逻辑是能够成立的。黑格尔的精神哲学既深刻说明了历史上先后出现的意识之诸种形态,反映了他对精神发展历程的深刻洞见;也揭示了意识、自我意识、精神的发展过程,这个过程符合精神发展的一般过程。意识是在发展中逐渐获得规定性的,黑格尔对精神哲学逻辑发展的描述是准确的,其逻辑推演所反映的精神发展的历程是基本成立的。

第三,黑格尔法哲学部分的逻辑问题。法哲学的逻辑展开从意志开始,黑格尔认为法哲学以意志为基础,意志包括三个环节,分别是普遍性(A)、特殊性(B)和单一性(E),对应抽象法、道德、伦理三个主要部分,这一逻辑是准确的。在法哲学展开的逻辑上,黑格尔有了不起的贡献。首先,黑格尔看到了意志与现代规范的深度契合,并在此基础上把意志作为规范的起源,为现代自由确立了最为牢靠的奠基,意义重大。其次,黑格尔看到了抽象法、道德、伦理背后体现的现代精神,体现了精神的不同维度,把它们作为意志的不同环节,由此来说明精神的不同内容,增加了意志的内容,其逻辑非常新颖又能解决意志的普遍性、现实性问题,具有重要地位。黑格尔法哲学的逻辑更多的是精神发展历程的说明,这一说明具有深厚的历史感,体现了黑格尔对精神发展的洞见,其逻辑是正当的,黑格尔的诸多观点之所以能够超越同时

---

① 汤姆·罗克摩尔:《黑格尔:之前和之后——黑格尔思想历史导论》,柯小刚译,北京大学出版社2005年版,第248页。
② 同上。
③ 黑格尔:《小逻辑》,贺麟译,商务印书馆2007年版,第94页。

期的思想家,也因其建立在这一逻辑之上。

最后,逻辑体系的丰富性和解释力。黑格尔精神哲学主要讨论精神发展的不同过程,并把人类历史上发生的重要精神形态,如基督教、斯多葛派、启蒙等放在精神哲学体系做出说明,既生动形象,让人容易在大的思想背景中去认识和把握上述意识的形态,也深刻独到,对不同思想流派的精神特征把握准确,解释力强。黑格尔通过精神内容来说明逻辑体系,既体现了他对精神问题认识的深刻性,也为逻辑体系找到了现实说明,这样一来,既有深刻性,更具有理论体系的丰富性;相比于一些单向度的、仅仅从社会经济关系来解释人类社会或一些静态的政治学说而言,黑格尔的逻辑体系无疑更具有丰富性和解释力,黑格尔的学说也应得到更多的肯定性评价。

二 对普遍规范之历史内容的质疑

本书多次指出,黑格尔的法哲学学说涵盖了人类历史发展的不同阶段,他的法哲学与历史哲学紧密联系,法哲学具有了不起的历史感。正因为如此,当前对黑格尔法哲学的质疑很多是通过质疑历史哲学而展开的,对此我们也应做出必要回应。

1. 对历史终点的质疑

黑格尔在法哲学中把世界精神分为四个阶段,分别是东方、希腊、罗马和日耳曼王国,其中日耳曼是历史发展的终点。由于黑格尔法哲学具有历史与逻辑一致的特点,所以,历史的终点之处也常被看作是普遍规范的实现,这就带来了对历史学说的质疑。

第一,黑格尔对东方历史了解的疏漏。有人指责黑格尔不了解历史,不了解东方社会,对东方社会的很多历史资料把握有误。就黑格尔生活的19世纪来讲,当时的西方社会的确不能像现在这样提供更多关于东方的准确史料,这的确影响了黑格尔在细节问题上对东方社会的全面掌握,但这并未影响黑格尔对东方的整体把握。虽然黑格尔观察历史的角度是站在西方立场上的,这是当时的社会历史条件决定的,但是黑格尔并不是完全的西方中心论者,他提出的世界历史起源于东方这一观点对于破除当时的西方中心立场已经有了巨大进步。而且,黑格尔对东方社会整体所处历史阶段的把握是有合理之处的,比如他认为东方社会缺少主体性,主体性在希腊才逐渐得到发展,东方的思维不同于理性的思维,应该说,这些判断反映了黑格尔对整个历史主脉的判定,在总体判断上并无大的失误,黑格尔对历史方位的判断是准确的。

第二,历史哲学与普鲁士的关系。黑格尔的《法哲学原理》《历史哲学》都曾把普鲁士看作东方、希腊、罗马的后一个阶段,对此很多人认为,黑格尔的历史哲学把普鲁士看作历史终点是在为普鲁士王国辩护。其实,黑格尔表述的只是理念的发展过程,与其说他是在赞美普鲁士,不如说是对以往历史上国家的批评。列奥·施特劳斯在《政治哲学史》中说得很清楚,"历史的完成是就最终的原则已经出现而言的"①,现代社会出现了主观和客观原则的统一,国家是主观性原则和客观性原则的和解,这才是历史终点的真实含义,而普鲁士要想成为终点,必须符合主客观相和解的原则。薛华先生在《黑格尔和普鲁士王国的关系》一文中更是以很多史料展现黑格尔一直对普鲁士的批评立场,以此说明普鲁士不是历史的完成,"黑格尔并没有认为历史到他那个时期已经无需乎进一步发展,他更没有断言普鲁士国家已经是历史的顶峰"②。

就此而论,黑格尔未必不了解历史细节,只是一方面,他受制于当时普鲁士的书报检查等思想监控制度,作为"体制内"的他,难免会违心地说一些"政治正确"的话。另一方面,也是更为重要的,黑格尔更愿意去提炼历史发展的理念的逻辑,他看到,历史逻辑的发展不是历史事实的简单重复,"我们不能说,在家庭出现以前就已经有所有权存在;但尽管这样,所有权必须放在家庭之前论述"③。在此意义上,我们应该把握历史哲学发展的基本逻辑,从理念上认识动态的历史,并把政治哲学放在历史中去考察,因为政治哲学本身不是实验室中静态的理论假设。

2. 对历史规律的质疑

关于黑格尔的历史哲学方法,很多人质疑历史与逻辑的一致性,批评者认为历史与逻辑各有逻辑,如果主张历史和逻辑的一致性,会带来很严重的后果。历史与逻辑一致,带来的直接影响就是人们用它来说明人类历史发展的目的和规律。对历史目的和历史规律进行断言,最容易招致人们的反感,为此卡尔·波普尔把黑格尔哲学看作和卢梭哲学、马克思哲学一样,是"神谕哲学"的一种,认为这种立场来自于柏拉图的理念和意见的二分,来自于西方世界根深蒂固的二元论传统。卡尔·波普尔在《历史主义贫困论》的"导论"中,对历史主义(Historicism)这个术语的含义做出了说明,波普尔说:"我所谓的'历史主义'是指一种社会科学的研究途径,它认为历史预言是它的主要目的,并认为通过揭示隐藏在历史演变之中的'节奏''类型''规律'和'趋势'就可以达到这一目的——这样就足够了。"④

---

① 列奥·施特劳斯、约瑟夫·克罗波西:《政治哲学史》,李天然等译,河北人民出版社1998年版,第874页。
② 薛华:《黑格尔对历史终点的理解》,中国社会科学出版社1983年版,第60页。
③ 黑格尔:《法哲学原理》,范扬、张企泰译,商务印书馆2007年版,第40页。
④ 卡尔·波普尔:《历史主义贫困论》,何林、赵平等译,中国社会科学出版社1998年版,第7页。

对于波普尔的这个质疑,我们认为,一方面,这是给黑格尔哲学提出了一个警示,黑格尔哲学虽"有巨大的历史感",但切不可把这种"历史感"简化为知性范畴的历史规律,提出一些看似简明的、一刀切的历史道路和规律,应知,过于简化的历史规律本身就歪曲了黑格尔哲学的丰富性。另一方面,从思想本身看,黑格尔并不以提出历史规律而著称,黑格尔较少提倡什么历史目标和规律,黑格尔无意做预言家,他的学说更多是对过去历史阶段的反思,而非做预言,把黑格尔看作历史预言家,是质疑者自己搞错了对象。

3. 黑格尔历史哲学的深意

黑格尔之所以能够超越同时期很多思想家,其根本原因就在于黑格尔哲学的"历史感",黑格尔的政治学说不是静态的学说,而是体现在历史发展的逻辑之中。黑格尔更多地看到了历史背后的理性,历史作为理念的展开,这是他的基本信念。"他也许是第一个在哲学和历史之间看到了不可解散的联系以及赋予理论以根本的历史性维度的大哲学家。"①

黑格尔法哲学主张历史与逻辑的一致,因为他已经对杂乱无章的文化、传统进行了理性认识和提炼。从认识的一般规定来看,对象不会自动呈现给我们,需要我们理性的加工。黑格尔的贡献就在于对历史杂乱无章的事实进行呈现,赋予历史以精神的意义,而这个精神背后是普遍的理性——黑格尔称之为绝对精神。虽然"绝对精神"这个术语容易招致反感,但如果把它看作人类整体的理性和精神,我们便能更加理解黑格尔的深意了。而且,在黑格尔宏大的精神解释框架中,很多历史现象的确能在他的精神哲学体系中得到说明,这已经充分说明了黑格尔历史哲学的解释力。马克思主义经典作家一直称赞"黑格尔的思维方式不同于所有其他哲学家的地方,就是他的思维方式有巨大的历史感作基础"②。这也是对其历史本来意义的高度肯定。

三 对普遍规范之特殊性环节的质疑

在黑格尔的诸多批评者之中,克尔凯廓尔是非常著名的一位。克尔凯廓尔提出过一个著名的批评,那就是"个人在黑格尔的体系中没有一席之地"③。这一批评影响深远,至今已成了很多黑格尔研究者的一个刻板印象。比如萨拜因曾说道,"对国家加以理想化,以及对市民社会给予道德上的低评价,这

---

① 汤姆·罗克摩尔:《黑格尔:之前和之后——黑格尔思想历史导论》,柯小刚译,北京大学出版社 2005 年版,第 67 页。
② 《马克思恩格斯选集(第二卷)》,人民出版社 1995 年版,第 42 页。
③ G. 希尔贝克、N. 伊耶:《西方哲学史——从古希腊到二十世纪》,童世骏、郁振华、刘进译,上海译文出版社 2011 年版,第 423 页。

两者结合在一起都不可避免地要导致政治上的独裁主义"①。鲍比奥(N. Bobbio)也曾说过:"黑格尔不是一个反动派,但他在写《法哲学》的时候也不是一个自由主义者;很明显,在下述意义上,他只是一个保守派,他更偏好国家而不是个体,更偏好权威而不是自由,更偏好法律的无所不能而不是个体权利的不可抗拒;此外,他喜欢整体的凝聚性胜过其各部分的独立,喜欢服从胜过反抗,喜欢金字塔的(君主)的顶端胜过其基础(人民)。"②上述评论似乎倾向认为,黑格尔不重视个人,黑格尔的国家对个人是一种束缚和压制,个人在国家中没有地位。是否的确如此,我们可以先从黑格尔的立场作出回应,再对黑格尔立场的回应做出评价。

1. 抽象个人没有现实性

黑格尔法哲学中的确表达过国家高于个人,他的确说过:"不言而喻,单个人是次要的,他必须献身于伦理整体。所以,当国家要求个人献出生命的时候,他就得献出生命。"③国家是限制个人,但对黑格尔来说,国家限制个人"所限制的并不是自由,而只是自由的抽象,即不自由"④,而且单个人本身是没有现实性的,公民正是在献身国家时才超出原始自发性,"由于国家是客观精神,所以个人本身只有成为国家成员才具有客观性、真理性和伦理性,结合本身是真实的内容和目的,而人是被规定着过普遍生活的"⑤。对于黑格尔来说,抽象思维所主张的个人是不存在的,那种抽象的思维恰恰是应该被扬弃的。

而且,一个稳定的政府对于保障个人自由是必不可少的。个人自由也只有在国家中才是现实的,"个人只有参与到那些打下相互承认实践印记的社会机制中去,才能真正经历和实现自由"⑥。自由主义所要求的自由是任性的自由,所以黑格尔说:"在谈到自由时,不应从单一性、单一的自我意识出发,而必须单从自我意识的本质出发,因为无论人知道与否,这个本质是作为独立的力量使自己而成为实在的。"⑦这种任性的自由是抽象的,个人的个性以及自由正是在国家中才得到完全的实现。黑格尔追求的也是一种具体的自由,这种具体的自由存在于国家之中,因此表面看来国家的等级要比个人高,但这并不意味着国家将取消个人,而是会进一步发展具体的个人自由。

---

① 萨拜因:《政治学说史(下)》,商务印书馆1986年版,第729页。
② 洛苏尔多:《黑格尔与现代人的自由》,丁三东等译,吉林出版有限公司2008年版,第93页。
③ 黑格尔:《法哲学原理》,范扬、张企泰译,商务印书馆2007年版,第79页。
④ 同上书,第168页。
⑤ 同上书,第254页。
⑥ 霍耐特:《自由的权利》,王旭译,社会科学文献出版社2013年版,第81页。
⑦ 黑格尔:《法哲学原理》,范扬、张企泰译,商务印书馆2007年版,第258页。

2. 国家并不取消个人

在霍布豪斯看来，黑格尔说"声言国家是一个更加伟大的存在物，是一种精神，是一个超人的统一体，个人虽有自己的良心或权利，自己的快乐或痛苦，都只是从属于它的"①，是以国家取消个人。其实，黑格尔主张的是"国家是现实的，它的现实性在于，整体的利益是在特殊目的中成为实在的。……虽然这些特殊性看来是独立的，其实它们都包含在整体中，并且只有在整体中才得到维持"②。在黑格尔那里，完全的否定是不存在的，扬弃的特点就在于把否定的东西在下一环节中保存下来。因此可以说，"黑格尔明确地反对将国家看成是官僚政治和极权主义的概念，因为它否认了特殊性和个体性的存在"。③ 对于黑格尔来说，国家是自由的实现，自由作为一个环节体现在国家中。

当前，在对黑格尔法哲学国家和个人关系的理解上，时常还有学者指责黑格尔主张的国家实为一种极权主义的主张，批评黑格尔在为极权主义辩护。对于这个批评，更应认真对待，毕竟极权主义本身背负了太多的恶名。其实，极权主义是20世纪政治哲学的概念，在此之前，人们很少使用这个词，黑格尔同时代的批评者只是批判黑格尔的谄媚与反动，极少使用极权主义一词。在20世纪论及极权主义的一些重要著作如阿伦特的《极权主义的起源》和哈耶克的《通往奴役之路》中，作者们所指称的极权主义以纳粹德国为代表，这种"极权主义国家最基本的特点就是，它没有为个人留下任何位置"④。但是，黑格尔主张的国家与个人关系显然不是这样，黑格尔的国家是包含个人在内的，"他支持的是一个宪法上强有力的政府，他驳斥那种认为独裁者应该随意统治的观点"⑤。黑格尔并不是这个意义上的极权主义，黑格尔的国家建制中是包含很多现代国家建制在自身中的，比如三权关系、比如公民参与政治的权利等等，"如果这种原则和这些条件不允许人类本性的各种基本力量自然成长，并且是不允许这些力量在理性、道德和自发创造的条件下成长，那么我们就可以确定地说，具有这种性格的国家是极权主义的国家。但是，黑格尔的国家理论并不包含这样的原则和条件，因为

---

① 霍布豪斯：《形而上学的国家论》，汪淑钧译，商务印书馆1997年版，第21页。
② 黑格尔：《法哲学原理》，范扬、张企泰译，商务印书馆2007年版，第280页。
③ 理查德·贝米拉：《重新思考自由主义》，王萍等译，江苏人民出版社2005年版，第22页。
④ 米蒂亚斯：《黑格尔论作为国家基础的法律》，载《黑格尔与普世秩序》，邱立波编，华夏出版社2009年版。
⑤ G.希尔贝克、N.伊耶：《西方哲学史——从古希腊到二十世纪》，童世骏、郁振华、刘进译，上海译文出版社2011年版，第424页。

正如我所强调的那样,对他来讲,国家的基本原则是法律。"①因此,我们不应该以极权主义来指称黑格尔的国家学说,哪怕黑格尔的国家学说与自由主义有诸多分歧,哪怕黑格尔的国家学说对个人做了诸多限制。无论从具体政治主张来看,还是从理论的出发点来看,黑格尔的国家学说都不能算作极权主义。

3. 正确理解国家优先性

其实,要理解黑格尔主张的国家优先性,最根本的是认识到,黑格尔的主张主要强调抽象个人的非现实性,只有在国家中才有现实性。但事实上,多数的批评者不是从黑格尔的逻辑来质疑黑格尔的,他们甚至对黑格尔的自我辩护根本视而不见,只是专注于黑格尔的国家是如何赋予个人权利的,个人如何有可能对抗国家的强权。毕竟,从批评者角度出发,他们很少看到黑格尔有关个人权利保护的论述。就此而论,批评者的担心也不能算作空穴来风。黑格尔确实主张国家是个人自由的实现这一思想,但如何在法律制度上、如何在市民社会权利保护问题上做出更多的制度规范,这是黑格尔法哲学可以进一步改进和完善之处,毕竟,市民社会的司法本来目的就是提供无差别的权利保护,这也是黑格尔法哲学题中应有之义,只是黑格尔对此的论述未能像洛克那样细化明确。但是,如果还要据此进一步质疑国家的优先性,那么,想来黑格尔是不会接受的,因为黑格尔的国家优先性关系到法哲学的基本逻辑,它是一个难以妥协的原则。黑格尔的国家优先性既是逻辑上的优先,也是伦理上的优先,而不是国家对个人权利的否定。国家优先性主要针对的便是抽象的个人,抽象的个人没有现实性,伦理性是化解主观性泛滥的基本方案。如果没有这一理论,也将无法凸显黑格尔法哲学的独特地位。

四 对普遍规范之伦理性特征的质疑

普遍规范如何形成,黑格尔总体上给出了方向。在黑格尔看来,传统伦理作为外在规范,经过特殊性环节的发展,即理性的批判与反思,最终成为普遍规范。"黑格尔也倾向于认为,现代世界基本的社会—政治难题便是如何把如下两个方面统一起来的问题:一方面是后启蒙时代的、对于最大限度的个体独立、自我决断和基于差异与多样性的特权的自由追求;另一方面是一种更早、更传统的将具有表述功能的共同体作为社会生活之基础的观点。简

---

① 米蒂亚斯:《黑格尔论作为国家基础的法律》,载《黑格尔与普世秩序》,邱立波编,华夏出版社2009年版。

单来说就是:人们怎样才能在一个共同体中既获得充分发展的个人,又获得充分发展的参与者?"①对很多批评者来说,黑格尔的这个主张俨然又是一个自说自话的逻辑游戏,因为,黑格尔主张的只是逻辑上的发展与融合,黑格尔并没有从现实社会中去描述这个过程。因此,我们也需要说明,伦理风俗是如何进入普遍规范的,对此,可以这样理解:

第一,普遍规范何以从传统中生长出来? 也许在黑格尔看来,这不是一个如何去描述的问题,而是一个事实问题。因为,任何一个人,都受到了传统的影响,人本身是从传统习俗中生长出来的,他生来就是一个希腊人、罗马人或者法国人,而不是一个抽象的"人",不是无知之幕下的原子个人,这是与生俱来的事实,"具体的人类永远是参与在一个历史的社会的关联之中的"②。所以,任何一个人都是沾染了传统中特定观念的,他必定是有规定的,"完全的无规定等于无",其生来具有的规定性便反映了传统的影响。

第二,黑格尔的普世主义与特殊主义。在法哲学中,黑格尔一方面表示要重视各个民族的传统,认为各民族各有习俗,不应把外在的普遍规范强加给某一特定的民族,比如,拿破仑不应该把民主制度强加给西班牙人。另一方面,黑格尔又主张规范的普遍性,批判历史法学派固守民族传统,不知民族传统背后的理性,这看上去有点矛盾。其实,对于黑格尔来说,这并不矛盾,传统习俗是多样性,是"多",普遍理性是普遍性,是"一",一和多是统一的。对于"一"和"多"这个形而上学的问题,曾经困扰过很多哲学家,哲学家们的回答往往也是莫衷一是,黑格尔非常高明地提出了化解之道,那就是在政治哲学中引入了历史,让"多"最终统一于历史,我们可以通过历史发展过程来认识多样性、把握多样性。这一历史感是黑格尔哲学的显著优势。

第三,普遍规范的现实说明。也许会有批评者提出这样的质疑:黑格尔的伦理性与个体性的融合既能体现主体性,又能体现外在客观性,这的确"听上去很美",但如何说明某一项规范是主体性和客观性相融合的,我们能否找到这样的实例呢? 其实,我们可以从普遍规范的伦理特征来回应这个问题。黑格尔反对的是片面强调对规范的随心所欲的创制,黑格尔强调伦理习俗与历史传统的重要性,认为如果撇开历史传统,这些规范只能是抽象的理智,付诸实施必将带来法国大革命那种绝对的否定。而对于习俗与传统,黑格尔不是简单照搬,而是经过理性的反思后予以说明,这个过程就是主体参

---

① 希克斯:《黑格尔伦理思想中的个人主义、集团主义和普世主义》,载《黑格尔与普世秩序》,邱立波编,华夏出版社2009年版。
② G. 希尔贝克、N. 伊耶:《西方哲学史——从古希腊到二十世纪》,童世骏、郁振华、刘进译,上海译文出版社2011年版,第423页。

与的过程,只要经过主体的反思,从伦理中自然可以产生了普遍。所以马尔库塞说,黑格尔的秩序是历史发展后才沉淀下来的与意志的和谐,"黑格尔分析的意志的两层含义是要证明意志具有双重特征,在特殊与普遍要素之间组成一个基本的两极性。此外,它的目的在于表明任何一个社会和该社会的政治秩序并不是由意志派生出来的,而是循着意志的目标,经过历时的长久过程才能与意志相和谐"①。这便是对规范经过主体意志,经过伦理沉淀的现实说明。

第二节　当代政治哲学对普遍规范的探索

普遍规范问题是当代政治哲学的重要问题,很多思想家都对普遍规范做出探索,其中以罗尔斯的重叠共识、哈贝马斯的交往理性最具代表性,而社群主义对普遍规范也做了深刻而独到的思考。这些探索深化了对普遍规范的研究,具有明显的当代特征。但是,这种探索并未根本上解决普遍规范问题,探索的过程也愈发凸显黑格尔对普遍规范问题研究的重要地位。

一　罗尔斯的"重叠共识"

1. 重叠共识的提出

当代社会,多元化明显、相对主义盛行,人们很难在某个话题上达成一致;另一方面,不同的规范之间可能存在激烈冲突,严重的冲突甚至会带来社会的动荡。如何让不同群体、不同个人在特定问题上达成共识,形成共同规范,维护社会稳定和谐,这是当代政治哲学面临的重大问题。在此背景下,罗尔斯的"重叠共识"(overlapping consensus)应运而生。罗尔斯认为,当代社会思想文化多元,不同的主体往往具有不同的价值规范,"在多元民主社会,不仅存在宗教、哲学和道德等广包学说的多元化,而且还存在那些不相容却合乎情理的广包学说的多元化现象"②。但是,一个秩序良好的社会必定是一个稳定的社会,多元价值观念的冲突可能会破坏社会整体的稳定,"如果秩序良好的公平正义之民主社会的理论多元特征是既定的,该社会如何建立

---

①　马尔库塞:《理性与革命:黑格尔与社会理论的兴起》,程志民等译,上海人民出版社2007年版,第165页。
②　顾肃:《多元社会的重叠共识、正当与善——晚期罗尔斯政治哲学核心理念述评》,《复旦学报》2011年第2期。

并保持统一和稳定"①。这就需要引入"重叠共识",即各种观念达成的共识。

2. 重叠共识的实现

在罗尔斯看来,重叠共识的达成包括两个步骤,一是宪法共识,二是观念共识,观念共识是更狭义的重叠共识。"第一个阶段以一种宪法共识而告终,第二个阶段则以一种重叠共识而告终。"②宪法共识是对基本法律制度的共识,这是现代社会制度的基本元素。而在宪法共识的基础上,观念的共识才有可能得以达成。但是,重叠共识不是结论,而是方向性的,"一种政治观念最好仅仅作为一种指南性质的框架,至少能够帮助我们对宪法根本和基本正义问题达成一致的契约"③。人们可以借助共识的框架,达成更多的共识。

也就是说,在一个自由民主社会之中,人们都生活在既定的法律框架之下,在此基础上人们虽有观念的不同,但都不会触犯底线的政治制度,如有观念的冲突,大家可以往前追溯到基本的框架——法律制度,按照法律制度的要求去运用"公共理性",而不必追溯道德与宗教的"完备性学说"(comprehensive doctrines),人们应该撇开根源上的宗教与道德的根本分歧,在法律制度的基础上,达成共识。在此意义上,罗尔斯才会提出政治自由主义的另一条原则——"权利优先于善"。值得注意的是,《政治自由主义》的"权利优先于善"与《正义论》倡导正义原则的出发点多少有点不同,在《政治自由主义》中,罗尔斯提出权利优先于善,他强调的重点是不能为了所谓"完备性学说"的善的追求,动摇自由民主制度的基本法律框架。由此可见,罗尔斯对重叠共识的第一条共识即重叠的前提之强调是始终如一的,只能在法律制度基础上,往前推进进一步的共识,法律制度不能动摇,不可突破法律制度去追问法律制度背后的价值观念之冲突。

3. 黑格尔视域中重叠共识的不足

罗尔斯的重叠共识对于化解冲突、寻求共识具有深远意义,但是,如果从黑格尔的立场来看,重叠共识还是有不足之处的。

首先是重叠共识的契约特征。虽然罗尔斯一直在自我辩解,但是重叠共识免不了被批评具有临时协定的特征,"反驳意见认为,重叠共识是一种临时协定"④。实际上,即使罗尔斯的自我辩护能够成立,重叠共识有一个特征还是不变的,那就是它实际上是不同主体之间的观点交换,它是以契约形式进行的,共识具有典型的契约特征。对此,罗尔斯没有否认,他也认为重叠共

---

① 罗尔斯:《政治自由主义》,万俊人译,译林出版社 2013 年版,第 123 页。
② 同上书,第 147 页。
③ 同上书,第 145 页。
④ 同上书,第 134 页。

识具有私人性特征,政治关系本质上仍然是个人关系,"政治关系……它是社会基本结构或基本制度结构内的一种个人关系"①。在黑格尔看来,契约只是共同意志的产物,它还不是普遍的意志,从而也不是普遍的规范。按照当代著名黑格尔专家霍尔盖特的看法,"黑格尔和罗尔斯虽然说的都是理性国家,但是他们的概念并不一致。罗尔斯的现代国家是一个宪政民主,通过公民同意而制定基本权利,人们选择统治者的政治自由是先在的。与此相反,黑格尔的现代国家是一个法治国家(Rechtsstaat),通过自由概念来理解和规定基本权利"②。他强调的便是罗尔斯的立论在于公民同意的社会契约,而这种社会契约立场是黑格尔一直反对的,它是私人性的。

其次是重叠共识的非完备性问题。我们知道,罗尔斯在《政治自由主义》中多次提到所谓"完备性学说",所谓完备性学说是指一种学说作为一个系统可以涵盖社会各方内容,它本身是一个完备的理论体系。罗尔斯明确认为,当代共识应该明确放弃对完备性学说的追求,如果追求完备性学说,谁都以自己的真理为终极真理,最终会使得对话双方永远无法达成共识,而且事实上现代社会的完备性学说已经失灵,否则就不会有价值多元的现象出现了。在此意义上,共识同样不是一个"完备性学说",只是特定问题的共识;而且,重叠共识只关心政治正义,对于政治背后的道德价值、宗教问题并不热心,"道德哲学的普遍问题不是政治自由主义所关注的,除非这些问题影响到背景文化及其完备性学说对一立宪政体的支持方式"③。对于这一主张,黑格尔也一定不会满意。也许现状确如很多研究者分析的,"实际上,罗尔斯对于政治自由主义的论述表明,提出或论证一种具备真理效力的正确的道德观念,以此作为全民共识,在当代多元社会已经不大可能。而从不同的善观念之间找到共同要素,或者找到一个能够评价各种善观念的衡量标准,则是可能的"④。但在黑格尔看来,则绝不是这样的,一方面,"避免选择某一种政治,这在理论上是不可能的。如果我们试图成为非宗派主义者,我们最终将什么都没说"⑤。另一方面,黑格尔的法哲学是理念的展开,是精神发展的客观精神阶段,是意志概念的发展与实现历程,"黑格尔也信任权利、法律和

---

① 罗尔斯:《政治自由主义》,万俊人译,译林出版社2013年版,第125页。
② Stephen Houlgate, "Hegel, Rawls, and the Rational State", in *Beyond Liberalism and Communitarianism, Studies in Hegel's Philosophy of Right*, ed. by Robert R. Williams, State University of New York Press, 2001.
③ 罗尔斯:《政治自由主义》,万俊人译,译林出版社2013年版,第14页。
④ 顾肃:《多元社会的重叠共识、正当与善——晚期罗尔斯政治哲学核心理念述评》,《复旦学报》2011年第2期。
⑤ Jeremy Waldron, *God, Locke, and Equality*, Cambridge University Press, 2002, p.239.

'正义的原则',它们源于自由意志,使现代国家成为一个整体"①。就此而言,在黑格尔的理解中,一定存在着一个至高的理念,存在着最高的绝对精神,普遍规范自身也一定是理性的,代表了人类理性发展的方向。黑格尔虽然尊重伦理,尊重不同民族的风俗习惯,但是这并不影响他对最高精神的追求。在黑格尔的学说中,多样性(也就是罗尔斯后来主张的文化多元性现象)是可以统一的,它们都是历史发展的一个阶段,各有阶段性意义,最终服从于最高的理性。因此,就黑格尔对普遍规范之普遍的理解来讲,不追求完备的学说应该似乎很难成为真正的普遍规范。

二 哈贝马斯的"交往理性"

1. 哈贝马斯的交往理性

德国当代哲学家哈贝马斯提出的交往理性(communicative rationality),可以看作当代政治哲学对于普遍规范探索的又一代表。

哈贝马斯把行为区分为四种:目的行为、规范调节的行为、戏剧行为和交往行为,其中"交往行为概念所涉及到的是至少两个以上具有言语和行为能力的主体之间的互动,这些主体使用(口头的或口头之外的)手段,建立起一种人际关系。行为者通过行为语境寻求沟通,以便在相互谅解的基础上把他们的行为计划和行动协调起来"②。可见,交往行为就是多个主体通过语言媒介进行沟通,最终实现协调一致的行为,它的目的在于通过语言的沟通确立共同的规范。

就哈贝马斯的问题意识来讲,交往理性的提出针对的也是普遍规范的缺失问题。哈贝马斯认为,当前存在着不同的规范。其中工具理性产生了一套技术规范,这套规范影响日盛。但问题在于,工具理性行为是策略性行为,它服务于技术目标。因此,现实可行的方案便是交往理性了,交往理性"作为一致同意的理性模式,它的任务就是要把内在自然(即)人的本质整合进社会。人类只有通过理性才能得以完全统一起来"③。哈贝马斯要在语言交往范式的基础上,构筑起交往理性,并通过交往理性来达成共识,"交往理性的核心的内涵最终可以还原为论证话语在不受强制的前提下达成共识这样一

---

① Stephen Houlgate, "Hegel, Rawls, and the Rational State", in *Beyond Liberalism and Communitarianism, Studies in Hegel's Philosophy of Right*, ed. by Robert R. Williams, State University of New York Press, 2001.
② 哈贝马斯:《交往行为理论》,曹卫东译,上海人民出版社 2005 年版,第 84 页。
③ 克里斯·桑希尔:《德国政治哲学:法的形而上学》,陈江进译,人民出版社 2009 年版,第 528 页。

种核心经验"①。

交往理性是和生活世界联系在一起的,如何才能建立起生活规范,哈贝马斯首先诉诸语言,特别是日常语言。哈贝马斯认为语言反映了我们基本的社会规范,所以特别重视日常语言。"交往行为概念把语言设定为沟通过程的媒介,在沟通过程中,参与者通过与世界发生关联,并且彼此提出有效性要求。"②在日常语言的基础上,哈贝马斯提倡通过交谈理性来达成共识,其方法便是对语言的真实性、正确性、真诚性要求,"言语者要求其命题或实际前提具有真实性,合法行为及其规范语境具有正确性,主体经验的表达具有真诚性"③。哈贝马斯认为,当语言具备了上述特点,便可最终成为共同接受的规范。"因此,交往行为不仅是以语言为媒介、以理解为目的的对话行为,而且还是在行为主体共识基础之上,通过规范调节实现个人与社会和谐的行为。它实质上是行为主体之间以语言为媒介通过没有任何强制性的诚实对话而达到共识、和谐的行为。"④这是交往理性的重要贡献。

2. 交往理性与主体间性

在交往理性基础上,哈贝马斯还提出了主体间性概念。主体之间应相互尊重,把对方看作是一个与自己同等地位的主体,在平等的对话平台上达成共识,这便是主体间性,也称相互主体性。如果说交往理性的重点是对话的平台,通过对话实现共识,那么主体间性重点则是对话主体地位的确立,主体间性主张对话双方都是一个平等的主体,双方具有同等的地位,对方作为一个主体与自己具有相同的地位。主体间性进一步论证了不同主体对于规范形成的同等地位,为当代共识的形成提供了哲学的解读。

当前,很多学者把主体间性思想回溯到黑格尔,认为黑格尔思想中包含着丰富的主体间性思想。但在哈贝马斯看来,黑格尔还没有提出主体间性,"黑格尔只能在主体哲学范围内批判主体性"⑤。哈贝马斯认为,黑格尔本有机会走向主体间性,但他并未走上这条路,"主体的个体化是交往受到阻碍的动力,而这种交往的终极目的是重建伦理关系。这种思想转向本来可以促使黑格尔从交往理论的角度弥补主体哲学中理性的反思概念,并对它加以转化。但黑格尔并没有走上这条路"⑥。其实,恰如薛华先生所说:"黑格尔不曾想到建立商谈伦理学。……他(哈贝马斯——引者注)并不是从根本上复

---

① 哈贝马斯:《交往行为理论》,曹卫东译,上海人民出版社2005年版,第10页。
② 同上书,第100页。
③ 同上。
④ 王凤才:《哈贝马斯交往行为理论述评》,《理论学刊》2003年第5期。
⑤ 哈贝马斯:《现代性的哲学话语》,曹卫东等译,译林出版社2008年版,第44页。
⑥ 同上书,第32页。

兴黑格尔的思想，另一方面黑格尔也以改变的思想影响着他。"①的确可以这样说，黑格尔本无意要建立一种对话伦理学，但是黑格尔思想中的主体间性，可以理所当然地从黑格尔的相互承认学说中推导出来。

3. 黑格尔视域中交往理性的不足

首先是交往理性的理性本身。交往理性不在理性本身上下工夫，只是乐观地认为通过语言协商就能达成理性，不探求语言背后的理性基础问题。交往理性经常受到的批评便是交往理性的相对主义，在交往理性看来，语言交谈者之间的规范并无高下之别，谁的规范都有道理，普遍规范只是在承认彼此双方合理性基础上才能以渐进方式达成。站在黑格尔的立场上，交往理性并没有达到黑格尔的要求，离真正的普遍规范还很远，因为对话伦理学所达成的依然是"契约"，是一种没有理性基础的"任性的"契约；在黑格尔看来，对于任意的契约来说，哪怕参与者再多，达成的结果也未必就是理性的，因为理性必须要从根基上才能确立起来，规范须出自理性的演绎；交往理性只能算作卢梭意义上的"众意"，它根本不考虑对话背后的普遍主义、整体的理性。对话不应该是单纯从主观任性出发进行的工具性的妥协，不是临时性策略，而应该是理性基础上的对话，但很明显，交往理性并没有说明交往者自身的理性。

其次是对待实证法律规范的态度。黑格尔和哈贝马斯都非常重视法律规范的意义，黑格尔认为法律规律体现承认关系，是普遍规范的制度表达，哈贝马斯把法律规范看作进一步形成的起点。但是，在对待法律规范问题上，还是有区别的。"黑格尔也许和哈贝马斯对实定法系统的合理性具有相同的看法，他也会承认和这个系统联系在一起的有益价值，这些价值是实定法不能产生的。"②黑格尔对实定法、对一般法律规则持有一定的否定态度，"出于更一般的哲学原因，黑格尔对法律的论述同样具有重要意义。特别是，它可以作为规范理论的典范，同时它不受情境主义挑战的影响"③。简言之，黑格尔重视法律规范，因为法律规范是制度的一部分。但是他对实定法是有批判的，黑格尔根本上秉持的依然是自然法思想，认为有一个更高的法，这个最高的法是建立在人的理性基础之上的，"现代自然法的出发点依然还是欧洲古代的观念，它们认为社会表现为一个靠政治建构起来，并用法律规范加以

---

① 薛华：《黑格尔、哈贝马斯与自由意识》，中国法制出版社 2008 年版，第 324 页。
② Andrew Buchwalter, "Law, Culture, and Constitutionalism: Remarks on Hegel and Habermas", in *Beyond Liberalism and Communitarianism*, *Studies in Hegel's Philosophy of Right*, ed. by Robert R. Williams, State University of New York Press, 2001.
③ Ibid.

整合的共同体"①。而哈贝马斯等当代哲学家较少具有这一乐观,当代哲学家的目光很少超出实定法而去乐观地相信真有能够管用的自然法,他们更愿意把实定法作为不可动摇的前提接受下来,在实定法基础上寻求共识。对于黑格尔来说,只有超出实定法,才有可能探索出具有精神与价值内涵的普遍规范。

三 社群主义的"历史文化共同体"

1. 社群主义的观点

对于普遍规范问题,社群主义虽然较少提出建设性的见解,但社群主义对社会普遍规范的思考与认识,所提出的"历史文化共同体"等概念也有重要意义。

社群主义作为20世纪下半叶兴起的理论流派,主要观点集中于对自由主义的批判。一般认为,其代表人物主要包括桑德尔、查尔斯·泰勒、麦金泰尔、沃尔策等,虽然上述几位都不愿意承认自己的社群主义身份。社群主义首先批判了自由主义个人观念的抽象性。比如,桑德尔强调共同体对主体的建构作用,称罗尔斯式的自由主义主体是"离群索居的主体"(unencumbered subject),这样的主体在无知之幕中是不具备选择能力的,"在一个目的被选择之前,必然有一个具备选择能力的自我"②。沃尔策就特别反对自由主义对个人的界定,强调真正的个体是一种具体的特殊的个体,以特殊主义对抗普遍主义,强调具体的历史情境和文化情境的作用。

在此基础上,社群主义从个人与社群的关系出发,批评自由主义的个人主义理论片面强调个人的优先性,忽略了共同体本身的存在,忽视共同体、整体的优先性。比如查尔斯·泰勒对自由主义的原子个人观念做出了激烈批判,他指出,"我们继承了17世纪的原子论。不是因为我们仍信奉契约论(尽管各种翻版仍旧流行),而是因为我们仍然发现易于把政治社会考虑成经由意志建立的,或工具般地思考它。"③在他们看来,共同体对个体形成是具有关键作用的。

社群主义还特别强调历史文化传统的重要地位,比如麦金泰尔就指出,正义、德性都离不开其历史传统,它们都是历史文化的产物,而不是抽象的观念,也不是先验具有的先天观念,"这些观念和原则本身都具有一个产生发

---

① 哈贝马斯:《交往行为理论》,曹卫东译,上海人民出版社2005年版,第3—4页。
② 桑德尔:《自由主义与正义的局限》,万俊人等译,译林出版社2002年版,第25页。
③ 查尔斯·泰勒:《自我的根源:现代认同的形成》,韩震等译,译林出版社2001年版,第296页。

展的过程,它们都是历史地形成和发展的,"①我们需要做的是继承传统而不是凭空构建。

2. 社群主义的黑格尔渊源

有趣的是,这些被称为社群主义的思想家们往往很少认为自己是社群主义者,但因为他们都对自由主义原子个人提出了批评,都在强调社群、文化、共同体(community)的作用,所以还是被冠以社群主义的称号。社群主义者们并不专门研究黑格尔法哲学,更少以黑格尔的传人自居,但是他们都批判了自由主义的抽象个体,都从不同方面吸收、反映了黑格尔法哲学,特别反映了黑格尔对原子个人的批判与伦理国家的思想。泰勒说过,"超越个体主观生活的理念(指自由主义等政治学说——引者)一直是强烈抵制黑格尔哲学的根源。"②从社群主义的思路出发,他们并不是以一种建构性方式去创制普遍规范,而是强调社会规范的历史文化传统,这一点和黑格尔是一致的。"黑格尔的反对罗尔斯主义的社群主义立场是通过他对契约理论一贯且深刻的批判而展开的,这种批判从他早期的法学理论延续到成熟时期的政治哲学。"③因此,有社群主义的批评者提出,"社群主义者抛弃了统计意义上的集体目标而回到卢梭、黑格尔的思维传统,是一种理论上的倒退"④。虽然这种批评并不恰当,但它对于社群主义的黑格尔渊源把握还是准确的——社群主义的问题意识是黑格尔法哲学塑造的,虽然在深度上社群主义可能不及黑格尔。

3. 社群主义的不足

社群主义特别强调普遍规范的历史文化传统,反对自由主义割裂历史文化传统所进行的抽象的建构,这与黑格尔的立场是有相似之处的。但是,根本上讲,社群主义较少关注历史文化传统如何转化到规范之中去,它缺少一种总体的方案,也缺少建构,"从总体来看,社群主义者似乎更擅长于破而不是立,他们对自由主义的批评远超过对作为一种系统的伦理和政治哲学的社群主义的论证"⑤。所以,在普遍规范方面,社群主义的缺点也是明显的,它没有建构,无法说明普遍规范的形成过程,也不能提供任何意义上的普遍规范。

---

① 俞可平:《社群主义》,中国社会科学出版社 2005 年版,第 32 页。
② 查尔斯·泰勒:《黑格尔》,张国清译,译林出版社 2002 年版,第 579 页。
③ Cary K. Browning, *Hegel and the History of Political Philosophy*, St. Martin's Press, 1999, p. 128.
④ 顾肃:《评社群主义的理论诉求》,《江海学刊》2003 年第 3 期。
⑤ 同上。

既然不能前进一步,那么后退一步就成了理所当然的选择,所以,很多社群主义者在批判自由主义的理论抽象之后,无法提出超越自由主义的新的理论方案,只好重新退回到前现代之中,比如被看作社群主义者的麦金泰尔,他曾对现代自由主义做出深刻批判,但他并未向前一步提出超越自由主义的方案,只能重新回到亚里士多德的古典伦理之中,主张亚里士多德德性理论的当代复兴,这样的理论路径并未把自由主义主张的合理成分吸收进来,也未看到古今社会的异质性,简单回到古典是无法解决当代问题的。但是,黑格尔的普遍规范不是这样的,它虽然重视古典,但古典只代表了意志的一个环节,它要补充到主体性环节之中,最终实现二者的融合,从而成为一个全新的方案。而这种新意、这种对现代性问题的全面解决方案是社群主义所欠缺的。

四 当代政治哲学寻求普遍规范优势与特点

思想都有它的时代特征,黑格尔法哲学如此,当代政治哲学对普遍规范的探讨也是如此。当代政治哲学在寻求普遍规范时有着明显的特征,这些特点既可以刻画当代时代特征,也可以进一步推动我们对普遍规范的思考。为此,我们有必要对当代寻求普遍规范的路径作进一步提炼。

1. 多元主体与社会冲突

罗尔斯、哈贝马斯等当代政治哲学家有一个共识,他们认识到当代社会是一个多元社会。包括社群主义者在内,他们都强调多元文化,比如查尔斯·泰勒的"承认政治"讨论的便是加拿大不同族群的多元文化与政治认同问题。价值多元的前提下不但难以形成普遍的规范,还经常爆发价值之间的冲突。可以说,在多元文化这一特征上,当代思想家比黑格尔有更深的感受。多元的特征虽然在黑格尔时代就已出现,但从来没有像当代社会这样表现明显。所以,他们对于这一个多元化的现状,毫不怀疑,并且以这个多元的现状为出发点,让理性的主体来寻求规范秩序。多元化是现代社会的基本特征,所以,当代政治哲学家的共性在于寻找共识,而不是再建构一个新的完备性的学说,这是黑格尔所没有意识到的,黑格尔"他乐观地相信思维的反思发展会逐步导致理性的萌芽苗壮,进一步成为自然及社会的理性秩序的基础"①。

当前,多元直接意味着不存在普遍有效的规范,每个价值规范都以自身为正统,因此,不同的价值体系之间必须要进行沟通,而且任何一种规范都不得凌驾于另一种规范之上。正因为如此,在普遍规范寻求过程中,必须首先

---

① 钱永祥:《纵欲与虚无之上——现代情境里的政治伦理》,生活·读书·新知三联书店 2002 年版,第 13 页。

尊重主体,只能在主体之间来达成规范,这是一个不可动摇的方向。在建立普遍规范的问题上,多元不可回避,只能在多元的基础上形成主体间性、寻求重叠共识,在这一点上,当代政治哲学家比黑格尔更清楚地看到了多元特征,更加主动地顺应了这个多元特征,哈贝马斯提出的主体间性也正是对这个过程的哲学说明。

2. 宪法法律前提

现代社会基本建成了民主制度,有一个民意表达的宪法法律框架。罗尔斯的重叠共识意识到并巧妙运用了宪法法律前提,提出分步建立重叠共识。第一步是宪法共识、制度共识,在宪法共识的基础上达成观念共识,这也是看到现代社会多元特征后的策略。依靠宪法,在此基础上推进观念共识,扩展共识的深度和广度。哈贝马斯也意识到了宪法框架的重要意义,提出"民主原则是商谈原则和法律形式相互交叠的结果。这种相互交叠,我把它理解为权利的逻辑起源"①,并进一步主张,"无论是商谈原则,还是主体间关系的法律形式,单就其本身而言还都不足以为任何权利提供基础。商谈原则要能够通过法律媒介而获得民主原则的形式,只有当商谈原则和法律媒介彼此交叠,并形成为一个使私人自主和公共自主建立起互为前提关系的权力体系"②。

可以说,这个宪法框架是建立共识规范的前提,也有助于共识的达成。罗尔斯、哈贝马斯都意识到宪法法律框架在当代政治生活乃至价值秩序中的基础作用,能够巧妙地把宪法作为共识的前期基础巩固下来,并在这个基础上进一步推进共识。在这方面,黑格尔也没有像后来的两位一样,明确地去借力于法制并分步实施,而当代规范的寻求必须更大程度的借力于宪法法律框架,在此基础上,可进可退,逐步推进。

3. 反对形而上学

无论是罗尔斯,还是哈贝马斯,都带有明确的后形而上学甚至反形而上学的特征。在他们看来,形而上学无法解决当下问题,当前已经过了启蒙之整全理性的时代,从人类现状出发来看,也是不再存在整全性的规范了。哈贝马斯明确指出,"今天,哲学已经无法再把整体知识意义上的世界、自然、历史和社会当作一个总体加以观照"③。而且,"哲学思想在放弃总体性关怀的同时,似乎也失去了其自足性"④。在此意义上,当代政治哲学是不会接受

---

① 哈贝马斯:《在事实与规范之间:关于法律和民主法治国的商谈理论》,童世骏译,生活·读书·新知三联书店 2014 年版,第 148 页。
② 同上书,第 156 页。
③ 哈贝马斯:《交往行为理论》,曹卫东译,上海人民出版社 2005 年版,第 2 页。
④ 同上。

黑格尔的形而上学体系的,在他们看来,现代社会不具备整全性的规范,这正是现代社会的特点,而且,即使提出一套整全性规范,现代社会也是不会接受的。因此,不但不要为整全规范的缺失而哭泣,相反,应该坚决反对这种整全性规范,必须从实际出发,从冲突的化解出发,逐一落实,不断扩大共识面,建立具体的规范。

五 黑格尔寻求普遍规范的优势与特点

应该承认,黑格尔寻求普遍规范的路径与当代政治哲学并不一样,黑格尔的路径有启蒙的特点与烙印,虽然他的诸多思想是超越启蒙的。相比于当代政治哲学的反形而上学与多元特征来说,黑格尔也有具有一些显著特点,这些特点足以刻画黑格尔在探求普遍规范方面的历史地位。

1. 普遍主义

正如黑格尔研究者艾伦·伍德指出的,"黑格尔较之当代大多数社群主义者来说要有更强烈的理性主义和普遍主义色彩"[1]。在近代哲学中,康德对可普遍化做出过重要贡献,他提出要把个人准则上升为普遍的法则,"要只按照你同时能够愿意它成为一个普遍法则的准则去行动"[2],普遍化的主要妨碍在于经验,于是康德进一步主张,所谓自由就是对外在束缚的摆脱,强调自由的纯粹性与普遍性。黑格尔的普遍化也是定位于此,规范必须是普遍的,所谓普遍,主要包括:

第一,就普遍规范的哲学地位来讲,它出于体系,有"演绎"特征。黑格尔一再指出,体系化是我们时代的重要任务,并建立了庞大的哲学体系,法哲学位居精神哲学的客观精神阶段,而精神哲学是黑格尔哲学体系的一个部分。笔者在下一节也会指出,演绎的方法体现了黑格尔理性主义的基本路径,黑格尔时代更倾向于建立宏大的体系,让世间万物在体系中各就其位,通过体系说明普遍,虽然当代哲学越来越不接受体系,但我们不能就此断言黑格尔的体系毫无意义,这正是时代理性主义哲学的基本特征,也是时代哲学对于人类理性能力的基本乐观。

第二,就普遍规范的针对性来讲,普遍规范不能是个人经验的,更不能是主观任性的。为此,黑格尔认为,普遍不是形式的,而是有规定性的普遍。所谓规定性,是指它在社会发展中获得了自己外在规定,它经过了主客观发展阶段的综合,已经从单纯的主观构思到获得具体内容,成为一种具体的普遍。

---

[1] 伍德:《黑格尔的伦理思想》,黄涛译,知识产权出版社2016年版,第426页。
[2] 康德:《康德著作全集(第四卷)》,李秋零主编,中国人民大学出版社2005年版,第428页。

正是在具体普遍这个问题上,我们看到,黑格尔已经超越了启蒙时期那种非此即彼的简单否定性思维,而是看到不同文化、习俗固有的特点,并把这些特点看作是理性发展的一个阶段予以消化。所以,他既不会简单否定一个民族的传统,也不会无限拔高民族的传统来对抗普遍。

由此看来,从黑格尔的这个定位来看,罗尔斯、哈贝马斯在可普遍化上是有不足的,他们的学说始终难以摆脱"经验"的色彩,难以摆脱"临时协定"的色彩,而无论是"经验"还是"临时协定",都难以产生出真正的普遍。

2. 古典的思路

虽然黑格尔是个现代思想家,但是古典伦理的传统对黑格尔的影响是深刻的。黑格尔对普遍规范的思路根本上也是要解决古典与现代的兼容问题,如何让古典传统具有主体性特征,如何让现代伦理具有古典的普遍意义,这也是黑格尔一直在探索的。仔细分析黑格尔提出的举措,我们也会发现,黑格尔的路径不完全是现代意义的,他和哈贝马斯、罗尔斯等人走的不是同一条道。面对主观性的泛滥,黑格尔选择了借助传统来应对主观性,这使得他的普遍规范具有明显的古典特征。对此,有研究者指出,"黑格尔的伦理思想也想要实现古典理想同现代理想的联姻,想要将希腊文明的和谐精神与启蒙运动的反思精神统一起来,从而构造一种现代社会秩序"①,"他成熟时期的伦理和政治哲学的目的便是要把康德式的个性和古希腊的'社会性'调和起来。"②黑格尔通过把古典引入到现代伦理之中,把整个政治哲学史贯穿起来,最终通过古典的引入而建立现代普遍规范。正是有了古典的资源,他的伦理学说才能够在现代社会独树一帜,并具有不竭的动力。在对待古典问题上,黑格尔在两个方面尤其反映了这个特点。

第一,重视伦理传统。

黑格尔的普遍规范不是理性的创制,而是从伦理传统中产生出来的。这就决定了黑格尔不再是近代建构派哲学家中的一员,而是侧重伦理的转化;不再对未来进行预测,而是注重对过去进行反思(nachdenken)。近代哲学以主观性为原则,深深地浸染了启蒙的风气。启蒙的突出表现是人为自己立法,所谓"唯有服从人们自己为自己所规定的法律,便是自由"③。启蒙理性的特出贡献便是建构一整套的社会规范,比如说建立了三权分立的政治制度,确立个人消极自由不可侵犯等等,这一整套的社会规范至今仍发挥作用,

---

① 伍德:《黑格尔的伦理思想》,黄涛译,知识产权出版社2016年版,第13页。
② 希克斯:《黑格尔伦理思想中的个人主义、集团主义和普世主义》,载《黑格尔与普世秩序》,邱立波编,华夏出版社2009年版。
③ 卢梭:《社会契约论》,何兆武译,商务印书馆2001年版,第30页。

也非常有意义。但是黑格尔的着眼点和这些理论不一样,黑格尔一直考虑的是,社会规范如何具有现实性——即社会规范自身的合法性,它必定不是出自于理性凭空地建构,而是植根于历史文化传统之中。

其实,正如哈贝马斯自己说的,"任何一种沟通过程都发生在文化前理解的背景上"[1]。罗尔斯把重叠共识分步落实是有道理的,但其不足在于忽视了黑格尔主张的伦理,即习俗和历史,这是更大共识的基础。这个共识乃是黑格尔的伦理,它比罗尔斯的宪法共识更为基础。现代政治的契约论框架可以非常简洁地说明政府权力的来源和界限,论证公民权利和义务。但这个框架是建立特定社会文化土壤之上的。社会文化土壤是社会的黏合剂,在没有黏合剂的情况下,原子个人是不足以组成一个国家的,否则就像卢梭说的,"那只是一种聚集,如果人们愿意这样称呼的话,而不是一种结合"[2],黑格尔也称契约论的原子个人为"群氓",并质疑群氓怎么可以组成政府。桑德尔在批评罗尔斯的"无知之幕"时也指出,"离群索居的个体是不具备选择能力的",如果没有具体的历史文化背景,社会契约本身都是难以成功缔结的。政治共同体中的每一个成员都不是原子个人,而是具有历史文化背景的具体的人,政治设计不能跳出历史文化背景,它们二者总是形影相伴的。脱离社会历史文化背景而把每个人都装扮成一个处于无知之幕下的原子个人,只能是理论上的一厢情愿。

第二,重视共同体的作用。

古典的重要特点在于对共同体的强调,黑格尔认识到精神价值规范的软弱无力,提出了政治化解决价值规范问题的方式。诚如邓安庆所言,"黑格尔深刻地认识到,启蒙之后所出现的现代问题,并不能优先诉诸道德,而只能优先诉诸政治来解决"[3]。

现代社会以来,人类的价值规范无不建立在主观性基础之上,而现代政治主张的政治与道德分离,又让政府在价值秩序面前束手无策。黑格尔认识到了政治与价值问题的深度关联,试图解决精神规范问题,建立普遍规范与精神秩序。"与霍布斯的彻底的个人主义和唯物主义相反,黑格尔信奉绝对唯心主义并特别强调'共同体'对于政治生活的意义。"[4]黑格尔特别重视国家制度,把国家看作是普遍规范的实现,依靠国家来解决政治善,实现社会正

---

[1] 哈贝马斯:《交往行为理论》,曹卫东译,上海人民出版社,2004年版,第100页。
[2] 卢梭:《社会契约论》,何兆武译,商务印书馆2001年版,第21页。
[3] 邓安庆:《启蒙伦理与现代社会的公序良俗——德国古典哲学的道德事业之重审》,人民出版社2014年版,第333页。
[4] Cary K. Browning, *Hegel and the History of Political Philosophy*, St. Martin's Press, 1999, p.51.

义,实现精神秩序,这些做法都反映了古典的传统。而且,黑格尔强调的政治或者国家不等于罗尔斯或哈贝马斯的实证法意义上的法律制度,而是作为基本善的国家制度,在这方面,赋予共同体对于个人的优先地位,这也是当代政治哲学不具备的。

3. 逻辑体系

其实,如果我们对黑格尔的上述特点做进一步总结的话,便会发现,黑格尔的上述特点都与他的逻辑学紧密相连,正是其法哲学与逻辑关联才使得黑格尔的普遍规范路径具有如上特点。

黑格尔对普遍规范的建构(亦被看作是重构)坚持的是 A—B—E 的逻辑结构,普遍(A)是一种抽象普遍,但必须坚持普遍的内容追求。特殊(B)强调的是主体特征,这方面与当代建构路径强调的个人主体有一定类似。单一(E)属于伦理阶段,伦理阶段突出强调的是国家是普遍规范的实现,政治制度才可以提供整全的规范,这就包含着对政治化方式的推崇;而伦理阶段对客观性的强调,更是再次引入了古典,引入了生活习俗。所以,总体而言,黑格尔上述路径特征是包含在黑格尔的逻辑学之中的,黑格尔的逻辑结构是对路径特征的充分说明。

在此意义上,我们可以再次回应本书第一章提出的观点。黑格尔相对于近代政治学家的"秘诀"在于意志概念的逻辑结构,近代政治哲学虽以意志为规范的基础,但其意志多为抽象、单个的意志。而黑格尔的意志包含着 A—B—E 的逻辑结构,这个逻辑结构既包含了普遍,也包含了伦理,它是一个庞大的体系,这个体系可以容纳不同的学说取得其相应地位,并对这些学说分配合适的位置,从而一方面显示了其哲学对以往精神历程的吸纳能力,另一方面以其逻辑终点的特征显示其法哲学的伦理特征,这一体系是当代政治哲学所不具备的,当然,当代政治哲学本不注重体系。这一体系特征既勾勒了黑格尔法哲学的时代特征,也使得黑格尔能够跨越时空,依然能对当代规范问题作出回应与解释。

六 黑格尔与当代路径的比较

当代政治哲学与黑格尔法哲学在寻求普遍规范方面具有明显差异。某种意义上说,两种路径各有千秋,当代政治哲学的特点彰显的是黑格尔的不足,而黑格尔路径的特征也显现了当代路径的不足。使两种各具特色的路径进行简单地一较高下是困难的,也没有意义。因为,一方面,这两种思路本来就各具特点,没必要强求一律;另一方面,也是更为根本的,对思想的价值判断总是由我们当下的困境与需要决定的。在此意义上,前文的工作便是认识不同路径基本特征与定位,接下来的主要工作应该是关注当前的主要困境,并从当代困境出发,讨论不同路径的时代意义。

应该说,当前价值规范方面最大的难题是主观性的泛滥。价值的相对主义与虚无主义盛行,它的根源是主观性。黑格尔说,现代自由以主观性为原则,在这一点上,黑格尔的判断是准确的;当代政治哲学主要关注的是多元主体的价值冲突,多元冲突的根源也在于主体性,就如洛克在描述教会时所提到的"每个教会都以自身为正统"。价值多元的现状下,每种价值都以自身为正统,这就不可避免地带来冲突。在当前背景下,简单地回归到传统来化解价值冲突是有难度的,指望从传统中寻找价值冲突的评判标准是不切实际的,因为冲突各方的传统也不一致,如果回到更为严格意义的最初的原教旨主义之中,冲突将会更加严重。这样说来,黑格尔对问题由来的认识是很深刻的;但是,就化解问题而言,罗尔斯、哈贝马斯等从既定法律制度出发,寻求共识,这是有现实可操作性的。

但是,当代政治哲学没有从很本上解决这个问题,当代路径的困境还是在于普遍规范的建构不足。罗尔斯也好,哈贝马斯也好,他们其实关注的核心是"冲突"及其化解而不是规范的建构,所以他们追求的共识也只是"最低限度的共识",他们较为一致的看法是,如果发生冲突,那么应该回到基本的前提——既定法律制度,罗尔斯提出的是"公共理性",而不是道德与宗教的"完备性学说",在这个基本前提的基础上,通过商谈或重叠寻求共识。他们关心的不是某一种价值本身的价值前提,该种价值本身的合理性是不他们所考虑的,因此,他们的目标不在于获得真理,而是在于真理相冲突时如何达成临时妥协,这只能算作关于"冲突"的化解方案。甚至在有些人看来,为什么一旦发生冲突,就必须回到基本法律框架中来寻求共识?为什么法律框架本身不可置疑?极端的宗派主义者是不会接受上述原则的,在他们看来,这些原则反映的正是自由主义的基本原则。"罗尔斯公共理性学说之所以不连贯,似乎是因为它试图同时具有包容性与排他性。"[1]包容性是愿意与所有主体进行对话,而排他性指的则是不接受那些挑战基本前提的对话者。对极端宗派主义者而言,他们大可不必接受法律制度这条原则,也不会接受在所谓法律制度背景上推进价值共识,因此,对于重叠共识和交往理性来说,要想实现建构,还得借助于黑格尔的思路。

当然,当代政治哲学根本上是反对形而上学路径的。它们放弃了形而上学的路径,也不再追求普遍的、整全性的规范,更多从经验当中、由两个平等

---

[1] Ronald Beiner, *Civil Religion, A Dialogue in the History of Political philosophy*, Cambridge University Press, 2010, p.297.

主体通过对话的方式获得共识。这是当代政治哲学的显著特点。某种意义上讲,这些优势与特点是更容易为当代人接受的路径,相比之下,这也构成了黑格尔哲学的短处与不足,值得我们学习借鉴。黑格尔法哲学不受待见,也是吃了"太形而上学"的亏。但是指望黑格尔放弃他的哲学,那几乎也是不可能的,因为,一来,启蒙时代的根本任务是建构,黑格尔多次提出,体系化是现时代的主要任务,黑格尔对启蒙虽有批判,但并未放弃体系化的理想,一直主张"掌握理念的普遍性和真形相"①,对整全性规范的追求是黑格尔的基本定位;二来,黑格尔的思路也是有明显优势的。抛开他的整全性规范不算,他对伦理传统的重视,对政治共同体的倚重,也是有现实操作性的。在此意义上,重要的是认识到双方的优点,认识到当代的症结所在,以及各自的长处与不足,这比简单进行非此即彼的选择更为重要,这也是我们进行学术评价时应有的态度。

第三节 普遍规范的历史地位

黑格尔法哲学的历史地位,这一直是个充满争议的话题。其实对黑格尔的法哲学、对作为黑格尔法哲学主旨的普遍规范应该放在更大的历史背景中去考察,不仅要看到黑格尔法哲学对于应对现代性的意义,还要看到它在论证方法、具体观点上的重要地位,最后要在上述考察基础上对黑格尔历史评价做出回应,整体上说明黑格尔的历史地位。

一 作为现代性方案的黑格尔法哲学

黑格尔生活在一个自由已经完全展开但尚未完成的时代,生活在启蒙的遗产之中,既享受启蒙的成果,也承担着启蒙的后果。黑格尔法哲学作为时代的哲学,必然要回应启蒙与现代性问题,因此,当代著名黑格尔研究者斯蒂芬·B.史密斯(Steven B. Smith)说"黑格尔哲学最好应该被理解为对启蒙的反应"②,说黑格尔哲学正是对启蒙与现代性的反应,这一点也不为过,它就是启蒙时代的法哲学。

启蒙充分发展了主体自由,带来了一个人人向往的时代,启蒙也带来了新的占主导地位的社会政治学说,其典型代表便是自由主义。以自由主义为代表的一般规范只是着眼于保护权利,不涉及社会正义,不涉及价值秩序,无

---

① 黑格尔:《小逻辑》,贺麟译,商务印书馆2007年版,第35页。
② Steven B. Smith, *Hegel's Critique of Liberalism*, The University of Chicago Press, 1989, p.57.

力证成政治合法性。因此,需要黑格尔法哲学对上述问题做出回应,提出一揽子的解决方案,这就是黑格尔的普遍规范。黑格尔的普遍规范是政治、社会、精神相融合的普遍规范,黑格尔的法哲学主要目标就是为现代社会确立真正普遍而持久的社会规范,这个规范对自由主义及一般现代政治规范的超越几乎是全面的;而且这种规范不是外在的强制,而是经过主体性的发展,得到主体认同的真正普遍的规范。

作为启蒙的后果,启蒙带来了神圣价值的没落,在黑格尔法哲学中,日耳曼所代表的历史阶段实现了尘世和天国的统一,《法哲学原理》第 360 节论述到"精神王国从它天国的实存,在现实中和在观念中,降为地上的现世,平庸的尘世;至于尘世王国则把它抽象的自为存在建成为思想,建成为那种合乎理性的存在和认识的原则,即法和法律的合理性"①。其实,这也是黑格尔法哲学的基本目标:作为对神圣规则没落的反应,重新建立一套普适性的规范,以填补启蒙与世俗化带来的神圣价值没落之后的价值空白。这一价值能够经受启蒙这一高级的否定哲学与怀疑主义追问,能够对当代社会的诸多问题做出回答,能够为当代社会确立普遍的规范,这便是黑格尔哲学的主要使命,黑格尔也是围绕这一目标展开他的法哲学的。

二 逻辑与方法的历史贡献

1. 历史与逻辑一致

黑格尔法哲学中最具特点的论证方法首推逻辑与历史一致的历史方法,很多思想家曾称赞过黑格尔具有"了不起的历史感",这正体现了黑格尔思想的广度与深度。

在黑格尔宏大的历史叙事中,客观性原则的代表是抽象法,它缺少主体性原则,是一种外在的规范,在历史上它以东方世界为代表。而经过希腊的发端和基督教世界的教化,主体性原则成了现代世界的基本原则,它体现在启蒙及主观性道德之中,这总体上可以看作是历史的第二个大阶段。到了黑格尔时代,面临的主要问题就是如何在主体性基础上建立普遍规范,黑格尔同时期的近代政治哲学做出过努力,但是没有成功。黑格尔继承这样的任务,通过主客观精神的融合,建立普遍性的规范这一努力背后的确体现了黑格尔的历史感。在这方面,让人感受到黑格尔哲学对整个人类历史的思考,同时感受到黑格尔哲学不是静态的,而是动态的,"历史不过是精神的现象

---

① 黑格尔:《法哲学原理》,范扬、张企泰译,商务印书馆 2007 年版,第 360 页。

学,是精神在其中把握自身的自我意识的形式的发展过程"①,与我们时代始终保持了同步思考。

2. 演绎的方法

在《法哲学原理》中,黑格尔的目标是实现普遍规范,方法是演绎法,黑格尔的演绎法和他对自然法流派的批判相关。"黑格尔对自然权利传统最有说服力的批判是在《对自然法的科学研究方法》一文中"②,在该论文中,黑格尔把近代自然法的研究方法分为经验的研究方法和形式的研究方法。经验的研究方法是指从经验出发来论证自然权利的方法。黑格尔认为,经验的研究方法并不能论证权利的"普遍性",经验主义的自然权利不具备普遍必然性,其内容总是任意的、偶然的、个别的,"经验主义不能确立它想证明的东西"③,仅仅是停留在抽象的自在阶段的法或权利,这种自然权利只能是"没有形式的内容",仅从常识、经验出发不能产生普遍必然性。形式的研究方法是指从形式的原则出发的研究方法。黑格尔首先肯定了形式的方法超出了经验的有限性,但黑格尔认为形式的自然权利并不考虑意志行动的内容,而仅仅是作为一种普遍的道德有效性预设,这样的权利是没有内容的,正像他在理论理性中所规定的范畴一样,乃是"一个极其形式的原则",这种形式主义追求的是一种普遍物,但它是"没有内容的形式",自然权利没有得到具体的理性的规定,不能产生任何新的东西。

虽然黑格尔对经验的和演绎的两种自然法都做出了批判,但如果要以演绎法和归纳法来代表近代哲学中唯理论和经验论两大流派的话,那么毫无疑问,就黑格法哲学的基本任务来讲,他和演绎法还是更为亲近,演绎法的取向说明黑格尔在近代哲学中依然是采取的理性主义方法。黑格尔法哲学的任务是普遍的规范与秩序,而经验的方法没有客观规定性,也无法形成普遍规范。因此黑格尔必定反对经验归纳,而采用演绎的方式推导出普遍性。但是康德的形式理性无法承担这个任务,因此黑格尔对康德形式主义做了修改,赋予康德形式主义以内容。黑格尔的法哲学主体内容基本就是《法哲学原理》导言第5、6、7节关于意志概念三个环节的展开,反映演绎特征。演绎法代表了黑格尔整体主义、理性主义的基本面向。在演绎的方法问题上,我们也看到,黑格尔时期的近代政治哲学基本都对普遍抱有一种乐观,而愿意采用演绎的方法来实现普遍,这也是时代的乐观。只是当代政治哲学已经很少

---

① 路易·阿尔都塞:《黑格尔的幽灵——政治哲学论文集[Ⅰ]》,唐正东等译,南京大学出版社2005年版,第127页。
② Steven B. Smith, *Hegel's Critique of Liberalism*, The University of Chicago Press, 1989, p.65.
③ Ibid., p.67.

再采用这种方法了,这也成了当代形而上学没落的一个侧面。

3.对抽象思维的批判

黑格尔的法哲学还对抽象思维做出了深刻批判。抽象思维是一种典型的知性思维,它背后反映的是现代社会的主观性。抽象思维典型特征是形成一般的概念,并不加反思地使用这种抽象观念,把它诉诸生活之中。对于这种主观思想,当代哲学家伽达默尔曾经做出过分析,伽达默尔说,"我们一般使用的反思概念被黑格尔叫作'外部的反思'。门外汉不知道其他的反思。黑格尔说,对于门外汉,反思就是忽此忽彼地活动着的推理能力,它不会停在某个特定的内容之上,但知道如何把一般原则运用到任何内容之上。黑格尔认为这种外部反思的过程是诡辩论的现代形式,因为它任意地把给定的事物纳入一般原则之下"①。所谓把"给定的事物纳入一般原则之下"指的是随意赋予外在的普遍性,而没有具体性。对此,很多研究者也指出,"在黑格尔看来,主观思想的基本形态,即外在反思或形式推理,归根结底是以对内容的阉割、以抽象的形式主义为其本质特征的"②。

与近代主观性的抽象思维形成对比的是,"理性与现实的结合是黑格尔哲学的根基。"③黑格尔的法哲学不是抽象的,而且其规范体现了黑格尔对近代知性思维的批判,"黑格尔的'现实'概念最坚决地拒斥这种由主观思想而来的抽象的、空洞的和肤浅的普遍性,因为这普遍性'没有浸渍在事物内容真正的深处'"④。这种批判和黑格尔对现代精神的认识是一致的,因此,要建立真正普遍规范,必须摆脱对知性思维方式的依赖,超越知性思维、抽象思维。黑格尔要把握的是现实,是有真实内容的具体,而不是不包含任何现实性的抽象。在此意义上,我们可以回应《法哲学原理》序言提出的命题,"凡是合乎理性的东西都是现实的,凡是现实的东西都是合乎理性的"⑤。这一命题并不复杂,因为黑格尔法哲学通篇强调的都是"现实",在黑格尔看来,"现实"就等于"合理","现实"就是"规定性","没有规定性等于无",没有规定性当然是不合理的。黑格尔批判抽象思维,批判的便是其"不现实",因而也"不合理",黑格尔的批判根本上是以具体的、现实的思维取代抽象的、主观的思维。比如,在近代政治哲学史上,卢梭的学说在很多场合被视作和黑格尔有亲缘关系,但前者扎根于抽象思维,正是这种抽象思维,以一种主

---

① 伽达默尔:《哲学解释学》,夏镇平、宋建平译,上海译文出版社2004年版,第113—114页。
② 吴晓明:《论黑格尔对主观思想的批判》,《求是学刊》2011年第1期。
③ 科维纲:《现实与理性——黑格尔与客观精神》,张大卫译,华夏出版社2018年版,第33页。
④ 吴晓明:《论黑格尔对主观思想的批判》,《求是学刊》2011年第1期。
⑤ 黑格尔:《法哲学原理》,范扬、张企泰译,商务印书馆2007年版,序言第11页。

观性的态度去构造一个学说,并把这个学说推广到社会中去,不管它是否具备现实性,这直接带来了近代社会政治运动中的激进主义。激进主义以一种非此即彼的方式,要求对方与自己的一致性,如果无法实现这种一致,就将对方予以消灭,在黑格尔看来,它是一种否定自由,它所希求的是抽象的东西,而不是任何有组织的东西,"所以一看到差别的出现,就感到这些差别违反了自己的无规定性而加以毁灭"①。这当然是主观的抽象。黑格尔在《法哲学原理》中,把抽象法、道德都看作是抽象,因为它们不具备现实性,只有伦理才是具有现实性的。这一思维方法,在当前的社科领域尤为重要,社会科学研究尤其需要克服抽象思维,获得普遍而具体的真理,这也是黑格尔逻辑方法上了不起的贡献。

4. 黑格尔的辩证法

目前,很多人都对辩证法持否定甚至不屑的态度,把辩证法看作"一种主观任意使用的方法"②,只看作是一种技巧和方法,甚而至于把辩证法等同于变戏法,其实这绝对是对黑格尔辩证法的误解,那种"变戏法"式的辩证法只是古希腊智者们赚钱的手法,它没有概念的思维,黑格尔的辩证法是理性的,是对知性的超越。"黑格尔把逻辑学、存在论、认识论和辩证法四者统一起来……所取得的最大成果,就是一方面把辩证法变成了一种关于思维、存在和认识辩证发展规律的学说,一方面把辩证法变成了一种与对象一致的客观的认识方法和思维方法。"③辩证法既是事物存在的原则,也是人们认识的原则,认识便是事物自身的展开,这个展开的过程既是我们的认识过程,也是真理自身呈现的过程。意志的发展就是以辩证法的方式展开的,是一个普遍(A)—特殊(B)—单一(E)的过程,在这过程中真理成为了具体的真理。

就辩证法的一般理论来说,在苏格拉底的运用中,它是通过谈话来揭示谈话中的矛盾,而在黑格尔的意义上,辩证法揭示的是事物自身的矛盾,"思维都有超出自身界限进入对立面的内在倾向,结果就导致了矛盾的产生,"④事物正是通过克服自身的矛盾和限制,才能得到进一步发展。在《法哲学原理》中,黑格尔辩证法的重要作用就在于揭露那些所谓绝对的东西、知性抽象的东西在伦理关系上具有不完善性,揭示知性思维的抽象乃是没有现实内容的空洞的抽象,需要扬弃其中的对立,需要在伦理中获得具体的内容,但又保持在自身之中需要过渡到伦理阶段,伦理阶段才是现实的,通过辩证法,才

---

① 黑格尔:《法哲学原理》,范扬、张企泰译,商务印书馆2007年版,第15页。
② 杨祖陶:《康德黑格尔哲学研究》,人民出版社2015年版,第249页。
③ 同上书,第251页。
④ 伍德:《黑格尔的伦理思想》,黄涛译,知识产权出版社2016年版,第3页。

能克服抽象实现真正的现实。

三 政治学说的历史贡献

1. 启蒙的总结

黑格尔自己说过,"哲学是被把握在思想中的它的时代"①,一切哲学都是时代的产物,每个时代也都有自己的哲学,黑格尔的哲学就是对启蒙这个历史阶段的最好总结,是启蒙时期哲学思想最深邃的表达。正如很多学者指出的,"黑格尔不仅庆祝现代自由的成就,还担心它的后果和无节制"②。黑格尔一方面肯定了启蒙的最基本成果,并对启蒙的各项思想予以理论化的表达,对启蒙做出了哲学的说明。另一方面,黑格尔也比谁都更加清楚地认识到启蒙的内在缺陷和带来的风险,对启蒙做出了深刻反思,并对启蒙后的社会秩序提出了一揽子方案,这个"一揽子方案"就是作为普遍规范的黑格尔法哲学。

启蒙至今的现代社会,神圣价值没落,彼岸不再是抽象对立、悬设的彼岸,而是此岸生活的一个部分,这样,对此岸规范的需求就成了一个紧迫的时代任务。黑格尔认识到普遍规范的必要性,但是,这个规范不能是创制性的,普遍规范的生命力在于习俗传统的尊重和主体的参与,在于主客观的融合,在于自由与秩序的融合。为此,黑格尔的法哲学一直追求普遍性,反对抽象理智的片面性,反对偶然性,认为只有具有普遍性的东西才是真实的,否则都是偶然的,转瞬即逝的。在黑格尔看来,普遍性的实现就是理念自身的发展,理念从特殊抽象的原则出发,进而扬弃自己,获得真实的规定,获得真正的普遍性。

黑格尔克服主观性的方法是伦理生活,但是伦理生活、习俗并不是历史法学派所主张的那种没有理性基础的习俗,那样的习俗只是外在素材的堆积。黑格尔主张在伦理习俗中保留理性的根基,让习俗成为精神的一个部分。就此而论,黑格尔的思想方法中蕴含着对抽象思维、抽象价值的否定和批判。黑格尔认为,抽象思维、抽象普遍和特殊性这两个环节都是抽象的环节。而就内容来讲,黑格尔的普遍规范包括政治、精神、社会维度,而且这三个维度不是割裂的。它通过政治来实现精神价值规范,通过价值规范来巩固政治,把政治与价值规范较好地融合在一起,重新说明和定义权利,进行全方位的社会改造,这也是黑格尔普遍规范的独特特征。

---

① 黑格尔:《法哲学原理》,范扬、张企泰译,商务印书馆2007年版,第12页。
② Timothy C. Luther, *Hegel's Critique of Modernity*, *Reconciling Individual Freedom and the Community*, Lexington Books, 2009, p.53.

2. 自由的学说

黑格尔毕生追求自由,正如当代著名黑格尔专家席普(Ludwig Siep)指出的,"《法哲学原理》对应的是自由的结构,而不是善"①。意大利著名黑格尔研究专家洛苏尔多也指出,"黑格尔试图成为一个现代世界和现代自由的理论家,现代世界和现代自由建立在对个体尊严和自主的承认之上"②。法哲学的主旨的确是自由,黑格尔对自由做了奠基工作,他高度肯定主体自由,还把主体自由提升为现代社会的基本原则,其集中表现便是把意志作为现代规范的基础,提出意志和自由是一回事。否定黑格尔对现代自由的贡献,或者批判黑格尔是一个反对自由的保守主义分子,是一个极权主义分子,那是完全没有看到黑格尔对自由的孜孜以求,更没有看到自由作为法哲学主题的重要意义。

但是,黑格尔是从理性、普遍性出发来追求真正的自由,这种自由不是任意、抽象的基础上形式的自由。在普遍性方面,尤为难得的是,黑格尔认识到自由的实现离不开国家、离不开国家的承认、离不开健全的国家制度、离不开国家作为伦理共同体所发挥的作用。黑格尔依靠国家制度,借鉴古典政治哲学智慧,发挥政治制度对于自由的优先作用,依靠政治方式确立精神自由,这是非常难能可贵的举措,具有非常积极的意义。在国家中,普遍性并没有抹杀自由,自由只有具有普遍性才是现实的,现代自由就是通过承认来获得普遍性。国家是普遍性的实现,因而国家是自由的保障。黑格尔在《法哲学原理》序言中说,哲学的主要任务是以概念来把握"在实体性的东西中保持主观自由"③,他的学说从主观自由出发,讨论了实体性的规范是如何形成的,普遍规范中如何保持着主观自由。

因此,我们可以说,黑格尔的学说是一个自由的学说,他的自由学说既包括主观的自由,也包括对抽象自由的批判和对具体自由的追求,更包括依靠国家制度建立起来的普遍的自由。在这方面,黑格尔对自由的理解与自由主义并不相同,他对自由主义的批判和超越也是全面的。

3. 黑格尔对自由主义的超越

长期以来,黑格尔的批评者主要集中在自由主义阵营,"当代的自由主

---

① Ludwig Siep, "Die Wirklichkeit des Guten in Hegels Lehre von der Idee", in *Hegels Erbe*, ed. by Christoph Halbig, Michael quante und ludwig Siep, Suhrkamp, 2004.
② 洛苏尔多:《黑格尔和现代人的自由》,丁三东等译,吉林出版集团有限公司2009年版,第237页。
③ 黑格尔:《法哲学原理》,范扬、张企泰译,商务印书馆2007年版,序言第13页。

义者通常都将黑格尔的政治理论看成是与自由主义完全对立的理论"①。与此同时,黑格尔集中批判了自由主义,把自由主义看作是单个意志在现代社会的理论表达。因此有学者这样评价黑格尔,说黑格尔"几乎在自由主义成为公认且完整的政治、社会与经济学说之前,其思考就已经开始超越自由主义"②。黑格尔为数不多正面使用"自由主义"这个词的地方是在《历史哲学》里讨论法国革命的章节中讨论了法国式"自由主义"的抽象方式。当前自由主义作为社会政治学说中最主流、最普遍的学说,了解黑格尔的普遍规范的历史意义,也有必要回答,黑格尔对自由主义究竟有哪些超越。

其实自由主义本身是一个很宽泛的说法,它是以自由作为主要政治价值的一系列思想流派的集合。自由主义主张的社会规范着眼于社会权利,其核心观点在于:社会契约、经济自由、个人主义。自由主义主张以社会契约说明国家和政府的起源,认为国家政府是人们契约的产物。经济上反对政府干预,主张干预越少的政府越是好政府。文化上主张个人自由,以个人主观精神为原则。它们共同的理论依据在于主体性,在于个人的权利本位,所以,以自由主义为代表的社会规范一般都是以权利为中心,关注点在于维护个人权利,权利既是社会规范的目标,也是社会规范的基本原则。无论是洛克这位自由主义之父,还是密尔等古典自由主义者,甚至直到当今罗尔斯为代表的新自由主义者,这一原则从未改变。在某种意义上说,自由主义关心的仅仅是个人权利,其对于权利背后的社会秩序与规范是消极的,也是无力的,它无意也无力解决这个问题。

与此相反,黑格尔的普遍规范与社会秩序根本就不是权利的学说,而是关于普遍规范的学说。黑格尔的视野要比自由主义的视野广阔得多,他考虑的不是维护个人权利,虽然个人权利作为现代自由的一个环节也曾体现在黑格尔的法哲学体系之中;黑格尔考虑的是超越这种个人权利本位来建立普遍的秩序,所以黑格尔主张的普遍规范的三方面内容,正好也可以与自由主义主张的三方面核心观点针锋相对。黑格尔以政治善来化解政治恶,以社会公正化解自由放任,以伦理来化解主观道德,这些观点都是对自由主义的全面超越。

所以,黑格尔对自由主义的超越是全面的,黑格尔看到了问题的关键——权利背后的社会秩序。只有有了普遍的社会规范,政治权利才可能得到说明与保障,自由主义在根本上缺乏社会秩序的视角,它未考虑过社会秩序问题,自由主义考虑问题是单线条的,虽然,它在这根单线条上也做出了深刻贡献,但它的贡献比起黑格尔哲学,只能说是单向度的贡献,它不具备黑格

---

① 理查德·贝米拉:《重新思考自由主义》,王萍等译,江苏人民出版社2005年版,第1页。
② 约翰·麦克里兰:《西方政治思想史》,彭淮栋译,海南出版社2003年版,第577页。

尔的深度与广度。

四 黑格尔的多副面孔评判

黑格尔《法哲学原理》内容丰富,围绕对黑格尔法哲学的理解和评价,从来都是众说纷纭,"这本表明黑格尔的政治理论的书非常具有争议性。在黑格尔死后,关于这本书的多种多样的阐释相继面世了。"[1]不同的学者从不同角度解读黑格尔,这也就出现了多副面孔的黑格尔。黑格尔的这些不同面孔,既有一定合理性,反映了黑格尔思想的某一维度;这些面孔的出现本身也说明了黑格尔的复杂性,不宜简单标签化。

1. 保守与反动的黑格尔

黑格尔在《法哲学原理》的序言里有这样的话,"我们不像希腊人那样把哲学当作私人艺术来研究,哲学具有公众的即与公众有关的存在,它主要是或者纯粹是为国家服务的"[2],这句话经常被人看作是黑格尔投靠普鲁士王国,甘于做"官方哲学家"的自白。其实在这里很明显,黑格尔强调自己的哲学为国家服务,绝不是为哪一个国家服务,只是在讲哲学的性质是与政治相关而不是私人的,显然批评意义上"官方哲学家"和黑格尔所要成为的"官方哲学家"两者之间距离相差很大,甚至毫不相干。自由主义一直都批评黑格尔为普鲁士王朝辩护,是普鲁士王国的官方哲学家,其实,这并不能算作黑格尔保守反动的证据,一方面,黑格尔主张的君主并不等于现实国王,另一方面,这也和黑格尔的历史哲学相关,至于历史哲学对历史阶段的理解,上文已有叙述,这是不成立的。

但另一方面,黑格尔的保守形象的确由来已久。人们一直谈论黑格尔法哲学的保守特征,某种意义上说,黑格尔有保守特征倒是不假,但是其保守的缘来不应在于所谓的"官方哲学家",而在于黑格尔对伦理习俗的尊重,对抽象思维的批判,这个理论特质塑造了黑格尔的保守性。在法哲学中,黑格尔特别重视风俗,认为国家先于个人很大原因在于国家是先定的,个人是习俗的产物;黑格尔主张立法应与风俗相适应,并多次援引孟德斯鸠《论法的精神》来为自己辩白;黑格尔向往希腊的伦理共同体,在伦理共同体中,每个人既服从国家,又能处处感受自由;这些方面,都表明了黑格尔对伦理的推崇。同时,黑格尔与同时代思想家又有重要差别,同时代的思想家们都认为国家是理性的创建,而在黑格尔看来,这完全是知性思维的产物,是一种抽象思

---

[1] 汤姆·罗克摩尔:《黑格尔:之前和之后——黑格尔思想历史导论》,柯小刚译,北京大学出版社2005年版,第191页。
[2] 黑格尔:《法哲学原理》,范扬、张企泰译,商务印书馆2007年版,序言第8页。

维,不具有现实性。种种论断,不一而足,这足以塑造出一个保守的黑格尔了。所以,批判黑格尔思想的保守特征,这种批评本没错,但立论根据有问题,黑格尔思想保守原因不在于他和王室的关系,而在于其思想对伦理风俗的倚重。

2. 激进与革命的黑格尔

与黑格尔保守形象形成鲜明对比的是,黑格尔也常与激进革命学说联系在一起,这非常有趣。马克思主义把黑格尔看作是理论的来源之一,具有左派色彩的思想家也一直试图为黑格尔正名,说明黑格尔的左翼特征。

之所以会有这样的情况,一方面和马克思主义与社会主义运动相关,这些运动的理论来源多少都会有一些黑格尔的痕迹。另一方面,黑格尔的普遍规范处于形成之中,规范需要经过主体的反思与认可,这也为黑格尔法哲学带来"革命性"。其中,最具有革命性色彩的观点集中体现在两个方面:一是"辩证法",辩证法主张不断运动,不断否定,通过不断否定,揭示自身的局限,实现更高的发展,这就产生了不断变革与革命的冲动,自然具有了革命色彩。二是左派的"斗争"意识,当前,左派思想家们特别推崇《精神现象学》中的主奴辩证法,提出要为自己的承认地位而斗争,并把这种斗争看作是自我意识的觉醒而给予正面评价,这种斗争性也成了黑格尔法哲学"革命"元素的来源。

客观地说,这些容易产生"革命"的元素在黑格尔法哲学中确实存在,对黑格尔的解读本身也会见仁见智,很多研究者由此得出左派、革命的黑格尔的结论也不足为怪。但如果就黑格尔法哲学的整体面貌来说的话,笔者更愿意认为,黑格尔是以革命性的方法塑造了相对保守的政治学说,这也是黑格尔政治学说的复杂性与后世影响多元的原因所在。

3. 自由主义的黑格尔

黑格尔并不是一个专制保守的反动派,并不是专为普鲁士辩护的"官方哲学家",黑格尔同样主张争取政治自由。因此,时至今日已很少有学者再攻击黑格尔复辟、专制了,却有不少学者把黑格尔看作自由主义者,克隆纳说:"黑格尔的政治哲学自始至终都是自由主义色彩的。他从来没有违背自己年轻时的理想"①,罗尔斯也说"我把黑格尔理解成一位温和、进步、具有改良主义头脑的自由主义者,他的自由主义在自由的自由主义的道德哲学和政治哲学史上是一个典范"②。而在对黑格尔进行自由主义化的论述中,当属

---

① 克隆纳:《论康德与黑格尔》,关子尹译,联经出版事业公司2001年版,第250页。
② 罗尔斯:《道德哲学史讲义》,张国清译,上海三联书店2003年版,第445页。

叶尔挺(Kahl-Heinze Ilting)影响最大,20世纪六七十年代,叶尔挺通过编辑整理黑格尔法哲学的学生笔记,整理编入了很多学生课堂记录,多方位呈现黑格尔课程讲课内容,也把黑格尔说成了一位自由主义者。

其实,把黑格尔进行自由主义化多少有点言过其实了,黑格尔并不因此就是一个自由主义者,黑格尔与当时流行的自由主义学说之间存在很大的差距,而且这些差距不是细节性的,而是关于现代社会、关于政治自由的基本原则上的区别。在黑格尔生活的时代,自由主义还处于发展当中,如今无论在观念方面还是在现实方面都取得了巨大成果,但即使还处于它的成长期,它的弊端就已经显露出来了。黑格尔一方面和同时代人一起欢呼它的成就,一方面已经敏锐地捕捉到了它的缺陷。在黑格尔看来,自由主义无论是在理论上还是在实践上都有巨大的困境,自由主义反倒阻止了自由的实现。

黑格尔主张自由,但是自由不是靠单个意志所能建立得起来的,它必须依靠普遍意志,依靠国家的权威,"无可否认地,黑格尔是为国家的权威辩护的。……他把国家定义为一个由法律和公民议会所组成的完满的整全体,而他的伦理学上的思想,乃是希望个体能与国家之普遍意志完全吻合。"① 只有在国家机关中才能出现真正普遍物。因此,从这些方面看,黑格尔的主张与自由主义的根本原则并不相容,他并不能被看作是自由主义者,甚至在某种意义上,他对自由主义的批判超越也是全面的。

4. 浪漫派的黑格尔

在黑格尔的论著中,浪漫派经常是黑格尔嘲讽的对象,但是,有两个现象值得注意:第一,在同时期,耶拿一直是浪漫派的大本营,谢林、路德维希·蒂克、诺瓦利斯等一大批浪漫派都曾在耶拿任教或生活。第二,在关于浪漫派的多部研究著作中,如伯林《浪漫主义的根源》等,学者们都把黑格尔看作是德国浪漫派之一,至少是深受德国浪漫派影响的人物。这就有必要关注黑格尔的浪漫问题。

首先,就思想来源来说,黑格尔肯定是非常熟悉浪漫派的,他们不但有文字的往来和交锋,黑格尔在耶拿时期与浪漫派的诸多重要人物还有过生活交往。但是,黑格尔并不能接受浪漫派的观点,他对浪漫派的批判一直没有中断,他和谢林的友谊也因黑格尔反浪漫派立场而终结,因为"对那个时代的黑格尔来说,真理属于扎实可靠的范畴;冒险和激动人心,对他来说已成过去"②。

其次,黑格尔与浪漫派都反对启蒙理性对现代社会的工具化和对象化理

---

① 克隆纳:《论康德与黑格尔》,关子尹译,联经出版事业公司2001年版,第251页。
② 吕迪格尔·萨弗兰斯基:《荣耀与丑闻:反思德国浪漫主义》,卫茂平译,上海人民出版社2014年版,第260页。

解,认为近代启蒙理性带来了理性的分裂,无力应对精神秩序问题。对现代社会整体精神秩序的关照,也成了黑格尔哲学的总的出发点,在黑格尔看来,康德或近代哲学把世界分裂化、对象化以后,在精神建构方面具有根本缺陷,所以在这方面,黑格尔和浪漫派是具有一致性的。

最后,黑格尔法哲学的政治主张也和浪漫派存在一致性。黑格尔在《法哲学原理》中肯定历史法学派的成绩、主张历史与伦理传统等方面,都能发现浪漫派的痕迹,当然,法哲学中,黑格尔和浪漫派更大的共同点在于国家有机体的定位。就黑格尔的政治设想来看,黑格尔把国家看成有机体,反对契约论把国家看成无生命的人造物,这也反映了浪漫派的思想。浪漫派最为反感的便是近代启蒙提出的机械论的国家学说,针锋相对地主张国家是一个有机体,是一个生命体,这些学说也对黑格尔有所影响,黑格尔同样反对机械论的国家学说,主张国家有机体,这方面也可以看出二者的一致性。

所以,在上述方面,黑格尔是有浪漫主义特征的,西方当代思想家如伯林、波普尔等人,把黑格尔看作是政治浪漫主义的一位重要人物,也是有道理的。但是,应该看到,黑格尔并不因此就属于浪漫派,黑格尔与德国浪漫派的差别是明显的,其主要区别在于,黑格尔不能接受浪漫派对待理性的态度,不能接受浪漫派无概念的思维。在《小逻辑》和《精神现象学》序言中,黑格尔一再批判浪漫派。我们知道,浪漫派认为,传统的形而上学凭借有限、借助中介的认识过程,只能认识有限的事物,而不能把握最高的真理;最高的真理不需要任何中介,而只能靠理智的直观去把握;因而,最高的真理、真正的思有同一是一种直接的知识,它只能靠直接置身其中才能把握。这种观点揭示了唯理论与经验论的局限,认为二者在认识活动过程中借助中介是不能真正把握绝对的。但它只是武断地宣称能够把握思有同一,实际上它照样不能实现主客观的统一,在直接知识中,个人直接的体验是主观的、个别的甚至是神秘的,认识活动中没有哲学所要求的普遍性和客观性,"我们的问题关键,本在于不让最好的东西继续隐藏在内部,而要让它从这种矿井里被运送到地面上显露于日光之下"①。直接的知识、内心的感知并不具备哲学所要求的严格的方法,它缺少范畴的推演过程与矛盾的发展过程,直接知识不但不能认识绝对,甚至走到认识的反面,走向了神秘主义。

五 黑格尔法哲学的历史坐标

人类社会的历史中可以分为不同的阶段,黑格尔在《历史哲学》中把历

---

① 黑格尔:《精神现象学(上卷)》,贺麟、王玖兴译,商务印书馆1997年版,第47页。

史分为东方王国、希腊、罗马、普鲁士四个阶段,这并不是说在人类历史发展的长河中只有过这几个国家,而是因为这几个国家分别代表了人类精神发展的不同阶段。黑格尔的法哲学也可以看作是人类精神发展到某一个特定阶段时的主要代表,其实,如果从人类精神发展的不同阶段来看,第一阶段可以看作是客观性阶段;第二个阶段,也就是我们至今身处其中的主观性阶段,人人都以自己为主体,"主观性成了现代精神的基本原则",黑格尔哲学正是第二个阶段,即主观性全面发展逐渐成为现代社会基本原则的出发之处,对这个阶段做出了理论说明和反思,在此意义上,的确可以说,"黑格尔不是第一位现代性哲学家,但他是第一位意识到现代性问题的哲学家"[1]。

  黑格尔深刻了解现代性,并深刻地认识到现代性、主观性和基督教之间的关系,认识到正是主观性带来了希腊伦理社会的解体,认识到基督教本质上是自由的宗教,认识到主观性成了现代自由的基本原则,认识到现代人对主观自由的向往与渴求。"对于黑格尔来说,勾勒他的时代自由特征的关键事件有:罗马确立的理性法的客观体系,基督教的发展及其对独立灵魂与内在价值的强调,后者在宗教改革中被赋予至高地位。"[2]黑格尔肯定了这些时代精神,对它们做出了深刻的理论概括,并把它们作为自己哲学体系的一个环节吸收进来。所以,黑格尔肯定了主体自由的重要地位,并把主体自由看作是现代社会基本原则,黑格尔以意志作为规范的基础,就是肯定主体自由的集中说明。黑格尔在主体自由刚刚成为现代社会原则,主体自由刚刚展开之际,就敏锐捕捉到了主体自由的种种不足,认为主观性的展开会带来一系列的问题,要对主观性做出限制,故而有论者说黑格尔"形而上学的主要目标是解决生活在现代社会中的现代人遭遇的困境"[3]。黑格尔的办法就是重新引入客观性,并在一定程度上回到古典,汲取古典的资源来为主观性做出定型,将现代原则注入古典社会之中,实现主客观的融合,古典与现代的融合。

  对于黑格尔引入古典来思考现代问题的思路,有人指出,"黑格尔努力追求的那种古代与现代的调和,实质上是以牺牲现代性为其主要特征的"[4]。言下之意,黑格尔最终是牺牲了现代回到了古典,对此,笔者不能同意,正如本书多次指出的,黑格尔引入了古典,但他依然是现代意义的思想家,无论是

---

[1] 哈贝马斯:《现代性的哲学话语》,曹卫东等译,译林出版社2008年版,第46页。
[2] Cary K. Browning, *Hegel and the History of Political Philosophy*, St. Martin's Press, 1999, p.37.
[3] 伍德:《黑格尔的伦理思想》,黄涛译,知识产权出版社2016年版,第11页。
[4] 列奥·施特劳斯、约瑟夫·克罗波西:《政治哲学史》,李天然等译,河北人民出版社1998年版,第877页。

对希腊社会原则的分析，还是对启蒙积极意义的肯定、对宗教改革的论述，进而包括对意志自由的尊崇、对现代自由的论述，无不体现了黑格尔的现代立场，他论述现代自由、分析现代自由、实现并巩固现代自由，自由始终是黑格尔学说的主题。启蒙是法哲学的理论出发点，现代性后果是他的担忧，改造后的古典是他的药方。黑格尔法哲学不是回到过去，而只是更愿意借助古典来应对现代问题，查尔斯·泰勒也曾评价黑格尔的思想，"它将恢复在古希腊时代曾经丧失的东西，但它是在一个更高的水平上把它恢复起来。充分展开的国家将包容由普遍标准给予断定的个别理性意志原则，而正是这个原则曾经损害并最终摧毁了古希腊城邦"①。这个原则就是个体性原则，也是意志概念的特殊性环节，更高水平的恢复是指现代社会的伦理性实体要包括了个体性，不能越过任何一个环节，而应把每个环节都保留下来，个体性、特殊性（B）应被作为一个环节保留在伦理实体（E）当中。对于黑格尔来说，现代社会是一个主体性已经得到充分发展的时代，必定不能以取消主体性的方式来建立伦理实体，伦理实体必然是在现代意义上被重建的，"要恢复古希腊城邦传统公式的古老含义，并按照较大局面的需求加以发展，需要的正是由近代民族国家提供的经验模式"②。对此，黑格尔是了然于心的，就如菲拉林（Alfredo Ferrarin）所评价的，"黑格尔还以他无比的智慧让我们明白古代和现代政治的根基并不相同，并强调了就像古希腊的伦理生活等对于现代国家是必需的"③。在此意义上，黑格尔始终是一位现代思想家，这也是黑格尔法哲学的基本历史坐标。

---

① 查尔斯·泰勒：《黑格尔》，张国清译，译林出版社2002年版，第595页。
② 鲍桑葵：《关于国家的哲学理论》，汪淑钧译，商务印书馆2006年版，第52页。
③ Alfredo Ferrarin, *Hegel and Aristotle*, Cambridge University Press, 2004, p.356.

结　语

一　黑格尔的遗产

黑格尔说过,"密纳发的猫头鹰要等黄昏到来,才会起飞"①。这句话既反映了黑格尔哲学的历史地位,也反映了黑格尔哲学的基本品格,而无论是其历史启示,还是哲学品格,都是黑格尔留给我们的遗产。

就黑格尔哲学的历史地位来说,黑格尔哲学可以看作是一个时代的总结。英国当代哲学家斯蒂芬·霍尔盖特(Stephen Houlgate)说过,"黑格尔的《法哲学》是最伟大的社会哲学与政治哲学著作之一,它在哲学上和历史上与柏拉图的《国家篇》、亚里士多德的《政治学》、霍布斯的《利维坦》以及卢梭的《社会契约论》有着同等的重要性。实际上它处理的论题非常广泛,远远超出了后面这些作品"②。黑格尔法哲学首先是对近代自由的理论总结,黑格尔在自由蓬勃发展但尚未得到深刻理论说明之际,对此做出了深刻的理论说明,使得我们当代的自由、法权都有了牢固的根基。黑格尔站在启蒙的立场上、站在现代社会发展的立场上,为现代社会做了深刻的理论表达,使得现代的个人自由的根基被牢固地建立起来了,黑格尔也完全可以被视为人类自由事业的重要奠基人。他站在近代自由的立场上,赋予了主体自由以牢固的理论基础,进一步表述了主体自由的理论。"黑格尔发现,主体性乃是现代的原则。根据这个原则,黑格尔同时阐明了现代世界的优越性及危机之所在。"③同时,黑格尔对现代社会做了深刻诊断,他认识到现代性带来的诸多问题,既包括现代政治的危机,也包括社会的贫困,还包括精神的贫乏和主观道德的泛滥。自由主义从单个意志的抽象原则出发,不能解决以上问题,因此,必须依靠黑格尔法哲学,通过意志概念完整的发展来实现普遍规范,以普

---

① 黑格尔:《法哲学原理》,范扬、张企泰译,商务印书馆2007年版,序言第14页。
② 斯蒂芬·霍尔盖特:《黑格尔导论:自由、真理与历史》,丁三东译,商务印书馆2013年版,第288页。
③ 哈贝马斯:《现代性的哲学话语》,曹卫东等译,译林出版社2008年版,第17页。

遍规范来根治现代社会的上述痼疾。

就黑格尔哲学的基本品格来说，哲学是思想的事业，它是对时代的沉思与反思，它在一个时代尘埃即将落定之际对时代做出总结，正如科维纲所言，"黑格尔'只是'这样的秘书，他按世界精神的口授书写，世界精神通过他思考自己的现实性"①。在这个意义上，哲学本不应成为预言，那些进行预言的哲学不是"爱智慧"，而是"智者的爱好"。黑格尔哲学既对自由的时代做了最深刻的理论总结，那就是"现代自由以主观性为原则"，黑格尔哲学还非常敏锐地指出，主观自由的原则当今正方兴未艾，它不但没有结束，还在不断扩展与深化，直到今天，我们还处于主观自由的逻辑之中，而现代性的后果在于主观性的泛滥，单个意志的原则上升为普遍原则，它带来了政治、经济、精神方面的危机。虽然黑格尔哲学无意对社会发展进行预测，但它还是深刻说明了这种主观性逻辑的发展进程与影响。查尔斯·泰勒说过，"黑格尔思想在今天的重要性，部分就在于：黑格尔的这类说明方式，为当代社会的发展提供了一个基本的洞识"②。的确这样，黑格尔不是提供预言，而是为我们了解当代社会提供洞见。他对现代社会的把握是深刻独到的，他在现代社会的起步阶段就能敏锐捕捉到现代社会自身包含的危险性，能够从源头上为现代社会把脉。因此，我们求助于黑格尔法哲学并不是寻求神谕或预言，而是借助于黑格尔，来认识现代性逻辑的基本规定，在此基础上认识现代性的意义与限度，在这方面，黑格尔哲学也一定能发挥重要影响。

就黑格尔法哲学的基本内容来说，普遍规范需要通过国家才能实现，因此，国家学说就理所当然成为了黑格尔法哲学的重心。黑格尔赋予国家以重要地位，认为只有国家才是普遍的，国家才是伦理的最高阶段，以国家来实现普遍规范。这种通过赋予国家重要地位来实现普遍规范的方法对于现代社会主观性泛滥，无疑是一剂良方。同时，黑格尔的普遍规范离不开伦理，一方面，伦理是意志的最高阶段，另一方面，伦理是习俗和传统，只有通过伦理，规范才有现实性。从这方面讲，"黑格尔既考虑到现代人的自主性，又重新肯定宇宙秩序为社会的基础，将二者融合无间"③。当然，黑格尔是现代政治哲学大家庭中的一员，他承接了近代政治哲学的基本讨论，在霍布斯、洛克、卢梭、康德等思想家基础上讨论现代政治的规范问题，其论述过程中又不断把话题引向古典。当前，现代性原则进一步展开，社会多元的特征越来越凸显，当代政治哲学对于社会规范与政治秩序问题愈加束手无策，这就进一步凸显

---

① 科维纲：《现实与理性——黑格尔与客观精神》，张大卫译，华夏出版社2018年版，第9页。
② 查尔斯·泰勒：《黑格尔与现代社会》，徐文瑞译，吉林出版集团2009年版，第199页。
③ 同上书，第148页。

了黑格尔的重要性。正是在这些方面,我们感觉到,黑格尔的哲学论断没有过时,研究黑格尔哲学更没有过时。黑格尔的论断更像是当下生活的展开,需要我们去消化,在这个意义上,黑格尔更是我们同时代的人。

二 黑格尔法哲学与中国问题的契合

黑格尔哲学传入中国的 100 多年间,国人对黑格尔的研究从未中断。在 20 世纪后半叶里,黑格尔哲学作为官方指导思想——马克思主义的重要来源,地位显赫,一直是中国学术研究的显学,对中国学术产生了深刻影响。当前,黑格尔研究的显学地位虽有所下降,但是,因为黑格尔与当代中国的高度关联,思考中国问题离不开黑格尔,黑格尔哲学依然是学界研究的重点。当前,中国既需要继续推进现代化事业,也承受了现代化的后果,而中国传统中也包含着走出现代化困境的可能性,在这三个维度上黑格尔与当代中国是高度契合的,黑格尔哲学不是域外之学。

第一,现代化的事业。

有学者指出,"现代化是人类历史上最剧烈、最深远并且显然是无可避免的一场社会变革"[①]。当前,中国正处于现代化进程之中,主体性意识和社会经济关系两个方面深深反映了现代化对中国的影响。在主体意识方面,当前,人们在社会生活中普遍要求受到同等对待,反对在涉及自身时的各种不平等对待。人们要求自身权利通过法律制度的方式得以明确,并要求该种权利受到政府与他人的保护与尊重。人们在对待具体问题时,都会以自我为中心来衡量对自身的利弊,人们还普遍关心自我价值,追求自我实现。这些都是主体意识中平等意识、权利意识和自我意识的不同表现。在社会经济条件方面,中国社会经过四十年的市场化改革,市场经济得到了充分的发展,市场经济也已经渗透到社会生活的各个方面,成了当代中国最大的社会经济条件。

但是,中国的现代性事业并未完成,或者说,只完成了一半。我们在经济制度上基本完成现代化,观念上部分完成了现代化,但是,现代化的政治制度并未完成,在官方的表述中,"国家治理体系与治理能力现代化"仍然是一个有待实现的目标。黑格尔法哲学首先是现代自由的学说,黑格尔对现代化事业进行了理论奠基工作,这就使得我们可以在黑格尔的基础上,进一步推进当下的现代化事业。

第二,现代性的后果。

中国的现代性事业尚未完成,但后现代问题并未因中国现代化的迟缓而

---

① 吉尔伯特·罗兹曼:《中国的现代化》,江苏人民出版社 2005 年版,第 3 页。

姗姗来迟。现代性、主观性的种种社会问题已经在我国出现并日益泛滥,贫富差距严重、道德秩序混乱、精神信仰危机、政治合法性与政治认同的不足等等问题不一而足。这就为当前中国的黑格尔法哲学带来了双重任务,既要推动现代化,又要反思现代性。这些问题的解决都需要依靠黑格尔法哲学。因为,在近代思想家当中,只有黑格尔法哲学最具这个双重维度,既确立现代原则,又对现代原则开展批判。因此,当前要回应现代性的后果,同样需要进一步研究黑格尔法哲学,发挥黑格尔法哲学的当代意义。

第三,走出现代化困境的可能性。

某种意义上,黑格尔应对现代性后果的主要资源便是古典。他借助于古典伦理,把国家的理解为一个伦理共同体,国家与其成员之间的关系、成员与成员之间的关系是伦理性的关系,伦理关系的基本原则是爱和团结。对于黑格尔的伦理共同体设想,中国文化并不陌生。

中国传统是伦理社会,上世纪以来,梁漱溟先生提出的"伦理社会"、费孝通先生提出的"差序格局"、近来安乐哲等人提出的"儒家社群主义"等都重在论述中国传统社会的伦理特征。一方面,中国面临着伦理社会向现代社会转型的任务,这需要借鉴黑格尔对古典伦理的反思,深刻认识中国社会中主体性的欠缺,建立现代意义的伦理。另一方面,中国的伦理社会与黑格尔的伦理共同体具有一定契合,至少黑格尔的政治设想对于国人来说不会过于陌生,黑格尔哲学可以对接中国传统话语,让黑格尔作为政治设想的伦理共同体在中国土壤上生长出来,而不会遭到太多的文化异质性排斥。

对于黑格尔的伦理共同体思想,我们应该切记的是,只有主体性得到了充分发展,伦理共同体的主张才是可行的;此时,黑格尔法哲学才能够超越古典进而对现代社会发生深刻影响。黑格尔深刻之处不在于重复古典,而在于把主体性原则融入伦理之中;否则,黑格尔与西方古典或者中国传统将并无相异之处,也将毫无新意。当前,如果绕开主体性去建设所谓伦理共同体,要么是对过去生活一厢情愿的怀旧,要么是别有用心的欺骗,它绝不是我们应努力的方向。伦理不是以压制主体性的方式去实现的,因为这样的伦理对于生活在其中的主体毫无意义。

三　进一步发挥黑格尔法哲学的影响

黑格尔为我们当下的现代化提供了基本的定向,既要推进现代化,也要反思现代性。在此定向下,如何进一步消化和理解黑格尔,如何进一步发挥黑格尔哲学的影响?为此,我们必须首先树立对待黑格尔的正确态度,在此基础上进一步发挥黑格尔哲学的影响。

第一，确立对待黑格尔的正确态度。

当前，我们既需要原原本本地呈现黑格尔，也需要在当代的问题语境中展开黑格尔的研究。当前，黑格尔哲学传入中国已有多年，过去一段时间，黑格尔哲学作为官方话语中马克思主义的来源，曾经家喻户晓，但正如黑格尔多次指出的，"熟知非真知"，要真正深入黑格尔的思想，必须要摆脱过去主流意识形态贴给黑格尔的标签，通过文本，真正地进入黑格尔，在黑格尔思想体系中理解黑格尔。首先，阅读原文、与作者开展不经中介的直接对话，是黑格尔研究的首要工作。其次，我们需要把黑格尔带入当代语境中来。既需要从问题出发思考黑格尔的意义，也需要借助黑格尔的论断来认识当下问题。如果不联系当代问题，只做一种考古学的解决，只在博物馆故纸堆中去研读黑格尔，也许这样的研究能够在某些内容上有所深化，但它的不足是显而易见的，它没有全部呈现出黑格尔的问题意识，没有把黑格尔的时代意义呈现出来；只有与当代问题、真正的现代性问题相结合，黑格尔法哲学才能并一定能对当下产生巨大的指导意义。最后，我们应该认识到，主张与问题相结合，绝不是否定学术研究本身的独立性。黑格尔法哲学本身就是独立学术的独立研究，它的学术意义不在于它曾经是某一学说的附庸，而在于思想本身的穿透力，如果认识不到这一点，只是做一些人云亦云的应声附和，随意给黑格尔贴所谓自由、保守、反动的标签，那将无法根本触及全面真实的黑格尔，任何单一的标签都是对黑格尔的一种遮蔽。

因此，只要我们以正确的态度去对待黑格尔，黑格尔法哲学就一定不是一种过时的、陈腐的学说。这也是我们今天还需要研究黑格尔法哲学的重要原因。

第二，进一步发挥黑格尔哲学的影响。

在 21 世纪的今天，我们还在研究诞生于 200 年前黑格尔法哲学思想。黑格尔法哲学并不时尚，也不够复古，但它很重要，它具有深刻的现实意义，而且是非常迫切的现实意义。因为黑格尔法哲学指出的问题正是我们面临的问题，黑格尔指出的思路正是我们要探索的出路。我们需要了解黑格尔，接受黑格尔，把黑格尔的思想转化成分析框架与现实话语，这既包括黑格尔对现代社会的基本洞见，也包括黑格尔哲学的思维方法，只要在上述方面被认真对待，黑格尔法哲学就一定能够对当今现实发挥积极影响。

当前，很多人批评哲学研究走进了象牙塔之中，不够关心现实，不了解社会实践，这种批评有一定的正确之处，但这种观点太过简单，它不理解何为理论、理论何为。这种观点简单地把理论与实践对立起来，似乎理论就是闭门造车的玄思，却不知真正的理论一定是包含着实践在自身之内的，理论必然是有着实践关怀的,理论的实践关怀在于深入分析我们的时代,对时代做出思想的总结,对时代的问题做出思想的诊断并提出思想的解决方案。在此意义上,哲学的确是被把握在思想中的时代,哲学关照现实的方法一定是以思想的方式展开的,如果离开思想去参与现实,这种工作也许很有必要,但它不是哲学。为此,哲学研究必须立足经典,直面社会问题,能够回答时代的困境。无疑,研究黑格尔法哲学就能做到既立足经典,又直面当代问题,因而是一件深深具有现实意义的事。

  黑格尔并没有在每一个细节上为我们指明走出困境的每一个步骤,而更多的是指出一个方向,要我们自己进一步思考,因为只有自己走出来的路才是自己的出路。虽然我们不必照搬黑格尔,但仍有必要回到黑格尔,思考黑格尔所思考的问题,接受黑格尔的启示,进一步研究、探索我们当前问题的解决办法。我相信,随着我们对黑格尔法哲学研究的进一步深化,随着现代化事业的进一步展开与现代性问题的进一步凸显,黑格尔法哲学思想的重要意义就越能得到说明,黑格尔法哲学的当代意义也将更加得到抉发,当前,越来越多的学者把研究的目光转向黑格尔,转向黑格尔法哲学,这无疑是一件令人欣慰的大好事,围绕黑格尔法哲学的研究成果也一定会丰硕万分。

参考文献

(以本书引用文献为限,按拼音排序)

一 外文文献

Alan Patten, *Hegel's Idea of Freedom*, New York: Oxford University Press, 2002.

Alfredo Ferrarin, *Hegel and Aristotle*, Cambridge University Press, 2004.

Allen W. Wood, *Hegel's Ethical Thought*, Cambridge University Press, 1990.

Axel Honneth, *Leiden an Unbestimmtheit*, *Eine Reaktualisierung der hegelschen Rechtphilosophie*, Reclam, 2013.

Bernard Cullen(ed.), *Hegel Today*, Gower Publishing Company, 1988.

Cary K. Browning, *Hegel and the History of Political Philosophy*, St. Martin's Press, 1999.

Christoph Halbig, Michael quante und ludwig Siep(ed.), *Hegels Erbe*, Suhrkamp, 2004.

Franz Rosenzweig, *Hegel und Staat*, Suhrkamp Verlag, 2010.

Harry Brod, *Hegel's Philosophy of Politics*, Westview Press, 1992.

Hegel, *Hegel's Politic Writings*, ed. by Laurence Dickey and H. B. Nisbet, 中国政法大学出版社 2003 年版。

Hegel, *Grundlinien der Philosophie des Rechts*, Felix Meiner Verlag GmbH, Hamburg, 1999.

J. W. Harris, *Legel Philosophies*, Butterworth & Co(Publishers) Ltd, 1980.

Jeremy Waldron, *God, Locke, and Equality*, Cambridge University Press, 2002.

Joachim Ritter, *Hegel und Französische Revolution*, Suhrkamp, 1965.

Klaus. Vieweg, *Das Denken der Freiheit, Hegels Grundlinien der Philosophie des Rechts*, Wilhelm Fink Verlag, 2012.

Ludwig Siep(ed.), *Grundlinien der Philosophie des Rechts*, Akademie Verlag GmbH, 2005.

Manfred Riedel, *Studien zu Hegels Rechtsphilosophie*, suhrkamp, 1969.

Matthew Simpson, *Rousseau's Theory Of Freedom*, Continuum, 2006.

Michael Quante, *Die Wirklichkeit des Geistes*, *Studien zu Hegel*, Suhrkamp, 2011.

Peter Schaber, *Recht als Sittlichkeit*, *Eine Untersuchung zu den Grundbegriffen der Hegelschen Rechtphilosophie*, Königshausen &Neumann, 1989.

Robert B. Pippin and Otfried Höffe(ed.), *Hegel on Ethics and Politics*, Cambridge University Press, 2004.

Robert B. Pippin, *Hegel's Practical Philosophy*, Cambridge University Press, 2008.

Robert R. Williams(ed.), *Beyond Liberalism and Communitarianism*, *Studies in Hegel's Philosophy of Right*, State University of New York Press, 2001.

Robert R. Williams. *Hegel's Ethics of Recognition*, University of California Press, 1997.

Ronald Beiner, *Civil Religion*, *A Dialogue in the History of Political philosophy*, Cambridge University Press, 2010.

Shlomo Avineri, *Hegel's Theory of the Modern State*, Cambridge university Press, 1972.

Simon Blackburn, *Oxford Dictionary of Philosophy*, 上海外语教育出版社 2001 年版, 第 399 页。

Steven B. Smith, *Hegel's Critique of Liberalism*, The University of Chicago Press, 1989.

Timothy C. Luther, *Hegel's Critique of Modernity*, *Reconciling Individual Freedom and the Community*, Lexington Books, 2009.

二 中文译著

〔德〕《马克思恩格斯全集(第三卷)》,人民出版社 2002 年版。
〔德〕《马克思恩格斯选集(第一卷)》,人民出版社 1995 年版。
〔德〕《马克思恩格斯选集(第二卷)》,人民出版社 1995 年版。
〔德〕《马克思恩格斯选集(第三卷)》,人民出版社 1995 年版。
〔德〕《马克思恩格斯选集(第四卷)》,人民出版社 1995 年版。
〔德〕策勒尔:《古希腊哲学史纲》,翁绍军译,上海人民出版社 2007 年版。
〔德〕恩斯特·卡西尔:《国家的神话》,华夏出版社 1999 年版。
〔德〕费希特:《自然法权基础》,谢地坤译,商务印书馆 2006 年版。
〔德〕弗罗姆:《逃避自由》,陈学明译,工人出版社 1987 年版。
〔德〕伽达默尔:《哲学解释学》,夏镇平、宋建平译,上海译文出版社 2004 年版。

〔德〕哈贝马斯:《交往行为理论》,曹卫东译,上海人民出版社 2005 年版。

〔德〕哈贝马斯:《现代性的哲学话语》,曹卫东等译,译林出版社 2008 年版。

〔德〕哈贝马斯:《在事实与规范之间:关于法律和民主法治国的商谈理论》,童世骏译,生活·读书·新知三联书店 2014 年版。

〔德〕海因里希·罗门:《自然法的观念史和哲学》,姚中秋译,上海三联书店 2007 年版。

〔德〕赫费:《政治的正义性——法和国家的批判哲学之基础研究》,庞学铨、李张林译,上海人出版社 2005 年版。

〔德〕黑格尔:《法哲学原理》,范扬、张企泰译,商务印书馆 2007 年版。

〔德〕黑格尔:《黑格尔通信百封》,苗力田译编,上海人民出版社 1981 年版。

〔德〕黑格尔:《黑格尔政治著作选》,薛华译,中国法制出版社 2008 年版。

〔德〕黑格尔:《精神现象学》,贺麟、王玖兴译,商务印书馆 1997 年版。

〔德〕黑格尔:《精神哲学》,杨祖陶译,人民出版社 2006 年版。

〔德〕黑格尔:《历史哲学》,王造时译,上海书店出版社 2003 年版。

〔德〕黑格尔:《美学(第一卷)》,朱光潜译,商务印书馆 1984 年版。

〔德〕黑格尔:《小逻辑》,贺麟译,商务印书馆 1980 年版。

〔德〕黑格尔:《哲学科学全书纲要》,薛华译,上海人民出版社 2002 年版。

〔德〕亨利希·海涅:《论德国宗教和哲学的历史》,商务印书馆 1974 年版。

〔德〕霍耐特:《自由的权利》,王旭译,社会科学文献出版社 2013 年版。

〔德〕卡尔·洛维特:《从黑格尔到尼采》,李秋零译,生活·读书·新知三联书店 2006 年版。

〔德〕康德:《纯粹理性批判》,邓晓芒译,杨祖陶校,人民出版社 2004 年版。

〔德〕康德:《康德著作全集(第六卷)》,李秋零主编,中国人民大学出版社 2007 年版。

〔德〕康德:《康德著作全集(第四卷)》,李秋零主编,中国人民大学出版社 2005 年版。

〔德〕康德:《实践理性批判》,邓晓芒译,人民出版社 2007 年版。

〔德〕科佩尔·S.平森:《德国近现代史——它的历史和文化(上册)》,范德一译,商务印书馆 1987 年版。

〔德〕克里斯·桑希尔:《德国政治哲学:法的形而上学》,陈江进译,人民出版社 2009 年版。

〔德〕克隆纳:《论康德与黑格尔》,关子尹译,联经出版公司 2005 年版。

〔德〕吕迪格尔·萨弗兰斯基:《荣耀与丑闻:反思德国浪漫主义》,卫茂平译,上海人民出版社 2014 年版。

〔德〕马尔库塞:《理性与革命:黑格尔与社会理论的兴起》,程志民等译,上海人民出版社 2007 年版。

〔德〕萨维尼:《历史法学派的基本思想》,沃尔夫编,郑永流译,法律出版社 2009 年版。

〔德〕叔本华:《作为意志和表象的世界》,石冲白译,商务印书馆 1997 年版。

〔德〕威廉·冯·洪堡:《论国家的作用》,中国社会科学出版社 1998 年版。

〔法〕笛卡尔:《第一哲学深思集》,庞景仁译,商务印书馆 1998 年版。

〔法〕贡斯当:《古代人的自由和现代人的自由》,阎克文等译,上海世纪出版集团 2005 年版。

〔法〕科维纲:《现实与理性——黑格尔与客观精神》,张大卫译,华夏出版社 2018 年版。

〔法〕卢梭:《爱弥儿》,李平沤译,商务印书馆 1981 年版。

〔法〕卢梭:《论人与人之间不平等的起因和基础》,李平沤译,商务印书馆 2007 年版。

〔法〕卢梭:《社会契约论》,何兆武译,商务印书馆 2001 年版。

〔法〕路易·阿尔都塞:《黑格尔的幽灵——政治哲学论文集〔I〕》,唐正东等译,南京大学出版社 2005 年版。

〔法〕马利旦:《人和国家》,霍宗彦译,商务印书馆,1964 年版。

〔法〕孟德斯鸠:《论法的精神》,张雁深译,商务印书馆 2005 年版。

〔法〕让·博丹:《主权论》,李卫海等译,北京大学出版社 2008 年版。

〔古罗马〕奥古斯丁:《论自由意志》,成官泯译,上海人民出版社 2010 年版。

〔古罗马〕查士丁尼:《法学总论》,张企泰译,商务印书馆 1997 年版。

〔古罗马〕西塞罗:《论共和国论法律》,王焕生译,中国政法大学出版社 1997 年版。

〔古罗马〕优士丁尼:《法学阶梯》,徐国栋译,中国政法大学出版社 1999 年版。

〔古希腊〕亚里士多德:《政治学》,颜一等译,中国人民大学出版社 2003 年版。

〔荷〕斯宾诺莎:《伦理学》,贺麟译,商务印书馆 1997 年版。

〔加〕查尔斯·泰勒:《自我的根源:现代认同的形成》,韩震等译,译林出版社 2001 年版。

〔加〕马丁·基钦:《剑桥插图德国史》,赵辉、徐芳译,世界知识出版社 2005 年版。

〔加〕泰勒:《黑格尔》,张国清译,译林出版社 2002 年版。

〔加〕泰勒:《黑格尔与现代社会》,徐文瑞译,吉林出版集团2009年版。

〔美〕吉尔伯特·罗兹曼:《中国的现代化》,江苏人民出版社2005年版。

〔美〕列奥·施特劳斯,约瑟夫·克罗波西:《政治哲学史》,李天然等译,河北人民出版社1998年版。

〔美〕列奥·施特劳斯:《自然权利与历史》,甘阳译,生活·读书·新知三联书店2003年版。

〔美〕罗伯特·皮平:《黑格尔的观念论——自意识的满足》,陈虎平译,华夏出版社2006年版。

〔美〕罗尔斯:《正义论》,何怀宏等译,中国社会科学出版社2005年版。

〔美〕罗尔斯:《政治自由主义》,万俊人译,译林出版社2013年版。

〔美〕麦金泰尔:《追寻美德》,宋继杰译,译林出版社2006年版。

〔美〕诺奇克:《无政府、国家与乌托邦》,姚大志译,中国社会科学出版社2008年版。

〔美〕萨拜因:《政治学说史》,商务印书馆1986年版。

〔美〕桑德尔:《自由主义与正义的局限》,万俊人等译,译林出版社2002年版。

〔美〕汤姆·罗克摩尔:《黑格尔:之前和之后——黑格尔思想历史导论》,柯小刚译,北京大学出版社2005年版。

〔美〕伍德:《黑格尔的伦理思想》,黄涛译,知识产权出版社2016年版。

〔美〕伊安·夏皮罗:《政治的道德基础》,姚建华 宋国友译,上海三联书店2006年版。

〔挪威〕G.希尔贝克、N.伊耶:《西方哲学史——从古希腊到二十世纪》,童世骏、郁振华、刘进译,上海译文出版社2011年版。

〔日〕篠田英郎:《重新审视主权》,商务印书馆2004年版。

〔苏〕《列宁选集(第二卷)》,人民出版社1960年版。

〔苏〕古留加:《黑格尔传》,刘半九等译,商务印书馆1978年版。

〔意〕洛苏尔多:《黑格尔与现代人的自由》,丁三东等译,吉林出版有限公司2008年版。

〔英〕奥斯丁:《法理学的范围》,刘星译,中国法制出版社2002年版。

〔英〕鲍桑葵:《关于国家的哲学理论》,汪淑钧译,商务印书馆2006年版。

〔英〕伯林:《自由及其背叛》,赵国新译,译林出版社2005年版。

〔英〕戴维·米勒、韦农·波格丹诺:《布莱克维尔政治学百科全书》,中国政法大学出版社1992年版。

〔英〕霍布豪斯:《形而上学的国家论》,汪淑钧译,商务印书馆1997年版。

〔英〕霍布斯:《利维坦》,黎思复、黎廷弼译,商务印书馆1997年版。

〔英〕卡尔·波普尔:《历史主义贫困论》,何林、赵平等译,中国社会科学出版社 1998 年版。

〔英〕莱斯利·格林:《国家的权威》,毛兴贵译,中国政法大学出版社 2013 年版。

〔英〕理查德·贝米拉:《重新思考自由主义》,王萍等译,江苏人民出版社 2005 年版。

〔英〕罗素:《西方哲学史》,马元德译,商务印书馆 1997 年版。

〔英〕洛克:《政府论》,叶启芳、瞿菊农译,商务印书馆 2005 年版。

〔英〕齐格蒙特·鲍曼:《个体化社会》,上海三联书店 2002 年版。

〔英〕司退士:《黑格尔哲学》,宋祖良译,中国社会科学出版社 1989 年。

〔英〕斯蒂芬·霍尔盖特:《黑格尔导论:自由、真理与历史》,丁三东译,商务印书馆 2013 年版。

〔英〕约翰·麦克里兰:《西方政治思想史》,彭淮栋译,海南出版社 2003 年版。

三 中文著作

邓安庆:《启蒙伦理与现代社会的公序良俗——德国古典哲学的道德事业之重审》,人民出版社 2014 年版。

邓安庆:《正义伦理与价值秩序:古典实践哲学的思路》,复旦大学出版社 2013 年版。

高全喜:《论相互承认的法权》,北京大学出版社 2005 年版。

黄风:《罗马私法导论》,中国政法大学出版社 2003 年版。

黄立:《民法总则》,中国政法大学出版社 2002 年版。

李惠斌、李义天编:《马克思与正义理论》,中国人民大学出版社 2010 年版。

刘放桐等:《新编现代西方哲学》,人民出版社 2001 年版。

刘小枫编:《城邦与自然——亚里士多德与现代性》,华夏出版社 2010 年版。

钱永祥:《纵欲与虚无之上——现代情境里的政治伦理》,生活·读书·新知三联书店 2002 年版。

邱立波:《黑格尔与普世秩序》,邱立波编,华夏出版社 2009 年版。

汪晖、陈燕谷主编:《文化与公共性》,生活·读书·新知三联书店 2005 年版。

徐向东:《理解自由意志》,北京大学出版社 2008 年版。

薛华:《黑格尔、哈贝马斯与自由意识》,中国法制出版社 2008 年版。

薛华:《黑格尔对历史终点的理解》,中国社会科学出版社 1983 年版。

杨祖陶:《康德黑格尔哲学研究》,人民出版社 2015 年版。

俞可平:《社群主义》,中国社会科学出版社 2005 年版。

中国社科院哲学所编:《国外黑格尔哲学新论》,中国社会科学出版社 1982 年版。

四　中文期刊论文

曹卫东:《从认同到承认》,《人文杂志》2008 年第 1 期。

丛日云:《论黑格尔的市民社会概念》,《哲学研究》2008 年第 10 期。

邓安庆:《以现代精神为妻的鳏夫——从德国宗教改革看宗教现代性与现代伦理问题(上)》,《道德与文明》2010 年第 5 期。

邓安庆:《以现代精神为妻的鳏夫——从德国宗教改革看宗教现代性与现代伦理问题(下)》,《道德与文明》2011 年第 1 期。

高兆明:《黑格尔"伦理实体"思想探微》,《中国人民大学学报》1999 年第 4 期。

高兆明:《论私人所有权的实现——黑格尔〈法哲学原理〉读书札记》,《吉首大学学报》2007 年第 3 期。

顾肃:《多元社会的重叠共识、正当与善——晚期罗尔斯政治哲学核心理念述评》,《复旦学报》2011 年第 2 期。

顾肃:《评社群主义的理论诉求》,《江海学刊》2003 年第 3 期。

钱永祥:《从自然法到自由意志——黑格尔意志概念的背景与结构》,《人文与社会科学辑刊》1990 年第 1 期。

瓦尔特·耶施克:《"承认"作为国家秩序与国际秩序的原则》,《求是学刊》2010 年第 1 期。

王凤才:《哈贝马斯交往行为理论述评》,《理论学刊》2003 年第 5 期。

王凤才:《黑格尔法哲学:作为规范的正义理论——霍耐特对黑格尔法哲学的诠释与重构》,《复旦学报》2009 年第 6 期。

吴晓明:《论黑格尔对主观思想的批判》,《求是学刊》2011 年第 1 期。

俞吾金:《决定论与自由意志关系新探》,《复旦学报》2013 年第 2 期。

张汝伦:《黑格尔与启蒙——纪念〈精神现象学〉发表二百周年》,《哲学研究》2007 第 8 期。

周凡:《从传统西方哲学意志理论的演变看康德意志观的创新》,《兰州学刊》2003 年第 3 期。

后 记

　　本书是在作者博士论文基础上修改而成的研究黑格尔法哲学的专著。本书得以写就并出版,我首先要感谢我的博士阶段指导老师邓安庆先生。先生治学严谨、学识渊博,本文的选题、论证都得到了先生的悉心指导,倾注了先生的关爱。在跟随先生读书治学的这些年,除了他渊博的学识,我特别钦佩先生的学者风骨,先生专心学术,不附权贵,不赶时髦,在这方面言传身教,让我终身受益;如今,我自己也忝居学术行业之中,更能体会到先生学术坚守之不易。我还要感谢硕士阶段指导老师吴新文老师,是大学一年级时吴老师的《伦理学概论》把我引进了伦理学的领域,让我认识到伦理学更应关心社会现实。我还要感谢孙向晨老师,孙老师对政治哲学研究深厚,从本科起我就一直跟着孙老师研读霍布斯、洛克、卢梭、斯宾诺莎等近代政治哲学的经典人物,孙老师让我得以在政治哲学传统中审视黑格尔法哲学。我还要感谢复旦大学伦理学专业的陈根法、冯平、高国希、孙晓玲、罗亚玲等诸位老师,他们在各自领域都有非常精深的研究,帮我开拓了伦理学的研究视野。我还要感谢复旦哲学系的诸位先生,他们开设的很多课程给了我无私和巨大的帮助,其中包括很多关于黑格尔的课程,比如我大学二年级修读的汪堂家老师的《小逻辑》导读,硕士期间旁听的俞吾金老师的《精神现象学》导读,博士期间选读的张汝伦老师的《精神现象学》导读,诸位先生对黑格尔哲学研究功底深厚,把我们引入了黑格尔的殿堂。此外,我在读书期间还修读了复旦哲学的多门中、西、马的课程,这些课程开拓了我的研究视野,帮我筑牢了研究基础。我工作以后,复旦哲学系很多先生还一直关心我的工作生活事务,对我的学术规划与发展给予了大力的支持和无私的帮助,这让我尤其感动。如今,每每提及复旦哲学系,都让我产生家园的温暖感。我还要感谢德国耶拿大学哲学系 Klaus Vieweg 教授。2015 年下半年,我在艾伯特基金会(Friedrich Ebert Stiftung)的资助下,在德国耶拿大学哲学系从事访学,专注于博士论文的修改,合作导师 Vieweg 教授在课程之外还常与我单独长谈,他对黑格尔哲学的真诚以及对逻辑学的偏爱,对拙著的思路产生了重要启发。

我还要感谢复旦求学期间的很多同学。从本科一直到博士毕业，我有幸与他们一起相识于复旦哲学系，同窗求学，切磋琢磨，坐而论道，逍遥欢畅，给我的求学生涯留下了难以忘记的美好回忆；如今很多同学依然坚守于学术的道路，在各自研究领域都颇有建树，我既为他们取得的成绩感到高兴，更为以后的学术道路上一直有这一批同行者感到高兴。我还要感谢我目前任教的上海市委党校哲学部的领导和同事，哲学部提供了一个相对自由宽松的学术环境，让我得以按照自己的学术兴趣从事研究，而不是做一个应声虫，这在党校系统是非常难得的，在这方面我非常感谢哲学部领导同事的包容与支持。

最后，我还要感谢我的家人，没有他们的支持和背后的默默付出，在这个物质的年代，静心从事学术研究是艰难的，在此意义上说，能够从事学术研究本身就是一件幸运的事，我尤其幸运，因为他们对我的支持是巨大的、始终如一的。

2001年，我考入复旦大学哲学系读书，自此得以仰视哲学的神圣殿堂，如今，17年时间过去了。岁月荏苒，当初，我还是一名挥斥方遒的青春少年，经历过"自由而无用"，也阅览过世事繁华；如今，生活重担在身，自然被磨去不少棱角，但这并未改变我对学术的向往与信仰。2010年博士毕业，我有幸谋得了一份从事学术的工作，在这份工作中我多少能够按照自己的兴趣读书研究，偶尔和同行们做些交流，也略能体会到亚里士多德所言之"沉思的快乐"，这是比较幸运的。尽管如此，我自己内心清楚，我们之所以选择象牙塔的生活，当初的目的并不在于逃避生活、逃避责任，哲学也不是用来避世的"心灵鸡汤"，哲学研究者对社会现实的关照并未缺位，哲学依然追求在思想上把握自己的时代，这种对时代的关照是以思想的方式进行的，它必定是沉寂而又冷静的。当前，哲学研究者不如有些个研究者那般爱凑热闹，还有一个原因，那是因为他们根本上不认同某些个贴近现实的方式，当前的学术风气重"用"轻"道"，学术研究跟着所谓的"问题"走，跟着项目和批示走，更有些人把学术当作发家致富、猎取功名之器，尽显机心机巧，实在不可取。坚守学术，坐冷板凳，持之以恒地关注一个学术问题，进行独立而深刻的思考，自然有不言而明的价值，这也是学术研究的基本要求。敝作专门研究黑格尔法哲学的意志与规范问题，虽然笔者研究功力尚浅，更没什么学术建树，但笔者深知这个问题重要，值得研究，所以自读博以来就一直关注这个问题。这次，我把这方面研究的一些观点整理出版，就是希望借敝作出版之机，能够引起学者们对黑格尔法哲学的进一步关注与重视，若能如此，我就非常满足了。

当然，书稿的出版不是学术研究的终点，更是一个起点，希望能借助敝作，与诸位师友在学术研究的道路上共同探索，继续推进国内黑格尔法哲学的研究，继续思考中国的现代化转型与现代化道路。

2018 年初夏，于上海